实践导向型高职教育系列教材

总主编 丁金昌 谢志远

浙江省普通高校"十三五"新形态教材

市场调查与预测

SHICHANG DIAOCHA YU YUCE

（第二版）

主　编　邱桂贤
副主编　伍方勇　戴佩慧

大连理工大学出版社

图书在版编目(CIP)数据

市场调查与预测 / 邱桂贤主编. -- 2版. -- 大连：大连理工大学出版社，2021.10
ISBN 978-7-5685-3288-4

Ⅰ.①市… Ⅱ.①邱… Ⅲ.①市场调查－高等职业教育－教材②市场预测－高等职业教育－教材 Ⅳ.①F713.52

中国版本图书馆CIP数据核字(2021)第220780号

大连理工大学出版社出版

地址：大连市软件园路80号 邮政编码：116023
发行：0411-84708842 邮购：0411-84708943 传真：0411-84701466
E-mail:dutp@dutp.cn URL:http://dutp.dlut.edu.cn
大连永发彩色广告印刷有限公司印刷 大连理工大学出版社发行

幅面尺寸:185mm×260mm　　印张:15　　字数:342千字
2016年1月第1版　　　　　　　　　　2021年10月第2版
2021年10月第1次印刷

责任编辑：夏圆圆　　　　　　　　　　责任校对：刘丹丹
　　　　　封面设计：张　莹

ISBN 978-7-5685-3288-4　　　　　　　定　价：47.80元

本书如有印装质量问题，请与我社发行部联系更换。

实践导向型高职教育系列教材编写指导委员会

主　任：
　　丁金昌　　谢志远
副主任：
　　王志梅　　张宝臣
成　员：
　　梁耀相　　申屠新飞　　田启明　　朱长丰
　　田　正　　苏绍兴　　施　凯　　薛朝晖
　　南秀蓉　　赵岳峰

总序 Preface

教材是教师"教"和学生"学"的重要依据,教材建设是高职院校教学基本建设的重要内容之一,是进一步深化教学改革、巩固教学改革成果、提高教学质量、培养高素质技术技能型人才的重要保障,也是体现高职院校办学水平的重要标志。

随着"校企合作、工学结合"人才培养模式的改革与实践不断深化,自2010年,温州职业技术学院开始实施"双层次、多方向"人才培养方案,构建以能力为重的课程体系,采用"学中做、做中学"的教学模式。

"学中做"完成技术知识的获得和单一技能的训练。通过教学设计,将专业课程的各个知识点和技能点融合起来组织教学,采用边学边做的教学模式来完成。

"做中学"完成综合项目训练。综合项目是指每一门专业课程结束前要设计的一个综合性的实训项目,该项目要把该门课程的技能点、知识点串联起来,即"连点成线",通常教师要把企业的真实项目经过教学化改造以后设计成任务驱动的形式,让学生去练习。通过采用"做中学"的教学模式,学生在完成综合项目训练的过程中,既巩固了专业课程的知识点和技能点,又提高了综合运用能力。

经过多年的教学改革实践探索和总结,我们积累了一些经验,为了进一步总结"学中做、做中学"教学改革的经验,提炼教学改革成果,把改革的思路和成果固化为教材,我们编写了这套实践导向型高职教育系列教材。

这套系列教材以培养学生实践操作的技术技能为目标,既注重一定的技术知识的介绍和技术技能的操作训练,又注重技术知识和技术技能的融合,将二者内化成职业能力的内容,体现出高职教育专业特色、课程特色和校本特色,满足高职教育课堂教学"学中做、做中学"的需求。

在教材编写过程中,一方面要求教师具备编写教材所必需的教学经验、实践能力和研究能力;另一方面鼓励行业企业专业技术人员参与,实现教材内容与生产实践对接。我院教师深入到企业中,研究具体的职业岗位能力要求,组织教材内容;行业企业专业技术人员把企业的诉求反馈给教师或者直接参与教材编写。

本系列教材均由两部分构成:

第一部分:将本课程的知识点与技能点逐一进行梳理、编排并有机结合,适合"学中做"的教学。

第二部分:设计一个综合实训项目覆盖以上知识点与技能点并加以融合,适合"做中学"的教学。

本系列教材的编者在各自的专业领域均有着深入的研究和丰富的实践经验,从而保证了教材的编写质量。

由于时间仓促,本系列教材的不足之处仍可能存在,敬请各位专家、学者和同仁多提宝贵意见,以便进一步修正和完善。

丁金昌

2015 年 4 月

前言

市场调查与预测是现代企业了解市场和消费者需求的重要手段,也是高职高专市场营销专业学生的必修课程。高职高专教材内容结构的编排不仅应该"好教",而且应该"好学"。教学内容组织应该使学生通过课程学习,最大限度地获取与工作过程有关的经验和技能。这就要求课程和教学要以"项目引领,任务驱动"为主线,在教师引导下,学生积极主动地参与。

本教材的结构体系是在学科最新研究成果的基础上,紧扣职业教育技术应用型人才培养目标,以市场调查与预测的具体工作过程为导向,将市场调查与预测分解为"认识市场调查""市场调查方案的制订""选择市场调查方法""抽样技术""市场调查问卷的设计""市场调查活动的实施""市场调查资料的整理""市场调查资料的分析""市场发展趋势的预测""撰写调查报告"以及"真实项目综合实践案例"。

本教材在内容组织和编写方式上力求体现科学性、实用性、先进性和新颖性的统一,着重突出以下特点:

一、结构合理,层次清楚

本教材以企业调查岗位流程为主线,系统地阐述了市场调查岗位的基本工作流程,充分地分析了市场调查与预测技术的运用方法。学习者通过学习,一方面理解了市场调查的原理,掌握了市场调查的方法;另一方面熟悉了企业市场调查活动的流程,掌握了调查岗位必需的技能,为学习者从事市场调查活动奠定了坚实的基础。

二、项目引领,任务驱动

本教材的编写打破了一贯的单一叙述方式,采用项目引领、任务驱动模式,通过精心设计的工作项目、学习任务,将学习者引入真实的职场环境,解决问题。本教材以市场调查与分析具体工作项目为载体,设计、组织课程内容,形成以工作任务为中心,以技术实践知识为焦点、以技术理论知识为背景的课程内容结构。极大地诱发了学生学习的自主性、积极性,由过去教师讲、学生听的被动行为变为学生的主动探索行为(完成某项工作),使学生通过课程学习逐步养成所需的职业能力。完成了"从实践到理论、从具体到抽象、从个别到一般"和"提出问题、解决问题、归纳总结"的教学程序。

三、形式新颖,适应时代

本教材既注重阐述市场调查与预测的基本理论知识和方法,又注重用实际案例阐述和印证市场调查与预测的方法。以"案例导入"和"任务明确"作为项目内容介绍的起点,以"项目小结""思考营地"和"实战训练"作为课后的总结和复习,通过大量的"案例分析"培养学生的市场调查与预测能力。教材中还穿插了各种有趣实用的"小案例""课堂活动""课堂讨论"和"课堂操作",充分体现方法性和实用性相结合的编写原则。本教材既继承传统,又打破传统,吸收国内外市场调查与预测研究和实践的最新成果,力求有所突破。

市场调查与预测

  本教材由温州职业技术学院邱桂贤担任主编，负责拟定编写提纲、统稿和定稿；湖南财经工业职业技术学院伍方勇、温州职业技术学院戴佩慧担任副主编；温州职业技术学院张毓匀、陈琳，河源职业技术学院张明慧，闽西职业技术学院杨洁参与了部分内容的编写。具体分工如下：邱桂贤负责编写项目三、四、十一，伍方勇负责编写项目七、八，戴佩慧负责编写项目一，张毓匀负责编写项目二，陈琳负责编写项目九，张明慧负责编写项目一、十，杨洁负责编写项目六。

  在编写本教材的过程中，我们参阅了国内外一些专家、学者的研究成果及文献资料，引用了行业技术专家馈赠的国内外一些专业调查公司和企业的宝贵资料，在此一并表示衷心的感谢。请相关著作权人看到本教材后与出版社联系，出版社将按照相关法律的规定支付稿酬。

编 者

2021 年 10 月

所有意见和建议请发往：dutpgz@163.com

欢迎访问教材服务网站：http://sve.dutpbook.com

联系电话：0411-84707492 84706671

目录 Contents

项目一 认识市场调查 ... 1
  案例导入 ... 2
  任务明确 ... 2
 任务一 了解市场调查的内涵 ... 3
 任务二 掌握市场调查的程序 ... 6
 任务三 明确市场调查的内容 ... 9
  项目小结 ... 15
  思考营地 ... 16
  案例分析 ... 16
  实战训练 ... 16

项目二 市场调查方案的制订 ... 18
  案例导入 ... 19
  任务明确 ... 19
 任务一 认识市场调查方案 ... 20
 任务二 撰写市场调查方案 ... 21
 任务三 市场调查方案的可行性分析与评价 ... 26
  项目小结 ... 27
  思考营地 ... 27
  案例分析 ... 28
  实战训练 ... 32

项目三 选择市场调查方法 ... 33
  案例导入 ... 34
  任务明确 ... 35
 任务一 文案调查法 ... 35
 任务二 访问法 ... 38
 任务三 观察法 ... 45
 任务四 实验法 ... 50
 任务五 网络调查法 ... 53
  项目小结 ... 56
  思考营地 ... 56
  案例分析 ... 57
  实战训练 ... 57

项目四　抽样技术 59
- 案例导入 60
- 任务明确 60
- 任务一　抽样调查的组织 61
- 任务二　随机抽样 66
- 任务三　非随机抽样 82
  - 项目小结 88
  - 思考营地 88
  - 案例分析 88
  - 实战训练 89

项目五　市场调查问卷的设计 91
- 案例导入 92
- 任务明确 93
- 任务一　问卷设计的准备阶段 93
- 任务二　设计问题类型及询问方式 99
- 任务三　设计调查问卷 111
  - 项目小结 114
  - 思考营地 114
  - 案例分析 114
  - 实战训练 115

项目六　市场调查活动的实施 119
- 案例导入 120
- 任务明确 121
- 任务一　选择和培训调查人员 121
- 任务二　管理和控制市场调查 127
  - 项目小结 129
  - 思考营地 129
  - 案例分析 129
  - 实战训练 130

项目七　市场调查资料的整理 131
- 案例导入 132
- 任务明确 132
- 任务一　确认资料数据 133
- 任务二　编码与录入数据 138
- 任务三　列示市场调查资料 146
  - 项目小结 154
  - 思考营地 154
  - 案例分析 154
  - 实战训练 155

目录

项目八　市场调查资料的分析　　157
　案例导入　　158
　任务明确　　159
　任务一　数据定性分析　　159
　任务二　数据定量分析　　162
　　项目小结　　178
　　思考营地　　178
　　案例分析　　178
　　实战训练　　179

项目九　市场发展趋势的预测　　180
　案例导入　　181
　任务明确　　181
　任务一　市场预测概述　　182
　任务二　定性预测　　183
　任务三　定量预测　　190
　　项目小结　　199
　　思考营地　　200
　　案例分析　　200
　　实战训练　　201

项目十　撰写调查报告　　203
　案例导入　　204
　任务明确　　205
　任务一　分析市场调查报告的结构及内容　　205
　任务二　掌握市场调查报告的写作技巧　　207
　任务三　市场调查报告的修改和提交　　211
　　项目小结　　213
　　思考营地　　214
　　案例分析　　214
　　实战训练　　215

项目十一　真实项目综合实践案例　　217

参考文献　　227

项目一　认识市场调查

知识目标

1. 了解和掌握市场调查的原则；
2. 熟悉和掌握市场调查的程序；
3. 了解市场调查的内容。

能力目标

1. 领会和运用市场调查的原则；
2. 能够设计某一产品的市场调查程序；
3. 科学确定市场调查内容。

任务分解

任务一　了解市场调查的内涵
任务二　掌握市场调查的程序
任务三　明确市场调查的内容

任务内容

在现实的市场调查活动中，市场调查人员可以通过运用专门的方法，帮助企业确立调查目标。通过本项目的学习，学习者需要完成以下任务：

1. 成立市场调查项目小组，人员合理分工；
2. 查找成功或失败的市场调查案例，分析市场调查的意义；
3. 能够准确理解调研意图，确定调研步骤及调查内容。

任务成果

1. 市场调查公司组织架构图、人员分工及职责表。
2. 根据调研项目背景，确定调查步骤及调查内容。

市场调查与预测

知识导图

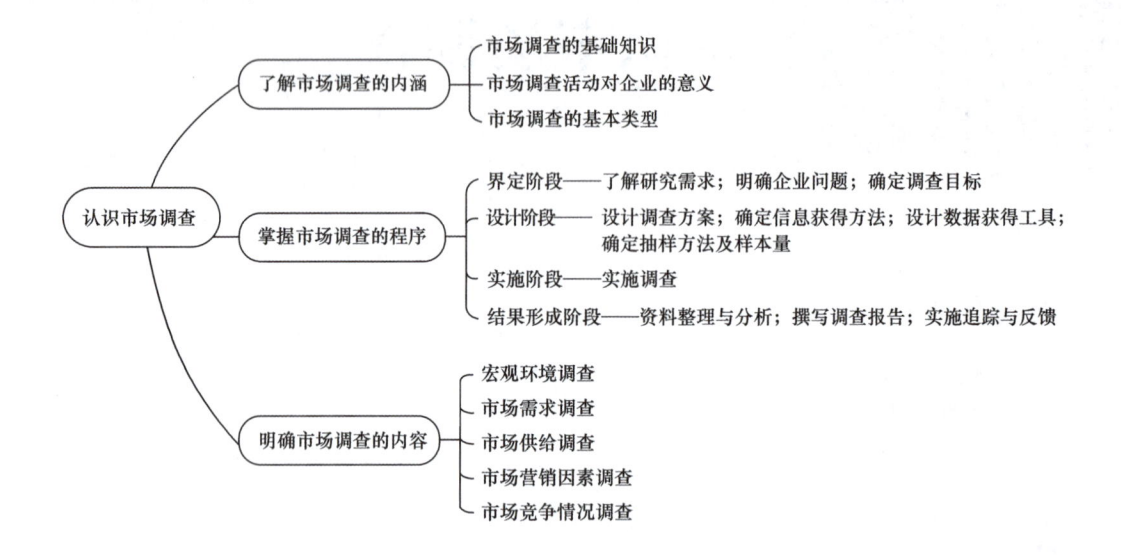

- 认识市场调查
  - 了解市场调查的内涵
    - 市场调查的基础知识
    - 市场调查活动对企业的意义
    - 市场调查的基本类型
  - 掌握市场调查的程序
    - 界定阶段——了解研究需求；明确企业问题；确定调查目标
    - 设计阶段——设计调查方案；确定信息获得方法；设计数据获得工具；确定抽样方法及样本量
    - 实施阶段——实施调查
    - 结果形成阶段——资料整理与分析；撰写调查报告；实施追踪与反馈
  - 明确市场调查的内容
    - 宏观环境调查
    - 市场需求调查
    - 市场供给调查
    - 市场营销因素调查
    - 市场竞争情况调查

案例导入

日本自行车是如何打进欧美市场的

我国是世界上自行车拥有量最大的国家之一,但出口数量却不多,进入欧美市场的则更少。欧美是世界上自行车的主要消费地区,在激烈的自行车经销竞争中,日本取得了成功。日本取得成功的关键是通过市场调查,正确掌握了市场的信息资料,并加以应用。例如,调查欧美人的体格特征。欧美人的手与腿比日本人长,于是日本特意设计出不同高度与距离的车架、坐垫和车把来适应欧美人的需要。又如,调查欧美流行色彩。1984年,日本调查到欧美人对颜色的爱好是:蓝色占27.4%,红色占25.9%,银灰色占14.0%,黑色占15.3%,奶白色占11.0%,其他占6.4%。日本根据这些数据来调整自行车的色彩。再如,调查自行车在欧美的用途。在欧美市场上,自行车代步、载重等功能早已被汽车或其他交通工具所代替,在那里自行车的用途主要是旅游、娱乐、运动、健身、妇女短途购货及学生上学。根据这些特点,日本在款式、原料工艺、包装、价格等方面做了相应的调整。通过以上几方面细致的市场调查,日本的自行车成功地打进了欧美市场。

讨论:谈谈案例中成功的原因,及其对企业的营销工作有怎样的启示。

任务明确

市场调研是企业进行重要决策的基础。科学的调研能够将纷繁复杂甚至分散无序的信息科学地搜集、整理、分析,形成与决策目标高度相关的资料并有效地支持决策。目前,调研普遍运用于企业的营销计划与执行监控中。因此,必须了解市场调查的内涵,掌握市场调查的原则和程序,明确市场调查的内容。本项目包含以下三个任务:

任务一　了解市场调查的内涵
任务二　掌握市场调查的程序
任务三　明确市场调查内容

任务一　了解市场调查的内涵

《孙子·谋攻篇》中提到"知己知彼，百战不殆"。什么叫"知己知彼"？从市场营销的角度看，所谓"知己知彼"就是要了解自己、了解客户、了解竞争对手。企业只有在获得大量的、可靠的市场信息的基础上才能做到"知己知彼，百战不殆"，才能在激烈的市场竞争中占据有利地位。市场调查是企业的"雷达"或"眼睛"。一个企业需要进行市场调查，往往是因为感觉日常营销活动中出现了问题，或者是感觉已有的营销策略需要改进。

一、市场调查的基础知识

（一）市场调查的含义

市场是企业经营的起点，是商品流通的桥梁。竞争不仅表现在价格上，而且更多地转向开发新产品、提高产品质量、提供完备的服务、完善销售渠道和改进促销方式等方面。此外，随着人民生活水平的提高，消费心理也在变化，企业产品不仅要满足消费者的"量"感，而且更要满足消费者的"质"感。哪个企业信息掌握得迅速、准确、可靠，产品更新换代快，生产计划安排得当，适销对路，哪个企业才能在竞争中取胜。因此，企业不得不投入人力、物力进行专门的市场调查。

什么是市场调查？

市场调查是指为了形成特定的市场营销决策，采用科学的方法和客观的态度，对市场营销有关问题所需的信息，进行系统的收集、记录、整理和分析，以了解市场活动的现状和未来发展趋势的一系列活动过程。

课堂讨论

信息与数据的区别与联系

人们常说，"信息即财富"。市场调查需要有计划地收集、整理和分析市场的信息资料。信息与数据有何区别与联系？

（二）市场调查的特点

市场调查具有五大特点，不同特点有不同表现，具体见表1-1。

表 1-1　　　　　　　　　　　市场调查的特点

特点	表现
系统性	市场调查从确认调查目标到提交研究报告以及事后跟踪反馈,是一个完整的过程 这个过程包括编制调查计划、设计调查方案、抽取样本、访问、收集资料、整理资料、分析资料和撰写分析报告等,各个环节和各个阶段相互联系、互相依存、互相影响,共同组成了市场调查的有机系统
目的性	市场调查是一种有目的、有意识认识的市场活动 任何一种调查都应有明确的目的,并围绕目的进行具体的调查,提高预测和决策的科学性 调查前要明确调查目的,调查中要围绕调查目的展开工作,调查结果要能体现并实现调查目的
社会性	调查主体与对象具有社会性,调查的主体是具有丰富知识的专业人员,调查的对象是具有丰富内涵的社会人,市场调查内容具有社会性
科学性	市场调查需要使用科学的方法和科学的技术手段,并得出科学的分析结论
不确定性	市场调查受多种因素影响,其中很多影响因素本身都是不确定性的

二、市场调查活动对企业的意义

(一)市场调查是企业实现生产目的的重要环节

企业生产的目的是满足消费者日益增长的物质和文化生活需要,为此,首先要了解消费者需要什么,以便按照消费者的需要进行生产,尤其是消费者的需求在不断变化,这就需要及时进行市场调查。因此,市场调查是企业制订计划及实现生产目的的重要环节。

(二)市场调查是企业制定和修订策略的客观依据

企业制定经营策略,首先要了解内部和外部的环境及信息,要掌握信息,就必须进行市场调查。企业的管理部门或有关人员要针对某些问题进行决策或修正原定策略——产品策略、定价策略、分销策略、广告和推广策略等,通常需要了解的情况和考虑的问题是多方面的,例如:产品在各市场的销售前景如何;产品在某个市场的销售量预计是多少;怎样才能扩大企业产品的销路,增加销售量;产品的定价策略是什么;怎样组织产品推销等。如此种种问题,只有通过市场调查,才能得到具体答案,才能作为决策或修正策略的客观依据。

(三)市场调查有助于优化市场营销组合

企业生产或经营的结果,最终取决于管理者的管理水平,而市场调查是管理者做出正确决策、修正偏差的客观依据。企业要正视市场调查,市场调查所得到的情况和资料有助于企业及时了解世界各国的经济动态和有关科技信息,为企业的管理部门和有关决策人员提供科技情报,优化企业市场营销组合的重要工具。

(四)市场调查是增强企业竞争力和应变能力的重要手段

市场的竞争是激烈的,情况也在不断发生变化。市场上的各种变化因素可以归结为两类:一类是可控制因素,如产品、价格、分销、广告和推广等;另一类是非可控制因素,如国内环境和国际环境所包括的政治、经济、文化、地理条件等因素。

这两类因素相互联系、相互影响,而且在不断发生变化。只有及时调整"可控因素"

以适应"非可控制因素"的变化情况,才能在激烈的市场竞争中占据有利地位。只有通过市场调查才能及时了解各种"非可控制因素"的变化情况,从而有针对性地采取某种应变措施去应付竞争。通过市场调查所了解的情况或所获得的资料,除了了解市场目前状况外,还可预测未来的市场变化趋势。如果一家企业不进行市场调查,对市场情况一无所知,那就等于丧失了该企业营销业务活动的"耳"和"目",就像是聋人和盲人一样,要想在激烈的市场竞争中占据有利地位是不可能的。

三、市场调查的基本类型

划分市场调查的类型和提出市场调查的基本要求,有助于企业选择更好的调查途径。按照调查的目的和功能划分,市场调查可以分为探索性调查、描述性调查和因果性调查。

(一)探索性调查

什么是探索性调查?

探索性调查是为了掌握和理解调查者所面临的问题和与此相联系的各种变量的市场调查,通常是在对调查对象缺乏了解的情况下,要回答有没有、是不是等问题时进行的调查。

探索性调查是为了使问题更明确而进行的小规模调查活动。这种调查有助于把一个大而模糊的问题表达为若干小而准确的子问题,并识别出需要进一步调查的信息。

小案例

某公司的探索性调查

某公司的市场份额去年下降了,公司无法一一查知原因,就可用探索性调查来发掘问题:是经济衰退的影响?是广告支出的减少?是销售代理效率低?是消费者的习惯改变了?等等。

探索性调查具有灵活性的,适合于调查那些我们知之甚少、不能肯定性质的问题。

(二)描述性调查

什么是描述性调查?

描述性调查是在对调查对象有一定了解的情况下,为了描述事物的特征和功能而进行的调查。

描述性调查是寻求对"谁""什么事情""什么时候""什么地点"这样一些问题的回答。它可以描述不同消费者群体在需要、态度、行为等方面的差异。描述的结果,尽管不能对"为什么"给出回答,但也可作为解决营销问题时参考的信息。

> **小案例**
>
> **某购物中心的描述性调查**
>
> 某购物中心了解到其67%的顾客是年龄在18~60岁的女性,并经常带着家人、朋友一起来购物。这种描述性调查提供了重要的决策信息,使该购物中心重视直接向女性开展促销活动。

一般对有关情形缺乏完整的认识时,可用描述性调查。

(三)因果性调查

> **什么是因果性调查?**
>
> 因果性调查是调查一个因素的改变是否引起另一个因素改变的研究活动,目的是识别变量之间的因果关系。

因果性调查通常是在对调查对象有相当程度了解的情况下,要回答为什么、相互关系如何等问题时进行的调查,如价格、包装及广告费用等对销售额的影响。这项工作要求调研人员对所研究的课题有相当的知识,能够判断一种情况出现时,哪一种情况会接着发生,并能说明其原因所在。

需要对问题严格定义时,可以使用因果性调查。

任务二 掌握市场调查的程序

市场调查与分析是市场营销决策的出发点,是提高市场营销效果的一种管理方法,从发现问题,到调查分析提出解决问题的办法,为公司制订产品计划、营销目标,决定分销渠道,制定营销价格,采取促进销售策略和检查经营成果,都提供了科学依据;并在营销决策的贯彻执行中,为调整计划提供依据,起到检验和矫正的作用。在整个流程中,每一步都有各自的功能与效用,都有其存在的意义。

市场调查与分析的具体流程,包括调查问题界定、方案设计、信息和数据收集、分析并形成最终调查报告,基本可分为四个阶段:界定阶段、设计阶段、实施阶段、结果形成阶段,如图1-1所示。

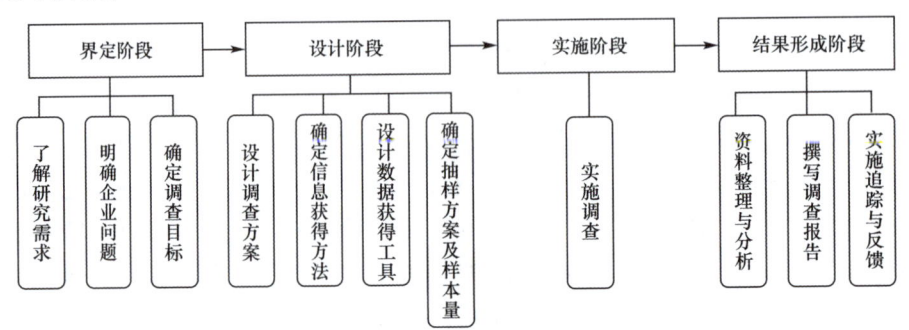

图1-1 市场调查的四个阶段

一、了解研究需求

对于市场调查的需求,企业一般会面临两种情况:一种是企业明确市场调查需求;另一种则是决策者是对企业面临的营销问题不十分清楚,认识到市场调查能为其解决市场营销问题,但不能够明确表述市场调查的需求。针对后者,这就需要研究人员细致地了解企业市场调查需求,充分利用现有的二手资料并与丰富的专业研究经验相结合,帮助企业明晰市场调查的需求。

二、明确企业问题

一般情况下,企业的问题主要涉及以下两个方面:

1. 企业的未来发展方向和战略规划

企业的未来发展方向和战略规划主要是指企业对市场的定位、产品的规划,宏观和微观市场环境及其发展趋势,行业的竞争情况和发展趋势,产品的需求量、发展潜力,竞争对手企业开发新产品时面临的问题,等等。

2. 企业在生产经营中出现困难或需要制定营销策略

企业在生产经营中出现困难或需要制定营销策略时,需要调查营销策略执行中存在的问题、市场竞争的情况、消费者购买行为等。这时需要针对存在的问题及产生这些问题的原因进行市场调查,例如销售额下降、市场占有率下降、产品积压、资金周转困难等,以便提出解决办法。如果问题比较模糊,就有必要进行一个全面性的初步探索,找到主要原因,进一步选择市场调查所要解决的主要问题。

三、确定调查目标

调查目标主要指的是在市场调查活动中必须解决的具体问题,确定调查目标是市场调查与预测工作的关键步骤。

调查目标明确,可以使市场调查工作有具体的活动范围,提高调查活动的收益和效率。而如果目标不明确,则有可能导致必要的项目没有进行调查,而在不需要进行调查的项目上做大量无用功,造成时间、财力上的浪费。

调查目标的确定必须慎重。在确定目标之前,应该对企业面临的问题进行了解和分析,必要时还要进行初步的市场调查,以明确调查目的和目标。

市场调查工作的目标必须明确而具体,具有可实施性。第一,在企业面临的所有问题中,要明确其中的主要问题、最迫切需要解决的问题、内在的原因都是什么;第二,要明确而具体地说明调查人员需要搜集的资料是什么,有什么具体要求,甚至需要明确不需要搜集的资料有哪些。

课堂讨论

张三在某市职业技术学院附近开了一家小吃店。但小吃店开业半年多,营业额一直在低位徘徊,只能勉强维持盈亏平衡。请你做个调查来分析销售额一直较低的原因。

讨论:

1. 这项调查的目的是什么?
2. 这项调查所需的信息如何获得?
3. 这项调查可以使用什么调查工具?

四、设计调查方案

市场调查是一项复杂的、严肃的、技术性较强的工作。为了在调查过程中统一认识、统一内容、统一方法、统一步调,圆满完成调查任务,就必须事先制订出一个科学、严密、可行的工作计划和工作措施,以使所有参加调查工作的人员都依此执行。在设计一个调查计划时,要明确调查的内容、调查的方法、调查问卷的内容、抽样方案、人员安排、经费安排等。调查方案是调查研究的指导方针和行动的纲领及依据。

五、确定信息获得方法

市场调查的信息从根本上来说分为两类:原始数据和二手数据。原始数据的收集必须通过市场调查现场实施,收集的方法主要有入户访问、拦截访问、电话调查、小组座谈等多种方法;二手数据收集通过案头研究就可以实现。

六、设计数据获得工具

一般数据收集的工具有两种:一种为结构式问卷,调查员根据调研与预测的目的,列出所需了解的项目,并以一定的格式,将其有序地排列、组合成调查表,即问卷的格式是确定的;另一种为非结构式问卷,事先不制作统一的问卷或表格,没有统一的提问顺序,调查人员只是给个题目或提纲,由调查人员和受访者自由交谈,以获得所需的资料。问卷设计的科学性、合理性直接关系到调查的质量。

七、确定抽样方法及样本量

确定抽样方法及样本量需要把握三个问题:首先,要根据研究的问题确定研究总体;其次,确定抽样的方法;最后要明确需要的样本量,即本次调研中需要调查的调查对象数量。

八、实施调查

经过培训的调查人员,按照事先确定的调查时间,在确定的调查地点对调查对象按照已经确定的调查方法进行调查,从而搜集资料。这是整个调查活动中最繁忙的阶段。除了需要素质过硬的访问员,还需要加强对调查活动的规划和监控,针对调查中出现的问题及时进行反馈和调整。

九、资料整理与分析

市场调查收集的各项数据和有关资料,大多是分散的、零星的、不系统的,为了反映研究现象的总体数量特征,必须对调查资料进行整理,包括审核与校对、分组、汇总、制表等。为此,应按照综合化、系统化和层次化的要求,对调查获得的信息资源进行加工整理和开发。因此,调查资料的整理被认为是对调查信息的初加工和开发。数据分析是市场调查出成果的重要环节,它要求运用统计分析方法对大量数据和资料进行系统的分析与综合,借以揭示调查对象的情况与问题,掌握事物发展变化的特征与规律性,从而找出影响市场变化的各种因素,提出切实可行的解决问题的对策。

十、撰写调查报告

调查报告是对某项工作、某个事件、某个问题,经过深入细致的调查后,将调查中搜集到的材料加以系统整理、分析研究,以书面形式向组织和领导汇报调查情况的一种文书。其主要内容包括:说明研究的目的,它的理论基础是什么,要解决什么问题,有什么意义。调查报告的主要部分是资料分析,要把资料分析的步骤、所用的公式或图表等一一列出。最后针对资料的分析,说明存在的问题并提出相应的对策和建议。

十一、实施追踪与反馈

提出了调查的结论和建议,不能认为调查过程就此完结,而应继续了解其结论是否被重视和采纳、采纳的程度和采纳后的实际效果及调查结论与市场发展是否一致等,以便积累经验,不断改进和提高调查工作的质量。

任务三 明确市场调查的内容

市场调查的内容十分广泛,涉及市场营销活动的整个过程,由于行业性质、企业经营方向、经营范围和经营环境不同,具体进行市场调查的内容不尽相同。即使同一企业,由于所面临的营销任务侧重点不同以及营销活动所处的阶段不同,其市场调查的内容也不同。从研究商品销售的角度来看,市场调查的主要内容包括以下几个方面:

一、宏观环境调查

企业的一切生产经营活动都是以市场营销环境为条件的,虽然企业不能对市场营销环境进行控制,但所制定的营销策略必须与之适应。企业只有认识和利用市场营销环境,密切关注市场营销环境的变化,及时制定和调整经营策略组合,才能不断提升服务目标市场的能力。市场基本环境主要包括政治法律环境、经济环境、社会文化环境、科学环境和自然地理环境等。对市场基本环境调查的具体内容可以是市场的购买力水平、经济结构、国家的方针、政策和法律法规、风俗习惯、科学发展动态、气候等各种影响市场营销的因素。宏观环境调查的内容如图1-2所示。

图1-2 宏观环境调查的内容

(一)政治法律环境调查

政治法律环境调查是指对约束企业营销活动的现在和未来的国内、国际的政治态势和走向,以及有关出台或即将出台的方针、政策、法规、条例、规章制度等方面信息的调查。

小案例

各国法律禁止的促销方式

挪威禁止许多促销方式,集点券、销售竞赛、赠品等被看作不公平或者不合适的促销方法。泰国要求全国性的大型食品企业必须向市场投放低价产品,这样低收入消费者也可以消费经济实惠的产品。印度食品公司若想推出与市场现有品牌重复的新产品,必须经过特别的批准。

(二)经济环境调查

经济环境调查是指对企业开展营销活动所面临的外部社会经济条件及其运行状况和发展趋势等信息的调查。经济环境对市场活动有着直接的影响。企业对经济环境的调查,包括以下几个方面:经济制度信息、经济发展水平信息、经济收入信息、消费水平信息、储蓄与信贷信息等。

(三)社会文化环境调查

每一个国家或地区都有自己的传统的思想意识、风俗习惯、思维方式、宗教信仰、价值观等,这些构成了该国家或地区的文化并直接影响人们的生活方式和消费习惯。社会文化环境调查是指对在一定社会形态下所显现的文化教育、价值观念、审美观念、宗教信仰、道德规范和风俗习惯等方面的各种行为规范的调查。企业进行的营销活动只有适应当地的文化和传统习惯,其产品才能得到当地消费者的认可。

小案例

欧洲商人的冻鸡

欧洲一冻鸡出口商曾向阿拉伯国家出口冻鸡,他把大批优质鸡用机器屠宰好,收拾得干净利落,只是包装时鸡的个别部位稍带点血,就装船运出。当他正盘算下一笔交易时,不料这批货竟被退了回来。他迷惑不解,亲自去进口国查找原因,才知退货原因不是质量有问题,而是他的加工方法犯了阿拉伯国家的禁忌,不符合进口国的风俗。阿拉伯国家人民信仰伊斯兰教,规定杀鸡只能用人工,不许用机器;只许男人杀鸡,不许妇女杀鸡;杀鸡要把鸡血全部洗干净,不许留一点血渍,否则便被认为不吉利。因此,欧洲商人的冻鸡虽好但仍然难逃退货的厄运。

课堂讨论

欧洲商人被退货的原因是什么?欧洲商人应采取什么措施避免这种情况的出现?

(四)科学技术环境调查

科学技术是生产力,科学技术的发展促进了生产力的发展。科学技术的发展会不断给企业原有的经营活动带来威胁,同时又给企业创造出大量的市场机会。现代科学技术从发展到运用的时间大大缩短,从而导致产品更新换代的速度也大大加快。产品质量和技术水平的高低,已经成为决定许多企业经营成败的关键因素。因此,企业只有对新技术、新工艺、新材料的发展趋势和发展速度,新产品的技术状况以及引进、改造和生产的条件等所有技术环境因素进行大量细致的调查研究,才能赶上现代科学技术的发展步伐,不断以更新的技术、更新的产品去抢占新的更广阔的市场。

(五)自然地理环境调查

自然地理环境决定了企业的生存方式,包括自然资源、地理环境和气候环境等。因此,自然地理环境调查的主要内容包括:

(1)自然资源的调查;

(2)地理环境的调查;

(3)气候环境的调查。

课堂操作

宏观环境具体应考虑的要素

某公司准备在非洲某国的市场投放一款新型手机,现准备进行全面的市场调查。请查阅资料,列出宏观环境调查具体应考虑的要素。

二、市场需求调查

市场需求调查是企业在一定时期和特定的范围内,围绕社会对某商品(或服务)有货币支付能力的购买量的市场调查,又称为市场潜力调查。市场需求调查是企业寻找目标市场、确定生产经营规模和制定营销策略的重要依据,调查内容主要包括消费者为什么购买、购买什么、购买数量、购买频率、购买时间、购买方式、购买习惯、购买偏好和购买后的评价等。

(一)消费需求量调查

消费需求量一般会受到两个因素的直接影响:

一是人口数量。一般来说,人口数量多,市场规模就大,对产品的需求量就必然增加。当然,在考虑需求量时,也要分析人口的属性状况,如年龄、性别、受教育程度等因素。

二是支付购买力。在拥有一定的支付购买力条件下,人口数量与消费需求量才密切相关。支付购买力分析主要包括消费者的货币收入来源、数量、需求支出方向以及储蓄情况等。

(二)消费者购买行为调查

消费者购买行为是消费者购买动机在实际购买过程中的具体表现,消费者购买行为调查,就是对消费者购买模式和习惯的调查。

1.消费者何时购买的调查

消费者在购物时间上存在着一定的习惯和规律。某些商品销售随着自然气候和商业气候的不同,具有明显的季节性。如在春节、劳动节、中秋节、国庆节等节日期间,消费者购买商品的数量要比以往增加很多。应按照季节的要求,适时、适量地供应商品,才能满足市场需求。此外,对于商业企业来说,掌握一定时间内的客流规律,有助于合理分配劳动力,提高商业人员的劳动效率,把握住商品销售的黄金时间。

> **小案例**
>
> **某商场消费者购买行为调查**
>
> 某商场在对一周内的客流进行实测调查后发现,一周中客流量最大的是周日,最少的是周一;而在一天内,客流量的高峰为职工上下班时间;其他时间的客流量也有一定的分布规律。据此,商场对人员和货物都做出了合理安排,做到忙时多上岗、闲时少上岗,让售货员能在营业高峰到来时,以最充沛和饱满的精神面貌迎接顾客,从而取得了较好的经济效益和社会效益。

2.消费者在何处购买的调查

这种调查一般分为两种:一是调查消费者在什么地方决定购买;二是调查消费者在什么地方实际购买。对于多数商品,消费者在购买前已在家中做出决定,如购买商品房、购买电器等,这类商品信息可通过电视、广播、报纸杂志等媒体所做的广告和其他渠道获得。而对于一般日用品、食品和服装等,具体购买哪种商品,通常是在购买现场,受商品陈列、包装和导购人员介绍而临时做出决定的,具有一定的随意性。此外,为了合理地设置商业和服务业网点,还可对消费者常去哪些购物场所进行调查。

小案例

某商场消费者购买地点的调查

某商场在市场营销环境调查中了解到:有59%的居民选择离家最近的商店;有10%的居民选择离工作地点最近的商店;有7%的居民选择上下班沿途经过的商店;有18%的居民选择有名气的大型、综合、专营商店;有6%的居民则对购物场所不加选择,即随意性购物。

3. 谁负责家庭购买的调查

对于这个问题的调查具体可包括三个方向,一是在家庭中由谁做出购买决定,二是谁去购买,三是和谁一起去购买。有关调查结果显示:对于日用品、服装、食品等商品,大多由女方做出购买决定,同时也主要由女方实际购买;对于耐用消费品,男方做出决定的较多,当然在许多情况下也要与女方共同商定,最后由男方独自购买或与女方一同去购买;对于儿童用品,常由孩子提出购买要求,由父母决定,与孩子一同前往商店购买。此外,通过调查还发现,男方独自购买、女方独自购买或男女双方一同购买对最后实际成交有一定影响。

4. 消费者如何购买的调查

不同的消费者具有各自不同的购物爱好和习惯。如从商品价格和商品品牌的关系上看,有些消费者注重品牌,对价格要求不多,他们愿意支付较多的钱购买自己所喜爱的品牌;而有些消费者则注意价格,他们购买较便宜的商品,而对品牌并不在乎或要求不高。

(三)消费者购买动机调查

购买动机就是为了满足一定的需要而引起的购买行为的愿望和意念。影响消费者购买动机的因素很多,有客观方面的原因,也有主观方面的原因,故对购买动机进行调查的难度较大,需要通过直接调查与间接调查相结合来进行。

课堂讨论

了解消费需求

初步了解全班同学对手机、笔记本电脑、服装等产品的需求,简要分析可能影响同学们需求的主要因素。

三、市场供给调查

企业在生产过程中除了要掌握市场需求情况外,还必须了解整个市场的供给状况。市场供给调查主要包括商品供应来源的调查、商品供应能力的调查和商品供应范围的调查等,例如为某一产品市场可以提供的产品数量、质量、功能、型号、品牌等方面的调查。

（一）商品供应来源的调查

商品供应来源有多种，对商品供应来源进行调查，除了要对全部商品的情况进行调查外，还应对影响各种来源的因素进行调查。

（二）商品供应能力的调查

商品供应能力的调查主要包括：企业商品供应能力、企业设备供应能力、企业资金供应能力、企业员工工作能力等。

（三）商品供应范围的调查

商品的供应范围及其变化会直接影响企业营销目标的变化。商品的供应范围实际上就是企业营销的目标市场，在一定时期内目标市场的定位是稳定的，但是随着市场环境和消费者需求偏好的变化，企业的目标也会发生相应的变化。因此，及时调查企业产品供应范围的变化，就可以及时调整企业的营销策略。

四、市场营销因素调查

市场营销因素调查主要包括对产品、价格、渠道和促销的调查，如图1-3所示。

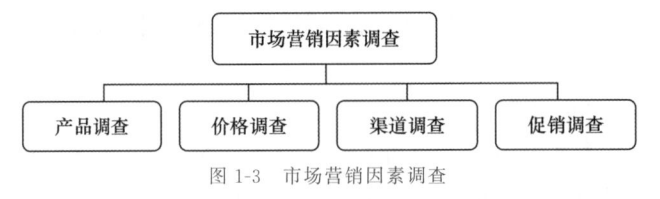

图1-3　市场营销因素调查

（一）产品调查

一个企业要想在激烈的市场竞争中求得生存和发展，就必须以消费者的需求为中心，生产和销售顾客需要的产品。所以，企业应了解生产和销售什么样的产品才能满足顾客需求，这对企业制定营销策略至关重要。产品调查的主要内容有：市场上新产品开发的情况、设计的情况、消费者使用的情况、消费者的评价、产品生命周期阶段、产品的组合情况等。

（二）价格调查

在市场经济条件下，价格是影响产品交换的主要因素，价格直接影响企业的产品销售量和利润。因此，通过市场调查制定合理的价格策略对企业营销活动具有重要意义。产品价格调查的主要内容有：制约企业价格变动的相关因素、产品需求的价格弹性、产品价格对产品销售和营销目标的影响、新产品和替代品的价格的确定、消费者对价格的接受情况，对价格策略的反应等。

（三）渠道调查

分销渠道研究是企业从其分销策划的目的出发，对特定的中间商和未来的销售渠道所做的进一步了解，分销渠道调节着生产和消费之间产品和劳务的数量、结构、时间、空间上的矛盾，渠道是否合理，将直接影响营销效益。渠道调查的主要内容包括：渠道的结构、中间商的情况、消费者对中间商的满意情况等。

（四）促销调查

促销是企业营销活动的重要内容。促销研究不仅能对促销组合诸要素进行运筹规划，形成有效的营销方案，而且能指导促销活动的有效展开。促销调查主要是对各种促销活动效果的调查，如调查广告实施的效果、人员推销的效果、营业推广的效果和对外宣传的市场反应等。

五、市场竞争情况调查

竞争可分为直接竞争和间接竞争两种。一般而言，直接竞争是指经营同类或类似产品的行业之间的竞争。间接竞争则是指经营种类不同但用途相同的企业间的竞争。在竞争调查中，需要查明市场竞争的结构和变化趋势、主要竞争对手的情况以及本企业产品竞争成功的可能性。具体内容主要包括：

(1)是否存在直接竞争；
(2)主要竞争对手是谁，占有多少市场份额，其生产规模和扩大销售的计划又如何；
(3)主要竞争对手的产品成本优势和劣势以及对市场的控制能力；
(4)除主要竞争对手外，其他竞争对手的情况；
(5)是否存在间接竞争；
(6)目前市场上还存在什么样的空白等。企业只有了解了这些情况，做到知己知彼，才能制定出有效的竞争策略。

课堂操作

设计项目调查内容

1. 某服装企业想了解其目标客户的基本情况，请设计调查的内容。
2. 某服装企业想了解其产品的顾客满意度，请设计调查的内容。

项目小结

对于企业来讲，经营活动中出现了营销问题，这是要进行市场调查的最根本原因。也只有通过调查，才能了解到底存在哪些问题。市场调查内容是相当广泛的，但不同企业和不同行业、相同企业在不同时期对市场调查的内容会因需要的不同而有所侧重和选择。一般来说，市场调查的内容主要涉及以下五个方面：社会环境调查、消费者需求调查、市场供给调查、产品调查和市场营销活动调查。

只有确切了解了市场营销活动中存在的问题，市场调查的目标才能够明确；也只有调查目标明确，调查工作才会"事半功倍"。方向明确、过程组织有力、资料收集充分、分析论证科学的市场调查活动，才能对企业决策起到科学的参考作用，市场调查的重大作用也才能够体现出来。

思考营地

1. 市场调查的作用是什么？
2. 简述确定市场调查的程序。

案例分析

公司的调查目标应该是什么？

某公司开发并生产了某种新型功能饮料。由于产品新颖颇受欢迎，出现了供不应求的现象，故考虑建新厂增加供应能力。但是，对于这个计划是否恰当，公司管理当局面临几个问题：

其一，因为是新产品，企业的内部资料搜集不够，无法提供分析。

其二，若借消费者调查以确定该产品是处于"成长期"还是进入"成熟期"，又将以何种指标来判断呢？可能的指标有：

(1) 本产品的消费者有哪些？
(2) 购买者比例有多大？
(3) 购买者满意度如何？
(4) 重复购买率如何？
(5) 消费者的年龄层和性别分布如何？
(6) 新产品扩散途径有哪些？

市场调查者与产品行销负责人对这些测定指标沟通后，他们决定根据消费者购买调查的结果和消费者购买需求的动向进行预测，进而决定是否增设新厂或者保持现况。

阅读以上材料，讨论：

你认为该公司的调查目标应该是什么？

实战训练

实训操作1：

查阅全球、国内及省内的主要市场调查机构，选择有代表性的市场调查机构，了解每一机构的业务范围、业务特长等信息。在此基础上，学生分组，成立市场调查项目小组，设计项目小组架构图及人员分工职责。

【实训目标】 认识市场调查公司的组织结构；了解各职能部门的分工与职责；学会评估和选择市场调查机构，为将来从事市场调查工作打好基础。

【实训要求】 要求学生能够进一步熟悉调查机构的基本职能与具体分工情况；了解全球及国内的主要调查机构情况。

【实训组织】 学生分组，设计市场调查项目小组架构图、人员分工及职责表。

【实训成果】 各组展示设计的调查项目小组构架图、人员分工及职责表，教师讲评。

实训操作 2：

通过查找市场调查案例（成功的或失败的），让学生通过具体实例了解市场调查的意义以及明确市场调查流程。

【实训目标】 了解市场调查的意义与流程。

【实训要求】 要求学生通过案例的查找，能客观地分析市场调查的意义，掌握市场调查的流程。

【实训组织】 学生分组，到图书馆或网上查找一个市场调查案例，针对此案例指出设计该市场调查的意义和流程。

【实训成果】 各组展示案例及案例思考，教师讲评。

实训操作 3：

某制鞋厂生产了一种海蓝色的涤纶坡跟鞋，在本地很受欢迎。鞋厂根据市场反应给外地一家大型鞋帽商场发货 5 000 双。时隔不久，商场来电要求退货。厂家很快派人赶赴这一城市，经初步调查，生产地与这一消费地风俗习惯不同，这种海蓝色在该城市被认为不吉利，因此，鞋上市后几乎无人问津。

制鞋厂于是决定召回海蓝色的鞋，并委托调查公司对该市的鞋类消费市场进行调查。假如你是调查公司的一员，你将如何确定调查目标？调查目标的大致内容有哪些？

【实训目标】 确定调查目标。

【实训要求】 要求学生掌握常见市场调查的主要内容；能够根据企业具体的营销问题开展市场调查活动，确定调查目标和调查内容，从而依靠市场调查解决企业的实际问题。

【实训组织】 学生分组，可以从不同角度去思考、确定调查目标。

【实训成果】 各组展示该小组确定的调查目标及内容，教师讲评。

项目二　市场调查方案的制订

知识目标

1. 认识市场调查方案的定义和作用；
2. 掌握市场调查方案的特点；
3. 理解市场调查方案与组织的基本要求；
4. 理解并掌握市场调查方案的可行性分析与评价方法。

能力目标

1. 掌握市场调查方案的格式；
2. 学会市场调查方案的撰写方法与技术，并能撰写一份可以具体实施的调查方案。

任务分解

任务一　认识市场调查方案
任务二　撰写市场调查方案
任务三　市场调查方案的可行性分析与评价

任务内容

各项目小组确定调查目标后，就应该根据这一目标的要求，设计总体的调查方案。通过本项目的学习，学习者需要完成以下任务：

撰写一份规范的市场调查方案，以指导调查工作顺利开展。

任务成果

各项目小组为各自所选调查项目撰写调查方案。

知识导图

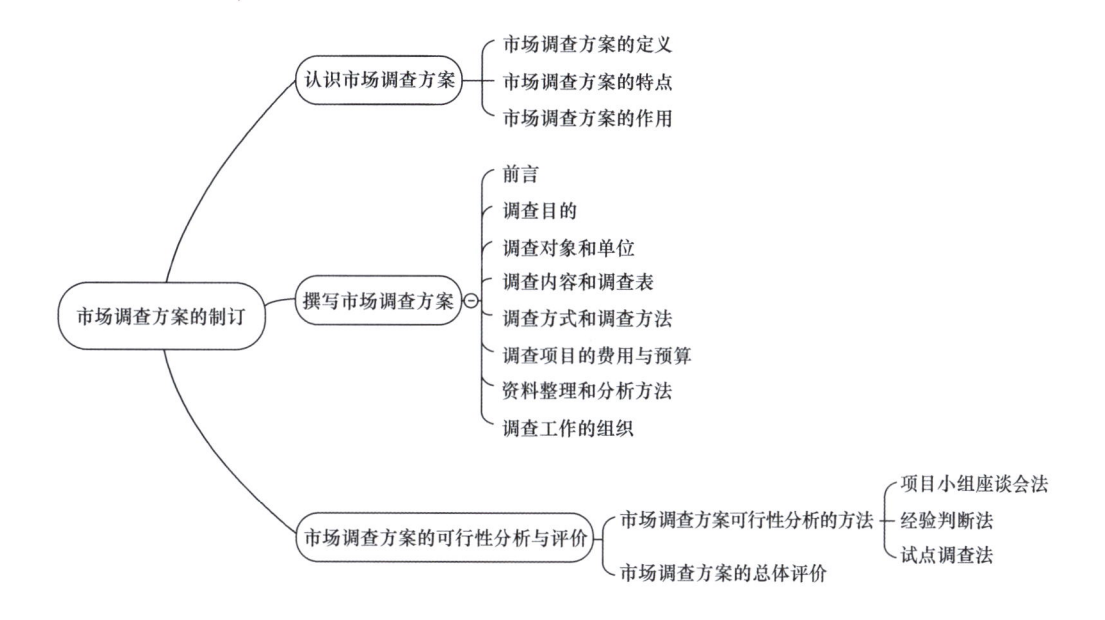

- 市场调查方案的制订
  - 认识市场调查方案
    - 市场调查方案的定义
    - 市场调查方案的特点
    - 市场调查方案的作用
  - 撰写市场调查方案
    - 前言
    - 调查目的
    - 调查对象和单位
    - 调查内容和调查表
    - 调查方式和调查方法
    - 调查项目的费用与预算
    - 资料整理和分析方法
    - 调查工作的组织
  - 市场调查方案的可行性分析与评价
    - 市场调查方案可行性分析的方法
      - 项目小组座谈会法
      - 经验判断法
      - 试点调查法
    - 市场调查方案的总体评价

案例导入

不成功的市场调查工作

某高校大学生调查小分队，曾经准备利用当年上半年的双休日等业余时间，开展一项以"环保型节能汽车消费满意度"为主题的调查活动，并且在展开具体工作之前做了大量的准备工作，也认真组建了调查研究队伍，并对整个调查研究进程的每一个具体阶段进行了相当详尽的计划与安排。在具体的调查研究过程中，整个团队认真地按照要求展开工作，但是并没有准备访谈提纲。

经过一段时间的调查实践之后，各调查人员都发现自己在与相关调查对象面对面地互动过程中，不知道具体提出哪些问题，常常出现"冷场"的现象。总体上来说，本次调查活动很不成功。

讨论：上述调查活动不成功的主要原因是什么？

任务明确

任何正式的市场调查活动都是一项系统工程，为了在调查过程中统一认识、统一内容、统一方法、统一步调，圆满完成调查任务，在具体开展调查工作以前，应该根据调查研究的目的和调查对象的性质，对调查工作的各个阶段进行通盘考虑和安排，制定合理的工作程序，提出相应的调查实施方案。调查工作的成败，在很大程度上取决于所制订的调查方案是否科学、系统、可行。本项目包含以下三个任务：

市场调查与预测

任务一　认识市场调查方案
任务二　撰写市场调查方案
任务三　市场调查方案的可行性分析与评价

任务一　认识市场调查方案

市场调查工作需要调查人员按照一定的程序协同进行，每一个步骤的完成都要为调查工作下一步骤的顺利开展创造有利条件，从而最大限度地节省调查时间及费用。只有市场调查方案策划周密，市场调查的各个环节才能有条不紊地进行，调查工作才能按预期设计的要求保质保量地完成。

一、市场调查方案的定义

什么是市场调查方案？

市场调查方案，就是根据调查研究的目的和调查对象的性质，在进行实际调查之前，对整个调查工作的各个方面及全部过程进行的通盘考虑和总体安排，从而制订的相应实施方案和工作程序。

市场调查的范围可大可小，但无论是大范围的调查，还是小规模的调查，都会涉及相互联系的各个方面和各个阶段。这里所讲的调查工作的各个方面是对调查工作的横向设计，就是要考虑到调查所要涉及的各个组成项目。例如，对某市商业企业竞争能力的调查，就应将该市所有或抽查出来的商业企业的经营品种、质量、价格、服务、信誉等方面作为一个整体，对各种既相互区别又有密切联系的调查项目进行整体考虑，避免调查内容上出现重复和遗漏。

市场调查方案所指的工作过程，是指调查工作所需要经历的各个阶段和环节，即调查资料的搜集、记录、整理和分析等。只有对此预先做出统一考虑和安排，才能保证调查有秩序、有步骤地顺利进行，减小调查误差，提高市场调查工作质量。依据市场调查策划形成的书面文件就是市场调查方案，它详细地描述了获得信息和分析信息所必须遵循的程序，包括调查目的、对象、内容、方法、步骤、时间安排等，这一程序是顺利和高效地完成营销调查课题的前提和保证。

二、市场调查方案的特点

(1) 可操作性。这是决定市场调查方案实践价值的关键环节，也是任何一个实用性方案的基本要求。如果不可操作，市场调查方案就失去了它存在的价值。

(2) 全面性。市场调查方案本身就具有全局性与规划性的特点，它像指挥棒一样统领全局，直指调查目标，保证调查目的的实现，因此全面性是其又一个显著特征。

(3) 规划性。市场调查方案是对应整个调查统筹规划而出台的，是对整个调查工作各个环节的统一考虑和安排。

（4）最优性。市场调查方案的最后定稿是多方反复协调磋商，多次修改和完善的结果，这样可以保证调查方案的效果最好而费用较少。有时客户还会要求专业调查机构同时拿出两个以上的方案供其最后选择。

三、市场调查方案的作用

市场调查是市场预测和决策的前提、基础和依据，而市场调查方案是全部市场调查工作的起点，是行动纲领，是提高整个市场调查工作质量的必要保障。

为了在调查过程中统一思想、统一认识、统一内容、统一方法、统一步调，圆满完成调查任务，就必须制订出一个科学、严密、可行的工作计划，以使所有参加调查工作的人员都步调一致、有章可循。因此，市场调查方案是顺利完成市场调查工作的首要环节，其重要作用主要表现在以下四个方面：

（1）市场调查方案是调查项目委托人与承担者之间的合同或协议。由于主要内容已被明确写入报告，例如调查目的、报告方法等，因此有关方面都能保持一致的看法，有利于避免或减少后期出现误解的可能性。

（2）市场调查方案是市场研究者对市场从大量定性认识到大量定量认识的连接。任何调查工作都是先从问题的定性认识开始的，比如在具体调查之前，首先要对该单位经营活动状况、特点等有一个详细的了解，然后要明确调查什么和怎样调查、调查谁、解决什么问题、应该如何解决等，所有这些考虑都是研究者的定性认识，在此基础上设计相应的指标以及整理资料的方法，然后再去实施。

（3）市场调查方案在市场调查工作中起着统筹兼顾、统一协调的作用。市场调查是一项复杂的系统工程，具有系统性的特点。由于影响市场调查质量的因素很多，而各因素之间有时是互斥的。所以，要处理好调查过程中方方面面的问题，才能使调查工作有序地进行下去。例如，以抽样调查样本量的确定来说，抽样样本数越多，样本指标的代表性就越强，但是调查的花费大，调查的时间长。所以，在方案设计中就应该把握多方面的因素，提高调查工作的经济效益。

（4）市场调查方案能够适应现代市场调查发展的需要，现代市场调查已从单纯的资料搜集活动变成将被调查对象作为一个整体来反映的调查活动。与此相适应，市场调查过程相应地被视为市场调查方案策划、市场调查方案设计、资料搜集、资料整理和资料分析的一个完整的工作流程。

任务二　撰写市场调查方案

不同项目的调查方案内容有所区别，但一般均包括前言、调查目的、调查对象和单位、调查内容和调查表等部分。常见的市场调查方案内容如图2-1所示。

市场调查与预测

常见的市场调查方案内容
- 前言
- 调查目的
- 调查对象和单位
- 调查内容和调查表
- 调查方式和调查方法
- 调查项目的费用与预算
- 资料整理和分析方法
- 调查工作的组织

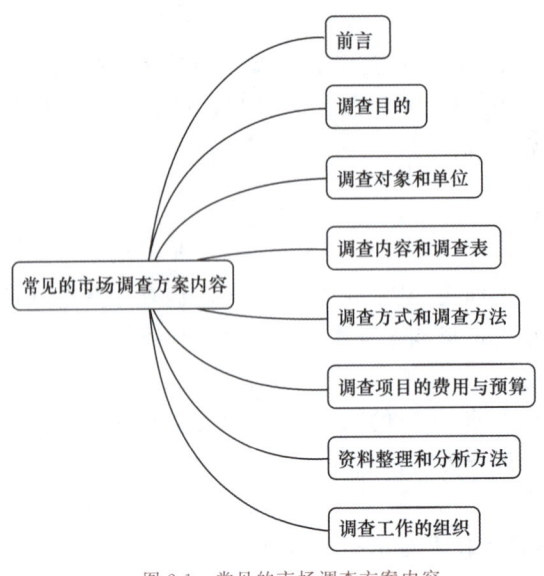

微课
市场调查方案的撰写

图 2-1　常见的市场调查方案内容

一、前言

前言，也就是方案的开头部分，简明扼要地介绍整个调查课题出台的背景或原因以及调查结果为谁服务。

小案例

某调查方案的前言如下：某休闲服品牌，在2018年以前很少做广告宣传，但2019年以后，公司年度广告投入量超过800万元，广告种类主要包括电视广告、各种方式的售点POP广告、印刷品广告、极少量的灯箱广告等。为了有针对性地开展2021年度的产品宣传推介工作，促进产品品牌形象的传播和产品销售量的进一步提高，以便在激烈竞争的市场中立于不败之地，公司拟进行一次广告效果调查，以供决策层参考。

二、调查目的

确定市场调查目的是市场调查策划首先需要确定的内容。调查目的，就是指在市场调查中要解决什么问题、取得哪些材料。调查目的决定调查对象和单位、调查内容和方法。衡量市场调查方案是否科学，主要看调查方案能否体现调查目的和要求。每次组织市场调查，必须有很强的针对性，目的十分明确，为什么要进行这次市场调查？通过市场调查解决什么问题？收集哪些资料？有什么用途？对这些问题都必须有明确的答复，否则不能叫市场调查目的明确。如果市场调查目的不明确，在进行实际调查中势必出现盲目性和混乱状态，不该调查的内容进行了调查，不该收集的资料进行了收集，而应该调查的内容反而没有得到调查，应该收集的资料反而没有收集，既浪费了人力、物力、财力，又达不到市场调查目的，无法完成市场调查的任务。因此，市场调查目的的确定十分重要，是关系到市场调查是否有用和成功的第一步。

三、调查对象和单位

在明确了市场调查的目的之后,接下来的工作就是要确定调查对象和调查单位,其目的在于解决向谁调查及由谁来具体提供相关资料的问题。调查对象是指依据市场调查的任务和目的,确定本次调查的范围及涉及的调查对象总体。它是由一定数量的、具有相同性质的若干个调查单位组成的。调查单位指的是所要调查的社会经济现象总体中的个体,是我们在调查中要进行调查研究的各个调查项目的具体承担者。

由此可见,确定调查的对象和单位,就是根据调查目的,确定我们想调查的对象,包括人口、社会特征、心理特征和生活方式、个性、动机、知识量、行为、态度和观念等,来判断这些人是不是合适的被调查人选。

四、调查内容和调查表

(一)将调查项目转化为调查内容

调查的主要内容和具体项目是依据我们所要解决的调查问题和目的所必需的信息资料来确定的。

小案例

"关于××品牌专卖店商业选址的调查"的内容和具体项目的编写见表2-1。

表 2-1　　　　关于××品牌专卖店商业选址的调查

类别	项目	内容
消费与购物环境	商业氛围	商业区域范围、商业活动等级
	交通条件	是否靠近地铁、公共交通密度、停车是否方便
	银行网点分布情况	银行网点的数量
	卫生环境	周围公厕卫生情况、地面光洁情况
	周围居民居住情况	居住密度、住房建筑类型
	休闲与娱乐	娱乐场所和类型
消费群体情况	人流量	不同时段的人流量
	年龄	青少年、中年、老年
	性别	男、女

调查项目的选择要尽量做到"准"而"精"。具体而言,"准"就是要求调查项目反映的内容要与调查主题有密切的相关性,能反映调查要了解问题的信息;"精"就是调查项目所涉及的资料能满足调查分析的需要,不存在对调查主题没有意义的多余项目。盲目增加调查项目,会使资料统计和处理有关的工作量增加,既浪费资源,又影响调查的效果。

(二)将调查内容转化为调查表

如何根据调查内容设计调查表?这一问题在后续项目中会有专门介绍。

五、调查方式和调查方法

调查方式和调查方法的选择至关重要,如果选择的不适当就会直接影响到调查结果的精确度。另外,调查方式和调查方法的选择必然受到经费预算的限制,在具体的工作中甚至起到决定性的作用。

调查方法有普查法、典型调查法、重点调查法、抽样调查法等。采用何种调查方式,主要视其调查目的而定。为了准确、及时、全面地收集市场调查资料,应注意多种调查方式综合应用。抽样方案的设计涉及样本数、取样的比例分配、取样的范围等问题。有关这些方面的问题在其他学科(如统计学原理、抽样技术等课程)中有介绍。

六、调查项目的费用与预算

调查的费用因调查课题的不同而不同。在制订预算时,应当包括带有明细的调查工作项目费用计划,比如劳务费、礼品费、交通费等。通常调查前期(计划准备阶段)的费用安排应占到总预算的20%左右,具体实施阶段的费用安排可占到40%左右,后期(分析报告阶段)的费用安排占总费用的40%左右。要注意考虑各个阶段的费用支出情况,避免出现由于预算不充分或者分配上出现问题而影响调查工作进行。

通常而言,调查项目的预算包括调查人员劳务费、被访问者礼品费、交通费、材料费、资料印刷费等。另外,调查机构在编制调查项目的预算时,还包括调查经费的来源以及经费开支预算。

小案例

某调查项目的费用预算表见表2-2。

表2-2　　　　　　　　　　　费用预算表

支出项目		数量	单价	金额	备注
设计费用	调查方案设计费				
	抽样设计费				
	调查问卷设计费				
问卷印刷费					
调查人员劳务费					
交通费					
数据统计整理分析费					
礼品费用					
报告制作费					
办公费用					
机动费用					
合计					

按惯例,委托方在合同签订之日预付本调查费用的60%作为调查启动资金;合同期满后的10日内,付清余款。

七、资料整理和分析方法

通过市场调查收集的一手资料一般零星、分散、不系统,对这些资料无法进行分析研究,无法认识其本质和规律。因此,必须对原始资料进行加工整理,使之成为系统的、条理化的、全面反映总体特征的资料。目前上述工作大多采用计算机进行,所以还应确定采用何种软件、使用何种统计技术等。

调查资料的分析方法主要有定性分析法和定量分析法,每种分析方法都有自身特点和适用性,在调查方案中应事先确定,根据市场调查的目的和要求选择适当的分析方法。

八、调查工作的组织

市场调查是一项有计划、有组织的调查活动,为了保证市场调查有计划、有秩序地进行,取得预期成果,必须有一定的组织保障。根据市场调查目的和任务要求,建立专门的市场调查组织领导机构,配置相应的工作人员,组织、指挥、协调市场调查工作,检查调查工作进度,确保完成调查任务。选择合适的市场调查人员,这是完成市场调查任务的关键。调查人员的素质高低直接关系到市场调查工作的成败。因此,一定要选择业务素质高、敬业精神强、热爱市场调查工作和有一定市场调查经验的人开展市场调查工作。还要注意对市场调查人员进行培训。对市场调查人员要规定必要的调查期限和调查工作的进度,强调调查工作的协作配合,提高调查工作的效率。

小案例

某调查项目安排:调查组将在5月28日前完成调查工作,并提交调查报告,调查进度计划见表2-3。

表2-3　　　　　　　　　　调查进度计划

工作与活动内容	时间	主要负责人及成员	备注
项目运作规划、人员安排、工作进程安排	4月1日至4月2日		
用户资料研究、文案研究	4月3日至4月5日		
采访提纲、调查问卷设计	4月6日至4月10日		
预调查及问卷测试	4月11日至4月15日		
问卷修正、印刷	4月16日至4月18日		
调查人员挑选与培训	4月19日至4月20日		
调查访问	4月21日至5月18日		
整理并打印报告	5月19日至5月24日		
提交报告	5月25日至5月28日		

切记:计划应该设计得有一定的余地,以应对可能出现的意外事件。

课堂操作

设计调查计划书

根据教师提供的调查背景或自行选择的调查项目,在教师指导下,设计项目调查计划书。

任务三 市场调查方案的可行性分析与评价

市场调查策划的方案需要经过可行性分析和评价,通过以后才能成为市场调查的计划书。尤其是在调查复杂的社会经济现象时,策划方案的设计通常不是唯一的,需要从多个调查方案中选取最优方案。同时,所设计的调查方案也不可能迅速形成,而是需要经过必要的可行性研究,针对调查方案进行检验和修改。决策失误是最大的失误,将导致全盘的失败。可行性研究是科学决策的必要阶段,是设计调查方案的必要环节。因此,对市场调查工作而言,事先对方案进行科学的可行性研究是非常必要的。

微课
调查方案的可行性分析与评估

一、市场调查方案可行性分析的方法

针对市场调查方案进行的可行性研究的方法有很多,常见的有项目小组座谈会法、经验判断法、试点调查法等。

(一)项目小组座谈会法

由项目小组的组长主持会议,项目小组人员参加会议,同时可邀请委托方代表参加。主持人在该座谈会前针对本次调查任务的调查方案列一个提纲,即座谈会围绕调查目的、调查内容、调查对象、调查范围、调查方法、调查工具、调查时间进度安排、调查经费预算等展开讨论。评价方案的标准从是否体现目的、是否科学完整和适用、是否操作性强三个角度考虑。参加座谈会的人员可以公开发表各自的意见或想法,集思广益,相互启迪,相互交流,相互补充,针对某一个问题最好能达成一致的修改意见。

(二)经验判断法

经验判断法是指通过组织一些具有丰富市场经验的专家或者相关领域的专家,对初步设计出来的市场调查方案凭借经验进行初步研究和判断,以确定该方案是否具备合理性和可行性。

小案例

国家统计局在对我国全年农作物收成做预测时,常采用抽样的方法在一些重要产地做重点调查,这一方法亦属于经验判断范畴。

经验判断法的优点是可以节约人力、物力资源,并在较短的时间内做出快速的判断;其缺点是因为我们的认识是很有限的,并且事物的发展变化常常有例外,各种主要客观因素都会对我们判断的准确性产生影响。

(三)试点调查法

试点调查法即通过小范围内选择部分单位进行试点调查,对调查方案进行实地检验,及时总结并且做出修改。具体操作时应注意以下几个问题:

(1)应选择好适当的调查对象。应尽量选择规模小、具有代表性的试点单位。必要时我们还可以采用少数单位先行试点,然后再扩大试点的范围和区域,最后全面铺开。如此这般,循序渐进。

(2)事先建立一支精干的调查队伍,这是做好调查研究工作的先决条件。团队成员包括有关调查的负责人、调查方案设计者和调查骨干,这将为做好试点调查工作提供组织保证。

(3)调查方法和调查方式应保持适当的灵活性,不应太死板。事先确定的调查方式可以多准备几种,以便经过对比后,从中选择合适的方式。

(4)试点调查工作结束后,应及时做好总结工作,认真分析试点调查的结果,找出影响调查的各种主、客观因素并进行分析。检查调查目标的制定是否恰当,调查指标的设置是否正确,哪些项目应该增加,哪些项目应该减少,哪些地方应该修改和补充,及时地提出具体意见,对原方案进行修改和补充,以便制订的调查方案科学合理,能切合实际情况。

试点调查还可以理解成实战前的演习,可以让我们在大规模推广应用之前及时了解我们的调查工作哪些是合理的,哪些是薄弱环节。

二、市场调查方案的总体评价

市场调查方案的总体评价将涉及以下四个方面:方案设计是否体现了调查目的和要求;调查方案是否科学、完整和具有可操作性;调查方案能否使调查质量有所提高;调查方案的设计能否通过调查工作的实践检验。

项目小结

市场调查方案是指导我们完成调查任务的蓝图,是指导我们做好调查工作的总纲。可以说调查方案设计的科学、系统、可操作与否关系到调查工作的成败。

为了使调查方案能有条不紊地指导我们的调查活动,我们还应该对方案进行一系列的讨论和修改,直到取得多方面的认可。只有设计编写出合乎要求的调查方案,才能开展好我们的调查工作。

思考营地

1.一份完整的市场调查方案的主要内容有哪些?

2.为什么科学的市场调查方案是调查活动开展的重要前提,严格的实施管理是调查效果的重要保证?

案例分析

中国门禁产品市场调查企划方案书

一、调查背景与目的

由于中国安防市场的快速发展,门禁产品在中国有极大的市场潜力。应××公司委托,北京××市场研究所对中国门禁市场状况进行调查。为便于委托与承接双方沟通,特制订本企划方案书,并希望通过本次调查达到以下目的:

(1)明确门禁产品整体市场及细分市场的历史规模、现状与未来的发展趋势。

(2)明确门禁产品市场主要竞争厂商的基本状况。

(3)明确门禁产品的用户分布状况。

二、调查对象和范围

调查对象:

(1)中国门禁产品主要厂商。

(2)中国门禁产品主要代理商和经销商。

(3)中国门禁产品主要工程商。

(4)安防行业专家。

调查范围:全国。

三、调查内容和具体项目

1.主要营销(宏观、微观)环境分析

(1)中国门禁产品市场外部宏观环境分析(相关政策规定等)。

(2)中国门禁产品市场内部环境分析(技术发展趋势等)。

(3)中国门禁产品市场发展的影响因素分析。

2.市场规模与未来潜力分析

(1)2020年中国门禁产品市场的总体销售规模(以销售额计)。

(2)2020年中国门禁产品市场的各种产品的销售规模(以销售额计)。

(3)2020年中国门禁产品市场的区域市场销售规模(以销售额计)。

(4)2020年中国门禁产品市场的应用行业分布及销售规模(以销售额计)。

(5)2021—2025年中国门禁产品市场的总体市场销售规模(以销售额计)预测。

(6)2021—2025年中国门禁产品市场的各种产品的销售规模(以销售额计)预测。

3.竞争环境分析(竞争市场)

(1)中国门禁产品市场主要竞争品牌2020年的销售额与市场占有率。

(2)中国门禁产品市场主要竞争品牌的基本背景状况。

(3)中国门禁产品市场主要竞争品牌的产品线分布。

(4)中国门禁产品市场主要竞争品牌的产品价格状况。

(5)中国门禁产品市场主要竞争品牌的销售渠道状况。

（6）中国门禁产品市场主要竞争品牌的应用行业分布。

（7）中国门禁产品市场主要竞争品牌的竞争力分析。

四、调查研究方法

1.文案调查法

对已有资料及其他二手资料进行案头分析和研究，为大规模的调查提供指导。

通过文案研究预期将取得以下成果：门禁产品厂商与代理商样本名单、各品牌产品资料、门禁产品用户样本名单、对门禁产品应用基础资料的收集，对门禁产品市场及相关技术形成的基本认识。

2.深度访谈法

对门禁产品厂商渠道中的代理商、经销商、工程商和行业专家进行深度访谈，获取门禁产品的相关市场与用户方面的深入信息。

厂商及渠道中的代理商、经销商和工程商的采访对象为对于市场非常了解的市场负责人。

主要以面访为主，通过多对一的深访，保证采访内容的完整和采访过程的配合，以保证采访结果真实有效。

对各种无法面访的厂商进行电话采访，采访过程完全按深度面访的流程实施。

3.问卷调查法

对渠道代理商、经销商和工程商各品牌产品的销售程度及销售规模概况进行统计调查，得出门禁产品的品牌市场份额、整体市场规模等相关信息。

五、样本数量

1.深度访谈（85个）

门禁产品重点厂商10家。

门禁产品代理商、经销商50家。

门禁产品工程商20家。

行业专家5人。

2.问卷调查（150家）

各区域的样本数量见表2-4。

表2-4　　　　各区域的样本数量

区域	数量/家
深圳	60
广州	20
上海	20
北京	30
其他（武汉、成都、沈阳、兰州）	20
合计	150

六、调查实施流程

1.前期准备

自协议书签署之日将进行并完成如下工作：

(1)成立项目小组,全面负责本项目的计划、组织、执行、监督工作。

(2)由项目小组负责人向小组成员说明本次调查的具体内容及要求,分配工作,并与调查中心协调。

(3)项目小组对厂商与经销渠道情况进行案头调查,为下阶段大规模调查采访进行准备。

(4)撰写采访提纲、设计调查问卷。

(5)由调查人员与调查督导进行厂商与经销商试访。

(6)调查中心安排采访人员与调查人员的具体工作。

(7)对调查人员进行本次调查的培训。

2.实施调查

(1)与各类采访对象预约采访时间。

(2)厂商采访。

(3)分销商、总代理采访。

(4)二级代理及下一级代理采访。

(5)工程商采访。

(6)行业专家采访。

(7)调查结果的交叉验证。

(8)在项目执行期间,项目小组负责人要对调查工作进行监督,并及时解决调查工作中出现的问题。与××公司保持紧密联系,双方就项目中出现的问题进行商讨并解决。

3.数据收集整理及汇总分析

本阶段的任务是相关资料及采访记录的整理、分类和汇总。

(1)对深度访谈的资料进行整理、分类、录入。

(2)对采访资料进行整理、分类、录入,并进行纵向比较。

(3)对调查问卷进行录入与统计。

(4)项目小组将数据整理后进行初步分析。

4.报告撰写及提交阶段

(1)报告撰写前的集中培训,以便统一思路,把握方向。

(2)报告章节的分工合作安排。

(3)报告的撰写。

(4)报告的审定(由科研总监负责)。

(5)内部报告演示会。

(6)修改报告。

(7)提交报告。

(8)报告交流会。

七、调查时间安排

本次调查所需工作日为 15 天,调查时间安排见表 2-5。

表 2-5　　　　　　　　　　　调查时间安排

调查进度		时间进度(天)
		1　2　3　4　5　6　7　8　9　10　11　12　13　14　15
调查准备阶段	项目小组成立	
	项目运作规划、人员安排、工作进程安排	
	采访提纲、调查问卷设计	
	采访人员培训	
	初步确定采访对象	
实际调查阶段	采访预约	
	深度访谈与面访	
	采访复核和进一步补充调查	
整理分析	资料整理、问卷录入、分析	
报告编写	确定报告编写思路、编写报告	
报告审核	报告审核、修订	
报告提交	提交报告	

八、调查结果的表达形式

以 Word 形式提交分析报告,书面文本一式两份,电子文本一份。

九、调查预算及付款方式

人民币××××元整,费用预算见表 2-6。

表 2-6　　　　　　　　费用预算

科　目		费　用
项目设计		
调查费用	宏观市场(专家)调查	
	调查问卷设计	
	厂商调查	
	渠道与消费调查	
数据录入、统计		
项目研究		
方案编写、制作		
调查项目管理		
人力成本		
办公费用		
合　计		

按惯例,委托方在合同签订之日预付本调查费用的60%作为调查启动资金;合同期满后的10日内,付清余款。

保密协议:(略)

阅读以上材料,讨论:

1.中国门禁产品市场调查企划方案书符合市场调查方案的格式和要求吗?如果有不符合的地方,请完善之。

2.中国门禁产品市场调查企划方案书的调查对象和调查内容符合调查目的的要求吗?请说明理由。

实战训练

【实训操作】 讨论项目小组确定的调研主题,设计内容完整、具有可行性的调研计划书。

【实训目标】 根据实际资料及市场背景,完成市场调研方案的设计,提高学生的计划、分析和文字表达及构思能力,为下一步制定问卷和实施调查奠定基础。

【实训要求】 要求学生根据项目小组确定的调研主题设计市场调研方案。

【实训组织】 理清市场调研方案设计的思路,把握方案的可行性;教师撰写调研计划书样稿,由学生研究方案设计思路。

【实训成果】 各组展示设计的调研计划书,教师从市场调研方案内容的完整性及可行性等方面给予讲评。

项目三　选择市场调查方法

知识目标

1. 区别原始资料与二手资料,掌握原始资料和二手资料的获取方法;
2. 掌握文案调查法的含义,了解其应用;
3. 掌握访问法的基本内容、访问技巧及操作流程;
4. 掌握观察法的基本内容及观察的具体方法;
5. 掌握实验法的基本内容和方法;
6. 学习网络调查的主要方法。

能力目标

1. 学会二手资料的收集方法;
2. 能顺利进行街头拦截访问;
3. 能运用观察记录技术进行简单的观察;
4. 能设计简单的实验调查方案;
5. 利用网上调查法收集信息。

任务分解

任务一　文案调查法
任务二　访问法
任务三　观察法
任务四　实验法
任务五　网络调查法

任务内容

根据所承担调研项目的不同特点,为了有计划、有组织地完成调研任务,建议各项目团队按照下列步骤进行调研:

1. 查阅互联网信息及统计年鉴等,收集调研项目背景资料及历史数据;
2. 实地考察并访谈,完成调研项目关于企业、市场情况等资料的采集工作;

市场调查与预测

3.根据调查项目,采取街头拦截等便利调查方法,发放问卷和收集资料;
4.在互联网发布调查问卷,利用网络调查法收集资料。

任务成果

1.根据教师提供的调查项目背景,进行二手资料的收集。
2.根据选定的调查项目,项目团队策划项目的信息采集方案。

知识导图

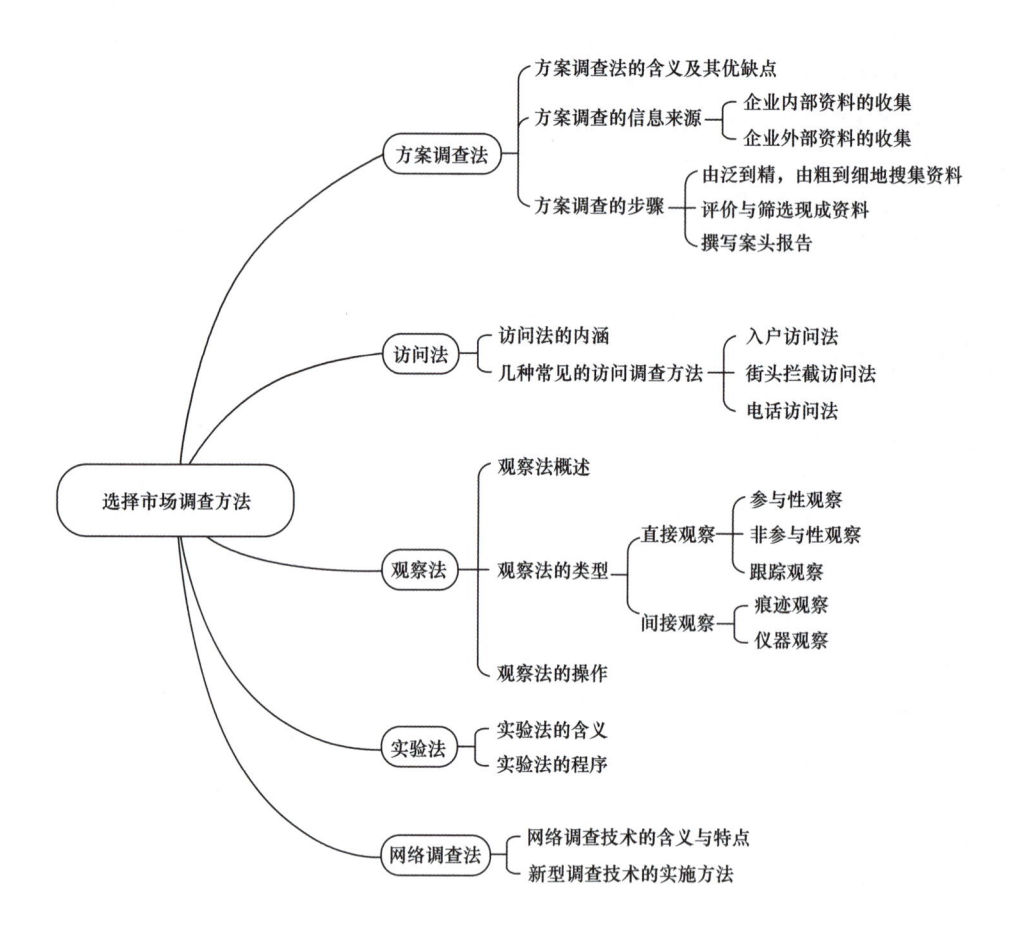

```
                                    ┌─ 方案调查法的含义及其优缺点
                                    │
                                    ├─ 方案调查的信息来源 ─┬─ 企业内部资料的收集
                          ┌─ 方案调查法 ─┤                      └─ 企业外部资料的收集
                          │         │
                          │         │                      ┌─ 由泛到精,由粗到细地搜集资料
                          │         └─ 方案调查的步骤 ─────┼─ 评价与筛选现成资料
                          │                                └─ 撰写案头报告
                          │
                          │         ┌─ 访问法的内涵           ┌─ 入户访问法
                          ├─ 访问法 ─┤                         │
                          │         └─ 几种常见的访问调查方法 ─┼─ 街头拦截访问法
                          │                                   └─ 电话访问法
                          │
                          │         ┌─ 观察法概述
                          │         │                         ┌─ 参与性观察
  选择市场调查方法 ────────┤         │         ┌─ 直接观察 ───┼─ 非参与性观察
                          ├─ 观察法 ─┼─ 观察法的类型 ─┤          └─ 跟踪观察
                          │         │                │        ┌─ 痕迹观察
                          │         │                └─ 间接观察┤
                          │         │                          └─ 仪器观察
                          │         └─ 观察法的操作
                          │
                          │         ┌─ 实验法的含义
                          ├─ 实验法 ─┤
                          │         └─ 实验法的程序
                          │
                          │           ┌─ 网络调查技术的含义与特点
                          └─ 网络调查法 ┤
                                      └─ 新型调查技术的实施方法
```

案例导入

环球时装公司的信息收集

日本环球时装公司,由20世纪60年代创业时的零售企业发展成为日本有代表性的大型企业,主要是靠第一手"活情报"。该公司在日本81个城市的顾客集中的车站、繁华街道开设侦探型专营店,陈列公司所有产品,给顾客以综合印象,售货员的主要任

务是观察顾客的采购动向；事业部每周安排一天时间全员出动，3人一组、5人一群，分散到各地调查，有的甚至到竞争对手的商店观察顾客情绪，向售货员了解情况，找店主聊天。调查结束后，当晚回到公司进行讨论，分析顾客消费动向，提出改进工作的新措施。全国经销该公司时装的销售终端都有顾客登记卡，详细地记载每一个顾客的年龄、性别、体重、身高、体型、肤色、发色、兴趣、嗜好、健康状况、家庭成员、家庭收入以及使用什么化妆品，常去哪家理发店、穿着习惯及家中存衣的详细情况。这些卡片通过信息网络储存在公司信息中心，只要根据卡片就能判断顾客眼下想买什么时装，今后有可能添置什么时装。

讨论：环球时装公司采用了什么调查方法来收集信息？

任务明确

在市场调查活动中，可以供调查人员选择的方法有很多种，每种方法都有其相应的适用范围、不同的优缺点，如果调查人员能够根据我们的调查任务、调查目的、调查对象的特点、调查活动的经费预算及调查活动所需的时间等限制因素来选择恰当的市场调查方法，就会达到事半功倍的效果。确定调查方法，就是明确采取哪种方式进行调查，这也是确定如何获得资料的方法。资料搜集包括二手资料、一手资料的搜集。本项目具体分为五个任务：

任务一　文案调查法
任务二　访问法
任务三　观察法
任务四　实验法
任务五　网络调查法

任务一　文案调查法

一、文案调查法的含义及其优缺点

（一）文案调查法的含义

什么是文案调查法？

文案调查法又称文献资料调查法，是指调查员在充分了解市场调查的目的后，通过搜集各种有关文献资料，对现成的数据资料加以整理、分析，进而提出有关建议以供企业相关决策人员参考的市场调查方法。

文案调查（Desk Research）是对已经存在并已为某种目的而收集起来的信息进行的调查活动，也就是对二手资料进行搜集、筛选，并据以判断问题是否已局部或全部解决。文案调查法是相对于实地调查法而言的。通常是市场调研的第一步,为开始进一步调查先行收集已经存在的市场数据。能为实地调查法提供背景资料,是实地调查法的基础;可取得实地调查法无法获取的某些资料,如竞争对手的原始信息资料;可鉴定、证明实地调查资料的可信度,并可以进行趋势分析和对总体进行推算。

(二)文案调查法的优缺点

1.文案调查法的优点

(1)迅速便捷和低成本。文案调查法比实地调查法更省时、省力,组织起来也比较容易,某些资料只需进行简单加工,同时也为实地调查打下基础。

(2)可以克服时空条件的限制。文案调查法既可以获得现实资料,又可以获得实地调查法无法取得的历史资料;既能获得本地范围内的资料,又可以借助报纸、杂志及互联网等,收集其他地区的资料。尤其是在做国际市场调查时,由于地域遥远、市场条件各异,采用二手资料收集信息非常方便。

(3)受到各种因素的影响较小。文案调查法既不会受调查者的主观情感判断的影响,也不会出现因被调查者的阅历参差不齐,情绪不佳等造成的错误结果。

2.文案调查法的缺点

(1)加工、审核工作较难。文案调查法依据的主要是历史资料,需要一定的加工过程,需要调查者对其历史背景进行分析,并依据当前的情况进行调整,但许多资料经人多次传抄引证,已经成为第三手、第四手资料,其真实性、可靠性往往令人怀疑。

(2)滞后性和残缺性。文案调查法所获得的资料总会或多或少地落后于现实,特别是印刷文献资料;而且进行文献调查往往很难把所需的文献资料找齐全。

(3)对调查者的专业知识、实践经验和技巧要求较高。文案调查法要求调查人员有较广的理论知识、较深的专业知识及技能,否则难以加工出令人满意的资料。

二、文案调查的信息来源

文案调查的信息来源主要有企业的内部渠道和外部渠道。内部渠道主要是企业各个部门提供的各种业务、统计、财务及其他有关资料。外部渠道主要是企业外部的各类机构、情报单位、国际互联网、在线数据库及图书馆等所持有的可供用户共享的各种资料。

(一)企业内部资料的收集

企业内部资料主要是收集企业经济活动的各种记录,主要包括以下三种:

(1)业务资料,包括与企业业务有关的各种资料,如订货单、进货单、发货单、合同文本、发票、销售记录、业务员访问报告等。

(2)统计资料,主要包括各类统计报表,企业生产、销售、库存等各种数据资料,各类统计分析资料等。

(3)财务资料,反映了企业劳动力和物化管理占用和消耗情况及所取得的经济效益,通过对这些资料的研究,可以确定企业的发展前景,考核企业经济时效。

(4)企业积累的其他资料,如各种调研报告、经验总结、顾客意见和建议、同业卷宗及有关照片和录像等。

（二）企业外部资料的收集

对于企业外部资料，可从以下几个主要渠道加以收集：

(1) 统计部门与各级各类政府主管部门公布的有关资料。国家统计局和各地方统计局都定期发布统计公报等信息，并定期出版各类统计年鉴，内容包括全国人口总数、国民收入、居民购买力水平等，这些均是很有权威和价值的信息。这些信息都具有综合性强、辐射面广的特点。

(2) 各种经济信息中心、专业信息咨询机构、各行业协会和联合会提供的市场信息和有关行业情报。这些机构的信息系统资料齐全，信息灵敏度高，为了满足各类用户的需要，通常还提供资料的代购、咨询、检索和定向服务，是获取资料的重要来源。

(3) 国内外有关的书籍、报纸、杂志所提供的文献资料，包括各种统计资料、广告资料、市场行情和各种预测资料等。

(4) 有关生产和经营机构提供的商品目录、广告说明书、专利资料及商品价目表等。

(5) 各地电台、电视台提供的有关市场信息。近年来全国各地的电台和电视台为适应市场经营形势发展的需要，都相继开设了市场信息、经济博览等以传播经济、市场信息为主导的专题节目及各类广告。

(6) 各种国际组织、外国使馆、商会所提供的国际市场信息。

(7) 国内外各种博览会、展销会、交易会、订货会等促销会议以及专业性、学术性经验交流会议上所发放的文件和材料。

尤其需要指出的是，随着互联网的发展，目前许多外部资料可以通过网络进行查询或者购买。

三、文案调查的步骤

实施一项调查活动，面对如此多的材料如何将其充分利用，以达到解决问题和调查的目的是成功开展调查的重要标志，这就涉及进行文案调查的程序和步骤。

（一）由泛到精、由粗到细地搜集资料

具体调查项目确定后，从一般线索到特殊线索搜集情报。调查人员从寻找提供市场总体概况的第一类资料，到搜集精确程度较高的第二类资料和情报，如此类推，查找工作由广泛到精确，由粗略到细致。例如，调查者需要分析某产品电视广告播出的反应情况，他从一般资料来源开始，调查该地区电视拥有率、收视状况，再从中随机抽取消费者，通过问卷向他们询问广告的播出效果。

（二）评价与筛选现成资料

在信息爆炸的时代，案头的资料越来越多，但不一定都与调查主题有关，关键是调查人员应根据调查主题的需要来对眼前的资料进行评价与筛选，选择与主旨相关的部分，剔除与课题无关的资料和不完整的情报。评价可从以下几个方面进行考虑：

(1) 时间：资料所涉及的时间是否适当、时效性如何；

(2) 内容：现有的资料是否全面、精确地满足调查主题的要求；

(3)水平:资料的专业程度和水平如何;
(4)准确:资料的精确性如何,是否可信;
(5)便捷:资料的获得成本大小和迅速程度如何。

从以上这些方面进行综合评价是这一阶段的评价标准,当然实际情况千变万化,可灵活应用。

(三)撰写案头报告

报告是所有调查工作过程和调查成果赖以表达的载体,是对此次调研工作的总结。撰写文案调查报告应注意内容要有针对性,简单明了;报告的分析要有理有据,数据确凿,图表精确,有说服力;结论明确,体现调查报告的意义和价值;要注意报告呈递的时效性,不影响决策。

通过这些步骤,案头调研过程基本结束,但实际工作中,文案调查只能收集到一些模糊的资料,其他详细资料无从知晓,这时案头调研就不能完成任务,有必要进行实地调研。

课堂操作

二手资料查找

1.利用互联网,查找本地居民的收入与消费结构变化。
2.利用中国知网,查找本学校本专业某教授的学术论文,总结其学术观点。

任务二 访问法

一、访问法的内涵

(一)访问法的定义

什么是访问法?

访问法又称访问调查法、询问调查法,是指将所拟调查的事项,以当面、电话或书面等不同形式向被调查者提出询问,以获得所需调查资料的调查方法。这是一种常用的市场实地调查方法。

(二)访问法的分类

访问法的分类如图3-1所示。

1.按访问方式分为直接访问和间接访问

直接访问是访问者与被访者直接接触进行的访问,是访问调查的主要形式;间接访问是访问者通过电话等方式对被访者进行的访问。

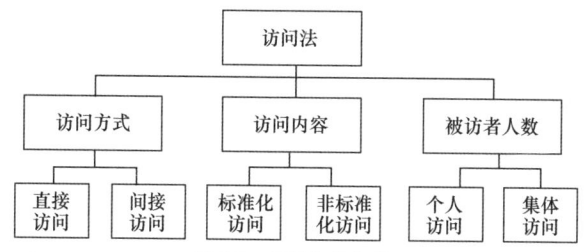

```
                        访问法
        ┌───────────────┼───────────────┐
    访问方式          访问内容         被访者人数
    ┌───┴───┐       ┌───┴───┐       ┌───┴───┐
   直接   间接    标准化  非标准化    个人    集体
   访问   访问     访问    访问      访问    访问
```

图 3-1　访问法的分类

2. 按访问内容分为标准化访问和非标准化访问

标准化访问是采用统一设计、有一定结构的标准化问卷进行的访问；非标准化访问是访问者按照一个粗线条的访问提纲，向被访者进行的访问。

3. 按被访者人数分为个人访问和集体访问

个人访问是访问者与被访者个人进行访问调查，这是访问调查的主要形式。此种访问形式所得信息较为真实、有效，信息回收率最高，保密性强，具有方便、简单、快捷的特点。个人访问调查又有面谈法、电话调查法、邮寄调查法、问卷留置调查法等方法。

集体访问是邀请若干被访者，通过集体座谈会的方式了解有关市场问题。这种方式可以更多、更全面、更深入地收集市场情报，但对主持人的素质要求较高。集体访问调查法根据调查活动的要求，可以分为一般小组调查法和小组焦点访谈法。

二、几种常见的访问调查方法

（一）入户访问法

1. 入户访问法的含义

什么是入户访问法？

入户访问法就是访问人员按照调查方案规定的程序和要求，到受访对象家中或单位与之面谈并收集信息的一种调查方法。

入户访问时，由于访问员和受访对象直接接触，面对面交流，获取的信息准确可靠，因此目前这种访问方法是最为常用的调查方法，例如产品测试、广告效果测试、消费者调查、顾客满意度研究等都可使用，此外，我国的人口普查、住户调查也大多采用入户访问法来收集资料。

2. 入户访问法的优缺点

（1）入户访问法的优点

第一，问卷回答的完整率高。从受访对象同意接受访问开始，访问员可以和受访对象进行面对面的交流，可以随时观察受访对象的态度，一旦发现其有厌烦情绪和敷衍了事的情况，可以适时采取相应对策调动其积极性，而且由于访问是在受访对象家中或单位进行，访问的环境对受访对象而言比较熟悉且外界因素的干扰较少，能够保证调查顺利完成。

第二，调查结果较为准确。在访问中双方通过直接交谈，对所提出的调查事项如有不明确或不理解的，访问员可以给予解释说明，这样可以减少不完整答案或欠缺答案，使答复误差减少到较小的程度。访问员可以通过观察受访对象的肢体动作和表情来判断受访对象回答的真实性。

第三,可获得较多资料。入户访问的调查时间较长,一般在40分钟左右,所以能提出较多的问题。访问员还可以针对图片、表格、产品的样品等进行调查,获得较多的资料。

第四,易于回访复核。访问员可以很轻易地记录受访对象家庭或单位地址,可实现对受访对象的回访,以检验访问的真实性。

(2)入户访问法的缺点

第一,调查费用很高。实地访问要求访问员对受访对象进行一一访问,访问员的劳务费、交通费及受访对象的礼品费等,都是一笔不菲的支出,另外,入户访问也非常耗时。

第二,拒访率高。近年来,由于社会治安等原因,家庭住户对陌生人有较强的戒备心,防盗门成为阻挡在访问员与受访对象之间的一道屏障,能否登门成为一件难事,这也是很多市场调查公司不愿意做入户访问的原因之一。

第三,对访问过程的控制较为困难。由于访问员是分散作业,难以对他们的工作进行监督检查,有的访问员在登门受挫、不能完成问卷的情况下,很可能会自己在问卷上弄虚作假。

第四,对调查人员的素质要求较高。入户访问对访问员的挑选比较严格,需要访问者有较强的亲和力和良好的沟通能力,能够说服住户开门并配合访问,访问进行时还要善于察言观色,及时扭转不利于调查的局面。

3.入户访问的技巧

鉴于入户访问法的上述特征,在入户访问实施过程中,访问员一般会遇到较多的沟通障碍,这些障碍有来自入户时间的障碍、有来自受访者的信任障碍,也有来自访问过程中的交流障碍。其中入户访问的时间障碍来自调查对象本身,即调查对象的空闲时间与访问执行时间之间的冲突。信任障碍主要表现为调查对象对访问员的心理信任度,调查对象可能怀疑访问员是否真是从事市场调查还是另有其他目的;也可能因为对于访问员的不信任,在回答问题时不给予真实的回答等。访问中的交流障碍主要表现为访问员与调查对象之间的沟通可能由于访问员的心理素质不高而导致访问效果不佳等。为有效克服这些沟通障碍,保证入户访问的质量,入户访问的组织者和访问员均需要掌握一定的技巧。

(1)选择合适的访问时间

从克服入户访问的时间障碍来看,选择一个合适的访问时间是非常必要的。一般而言,法定休息日(例如周六、周日等)以及法定工作日的休闲时间(例如傍晚)是进行入户访问的最佳时间。在这些时间里,居民家庭成员集中的机会较多,访问员选择入户访问的成功概率较大。当然,在选择入户访问的时间时,同样需要考虑受访对象的社会工作时间的差异性。

小案例

当我们的访问对象主要针对个体户时,由于他们的时间支配较为自由,因此在进行访问时选择时间的范围就不仅仅局限于法定休息日。

(2)选择合适的访问员

从克服入户访问的信任障碍来看,选择合适的访问员对于减缓这方面的问题是很有意义的。一般而言,男性访问员的信任障碍要大于女性访问员;访问员的年龄越小(例如在校中学生、大学生),信任障碍越小。另外,访问员的着装以及言谈举止对于克服信任障碍也会产生较大的影响。鉴于这些因素,在进行入户访问时,一般选择在校的年轻女学生更为合适。

从克服入户访问过程中的交流障碍来看,提高访问员的沟通交际能力对于改进这方面的影响是最为直接的办法。这里包括访问员对问卷题目的解释能力、访问员的深度沟通能力、对现场的控制能力等,通常我们可以通过访问前的礼仪培训(着装、沟通礼仪)、基础培训(访问技巧)和专门培训(对访问问卷的理解)来达到相应目的。

访问员在接近受访对象时,首先遇到的问题是为对方选择一个合乎常规的称谓。称谓对了,被访者觉得亲切自然,双方的心理距离会迅速拉近,访问便有个好的开头;称谓错了,不仅会闹笑话,甚至会引起被访者的反感和排斥,影响访问的顺利开展。

4.入户访问的操作流程

入户访问法作为调查工作中收集资料的一种方法,其目的是从被访者那里获取真实有效的信息,即无偏见的资料收集。为完成这一目标,调查人员需遵循相应操作流程,如图 3-1 所示。

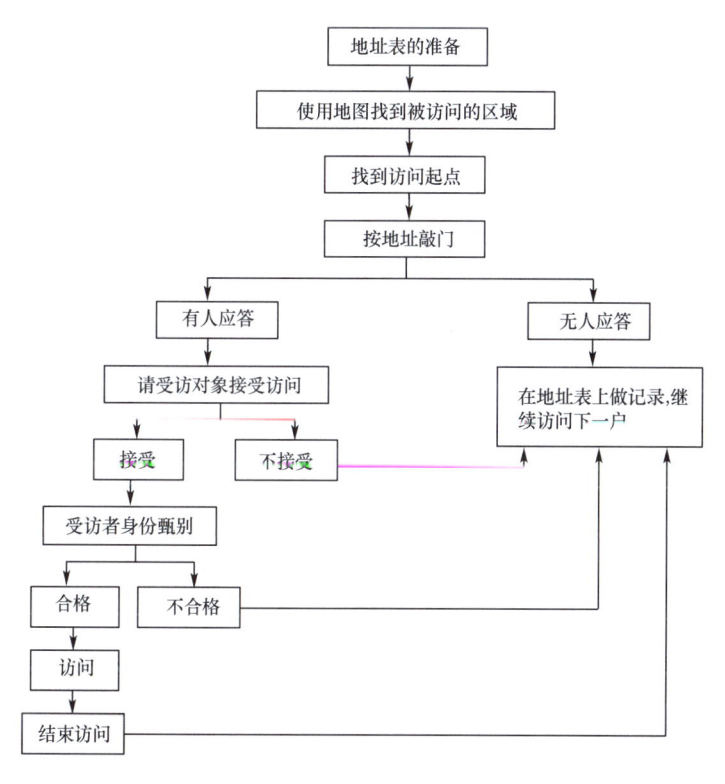

图 3-1 入户访问的操作流程

入户访问时,访问员按照地址表上门访问,常会碰到受访家庭无人在家的情况,这时候就应在本区域受访对象全部访问之后返回复访,而不能随便放弃。一般而言,对于不在场的受访对象要做到三次甚至三次以上的复访才能放弃这个对象。如果受访对象在第一次访问时不在家,就要做好详细的时间记录,以便在复访时改变时段。如果在复访时受访对象家中仍没有人,可以向邻居打听情况,看被访者通常何时回家,在确定不是空户的前提下,可连续复访,直到被访者在家为止。

(二)街头拦截访问法

1.街头拦截访问法的含义及特征

什么是街头拦截访问法?

街头拦截访问法又称为不定点访问法,它是在街区选择适当的地点(一般为商业街、娱乐场所、生活小区等),由访问员对其拦截的合格受访者进行市场调查的方法。

街头拦截访问法的主要特征如下:

第一,访问效率高。由于拦截访问是在某个固定场所现场拦截受访者,合格样本的概率较高,同时访问员是在受访者从某个场所经过或出来的情况下,主动与受访者进行沟通并直接面对面地向受访者征询意见,这样可以充分解释访问的理由和访问将给受访者带来的利益(例如赠送礼品、对于公共事物的关注等),得到受访者配合的可能性较大,因此在受访者时间允许的情况下,他们拒访的可能性较小。

第二,费时较短、费用较低。由于拦截访问是在人口较多的街头或其他公共场所拦截访问对象,一般不能占用受访者较长的时间,这就要求前期的问卷设计考虑到整体时间进程的把握,问卷的长度要相对较短。

第三,控制容易,回访难。在督导员与访问员配比合理的情况下,可以较好地控制访问质量,但是事后回访较难实现。拦截访问主要在人口集中的公共场所进行,负责现场监督的督导员能够目视访问员的现场访问,有效避免了访问员作弊现象的发生,但由于拦截访问的对象是临时在某个公共场所出现,当访问出现信息遗漏时,访问员补访的可能性较小。

第四,数据的代表性不强。无论采用何种抽样方法,无论怎样控制样本及访问的质量,收集的数据都不会对总体有很好的代表性,这是拦截访问的最大缺陷。一般情况下,采用随机抽样进行入户访问是较好进行总体推断的访问方法;拦截访问则不同,因为它受到抽样地点选择的影响,受访者的样本群体结构与实际的总体群体结构并不会完全一致,因此通过拦截样本来推断总体的情况就会显得非常困难。

2.街头拦截访问的具体操作

(1)街头拦截访问的准备工作

①准备问卷,并对问卷内容全面了解。一般来说,街头拦截访问往往会使被调查者措手不及,这就需要调查者进行说明,介绍调查的目的和内容。为此,作为调查者必须对问卷内容全面了解,只有熟悉的内容才能清晰、熟练地进行介绍,赢得调查对象的信赖。

②相关知识的准备。要根据具体的调研内容积累相关的知识。当涉及某件商品或服

务时,要先通过图书馆和网络来查找相关的资料,有时还需要实地考察一番。比如,要调查一件服装产品的市场反应,这就需要了解这件衣服的面料、款式、价格、流通渠道等。对调查的事物有了先期的认识,就能对街头拦截访问胸有成竹。

③预先观察调查地点。到街头拦截的调查地点,实地了解一下那里的环境、人流等情况,看哪里是做街头拦截访问的好地方。便于调查的地点一般是人流较多的购物休息之处。

④检查调查所需的物品。一般调查需要带两支笔和供回答问卷的硬板等,着装也要求整齐、统一。

⑤了解有关职业规则。值得一提的是,在街头调查中调查人员应明确受访者的权利与调查人员的义务。虽然我们的调查是课程实践教学,但也要遵守有关职业规则。

受访者的权利有:自愿、匿名;了解调查人员的真实身份、目的、手段;对未成年人调查需经监护人同意。

调查人员有以下义务:不做出有损于市场调查行业声誉或让公众失去信心的举动,不探察他人隐私;不能对自己的技能经验与所代表的机构的情况做不切实际的表述,不误导被调查者;不能对其他调查人员做不公正的批评和污蔑;必须对自己掌握的所有研究资料保密,在没有授权的情况下不能有意散布市场调研的结论。

(2)街头拦截访问的具体操作

①准确寻找被调查对象

用自己的眼睛环顾四周,寻找出可能会接受调查的目标对象。街头人群具体分两种:行走人群和留步人群。留步人群比较好处理,找那些单个在一边休息或似乎在等人的对象,径直走上前去询问他们。如果被拒绝,也要很有礼貌地说:"对不起,打扰你了。"

对于行走人群主要观察对方是不是独自行走、步履的缓急、手中是否提有过多的物品、神色是否松弛等。

②上前询问,注意姿态

判断路人可以作为调查对象后,就应积极地上前询问。上前询问的短短几步也是有讲究的,朝调查对象起步应该缓步侧面迎上。整个行走过程,目光应对准被调查者。当决定开口询问时,应在被调查者右前方或左前方一步停下。

③开口询问,积极应对

良好的开始是成功的一半,开口的第一句话很重要。在这句话中,要有准确的称呼、致歉词和目的说明。你可以说:"对不起,先生,能打搅你几分钟做一个调查吗?"上面所说的良好心态、微笑的魅力、语言表达等都要协调地配合在一起。

对于询问,调查对象会有许多种反应。第一种是不理睬你,这说明他对街头拦截调查极度拒绝,向他致歉就可以结束了。第二种是有礼貌地拒绝,这时应当针对对方的借口进行回应,比如对方说没时间,可以应对说只需一点点时间。最好还能让对方看看调查问卷,以求调动兴趣。第三种可能是对方流露出一些兴趣,问你是什么调查。这时要把握住机会,让对方看看调查问卷,并向他解释调查的内容,及时地递上笔。只要让对方接过,一般就能够让对方接受你的调查。第四种情况较为少见,即对方一口答应接受调查。

> **课堂操作**

拦截被调查者并自我介绍

以两人为一组,一位学生扮演访问者,另一位学生扮演被访者。模拟街头拦截陌生的被调查者,要求访问者在一分钟内进行自我介绍,向被访者问好,并说明拦截目的。

④随步询问,灵活处理

在应对行走人群时,让对方自动停下脚步是一个不错的切入点,说明对方对你有兴趣。如果对方不愿停下脚步,这就需要我们跟随对方走几步,同时用话语力争引起对方的兴趣。切记不可直截了当地要求对方停下脚步。一般跟随对方走出十米依然无法让对方停步,就应当终止。

⑤被调查者信息收集须小心

对于被调查者的信息资料,如姓名、年龄、住址、电话等,有时也需要在街头拦截调查中得知。甚至有时调查的目的就是要了解被调查者的基本信息,以利于开展营销活动。

这一内容的调查要小心处理。在调查中要尊重他们的权利,不能强求。在调查开始时,先要诚实地将自己的真实身份、调研的目的、要了解他们的基本资料的原因告知被调查者,同时向他们告知我们的义务,询问他们是否愿意告知。只要处理得当,一般在这样的情况下,被调查者都会愿意留下他们的信息资料。

(3)调查完成后的必要工作

①当被调查者回答完所有问题后,应当浏览一遍,不要有所遗漏。

②准确判断不同文化背景的受访者的回答之真正含义。不同职业、文化背景的人的回答含有不同的价值观念。

> **小案例**

某调查人员对被调查者提问:"您对××牌化妆品的质量感觉如何?"

教授、商人可能均回答"还行",但前者的真正意思可能是"虚有其表,质量一般",而后者的意思则有可能是"产品不错,适合自己"。

③向被调查者表示感谢,与其告别。

④当完成一次调查后,先不要将问卷取下。展开新的调查时,可以当着被调查者的面将已用过的问卷取下,这样可以使被调查者更易于接受调查。

⑤等到所有的问卷都完成后,需要整理一下。在调查过程中往往会有废卷和白卷的情况。第一是切忌不能作假,第二是不要将问卷毁损。在街头拦截调查结束后将所有的问卷交给负责人,这是最原始的资料,需要进行集中整理统计,形成有效的营销信息资料。

(三)电话访问法

1.电话访问法的含义

什么是电话访问法?

电话访问法是通过电话,依据调查提纲或问卷,与选定的被调查者交谈以获取信息的一种方法。

电话访问法又可分为传统电话访问法和计算机辅助电话调查法。传统电话访问法使用的工具是普通的电话,访问员在电话室内,按照调查设计所规定的随机拨号方法确定拨打的电话号码,如拨通则筛选被访者,并逐项提问,同时加以记录。计算机辅助电话调查法的工作形式是:访问员坐在计算机前,面对屏幕上的问卷,向电话另一端的被访者读出问题,并将被访者回答的结果通过鼠标或键盘记录到计算机中去;督导在另一台计算机前借助局域网和电话交换机的辅助对整个访问工作进行现场监控。

2.电话访问的优缺点

电话访问的优缺点见表 3-2。

表 3-2　　　　　　　　　　电话访问法的优缺点

优点	缺点
成本低	问题不能深入
速度快	调查工具无法综合使用
范围广	真实性较差
易控制	被访者可能挂断电话

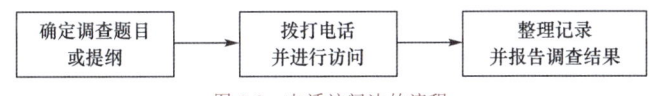

3.电话访问法的流程

电话访问法的流程如图 3-3 所示。

确定调查题目或提纲 → 拨打电话并进行访问 → 整理记录并报告调查结果

图 3-3　电话访问法的流程

课堂操作

电话访问

以两人为一组,一名学生扮演访问者,另一名学生扮演被访者。模拟访问陌生的被调查者,要求访问者在 30 秒内进行流畅的开场白,并能将被访者引入会谈。

任务三　观察法

一、观察法概述

(一)观察法的含义

什么是观察法?

观察法是指在现场通过直接观察或利用各种仪器观察被调查者行为或现场事实的一种搜集资料的方法。

观察法通过观看、跟踪和记录调查对象的言行来汇集信息资料。与访问法不同,观察法主要观察人们的行为、态度和情感。它不通过提问或者交流,而是通过系统记录人、物体或者事件从而进行调查。

(二)观察法的优缺点

观察法的优点主要表现在:

(1)直接性。由于观察者和被观察者直接接触,观察到的结果和所获得的信息资料,具有真实可靠性,是第一手资料。

(2)情景性。观察一般在自然状态下实施,对被观察者不产生作用和影响,有利于排除语言等因素可能引起的误差,能获得生动朴素的资料,具有一定的客观性。

(3)及时性。观察及时,能够捕捉到正在发生的现象,因此获得的信息资料及时、新鲜。

(4)纵贯性。通过较长时间的反复观察和跟踪观察,可以对被观察对象的行为动态演变进行分析。

观察法的缺点主要表现在:

(1)观察法只能反映客观事实的发生过程,而不能说明其发生的原因和动机。

(2)只能观察到一些表面现象和行为,不能反映私下的行为。

(3)难免带有观察者的主观性和片面性,缺乏系统性。

(4)通常需要大量的观察人员,调查时间长,费用高。

二、观察法的类型

观察法可分为直接观察和间接观察。

(一)直接观察

直接观察是调查者直接深入到调查现场,对正在发生的市场行为和状况进行观察和记录。其主要观察方式有:

1.参与性观察

参与性观察是指观察者直接参与市场活动,如参与市场中的商品买卖等,并在参与市场活动时对市场现象进行观察,搜集市场资料。如"神秘顾客法",它是让接受过专门训练的"神秘顾客"作为普通消费者进入特定的调查环境(商场、超市),进行直接观察。

小案例

温莎大酒店在被某旅游杂志评为世界最佳酒店之一后,史先生作为神秘顾客要用一系列手段去检测温莎大酒店是不是名副其实。

史先生乘坐出租车来到酒店,按酒店的规定,从出租车停下到门卫接待客人的时间不得超过30秒,温莎大酒店的门卫接待仅用了12秒。办完登记手续后,几乎在史先生来到客房的同时,史先生的行李也被送到了他的客房。当晚,史先生在离开客房去吃晚饭前,又出了一道"难题"来考察客房服务人员在晚上铺床时是如何收拾房间的。他把几本杂志斜放在杂志架上,桌子上留了一些果仁壳,把化妆品洒在浴室的水槽内,把沐浴液的瓶盖拧下。

在用餐时他点了菜单上没有的菜,虽然菜的味道好极了,服务也是一流的,但史先生还是找出了一些小毛病,如点酒时侍者有些失礼,直接推荐了一种酒,而不是让客人在选择前浏览其他酒的价格。

回到房间,史先生发现床铺得整整齐齐,一切也都收拾得井井有条。

第二天早上,史先生向客房服务部订了一份丰盛的早餐,客房服务部答应在30分钟内送到。在等候早餐时,史先生打电话让客房服务部马上将一套西装熨好。20分钟不到,熨好的衣服已送回房间,早餐也相当不错,就是晚了8分钟。早上9点30分,史先生办理结账手续,结束了对酒店的测试。

"神秘顾客法"广泛应用在电信、银行、零售、餐饮、汽车、服务等行业。由于被调查对象事先无法识别或确认"神秘顾客"的身份,故该调查方式能真实、准确地反映客观存在的实际问题。

2. 非参与性观察

非参与性观察是指调查者以局外人的身份深入调查现场,从侧面观察、记录所发生的市场行为或状况,用以获取所需的信息。

3. 跟踪观察

调查员对被调查者进行跟踪性的观察。如服装设计师为寻找新式服装设计的创意,可在大街上跟踪特定的消费者进行观察,或者到商场的服装柜对顾客进行跟踪观察。跟踪观察获取的信息往往具有连续性和可靠性。

小案例

东芝在推广家电产品给日本国内的消费者时,就曾经使用观察法来观察市场变化。东芝新产品的设计者在长期的跟踪观察中发现,越来越多的日本家庭主妇进入就业大军,洗衣机不得不在早上或晚上使用,这样噪声就成为一个问题。为此东芝设计出一种低噪声的洗衣机进入市场。在开发这种低噪声产品时,该公司还在观察中发现,当时的衣服已经不像以前那么脏了,许多日本人洗衣的观念也改变了。以前是衣服脏了才洗,而后来是衣服穿过了就要洗,以获得新鲜的感觉。由于洗得勤,衣服有时难以及时晾干。东芝在观察中认识到主妇生活中的这种转变,便推出烘干机,后来又发现大多数消费者的生活空间有限,继而发明了洗衣、烘干二合一的洗衣机,结果产品销量大增。

(二)间接观察

间接观察是指对调查者采用各种间接观察的手段(痕迹观察、仪器观察等)进行观察,用以获取有关的信息。

1. 痕迹观察

痕迹观察是通过对现场遗留下来的实物或痕迹进行观察,用以了解或推断过去的市场行为。

> **小案例**

美国人类学教授雷兹通过对垃圾进行分析来研究人们的消费情况。他说:"垃圾袋绝不会说谎,什么样的人就丢什么样的垃圾。"他和助手通过研究当地的垃圾,获得了有关食品消费的信息,其结论如下:

(1)劳动者阶层所喝的进口啤酒比高收入阶层所喝的多。

(2)中产阶层比其他阶层浪费的食物更多(双职工都要上班且很忙,没有时间处理),浪费的食物中,有15%是可以吃的好食品。

(3)减肥清凉饮料与压榨的橘子汁是高收入人士所青睐的两类消费品。

2.仪器观察

仪器观察是指在特定的场所安装录像机、录音机或计数仪器等器材,通过自动录音、录像、计数等获取有关信息。如有些商场常在店门的进出口安装顾客流量观察仪器,用以测量顾客流量并对顾客进行分类。

> **小案例**

美国尼尔逊广告公司,通过电子计算机系统在美国各地12 500个家庭的电视机上装了电子监听器,每90秒扫描一次。每一个家庭只要收看3秒电视节目就会被记录下来,据此选择广告的最佳时间。在我国,有的商家用视频记录下消费者的购买行为,以分析消费者的购买动机和购买意向。

三、观察法的操作

(一)观察法的准备工作

观察法的准备工作包括以下内容:

1.明确观察目的

观察目的是根据调查任务和观察对象的特点而确定的。明确观察目的,即明确通过观察解决什么问题,然后确定观察的范围、对象、重点和步骤。

2.制订观察计划

一般说来,观察计划包括观察目的、观察对象、观察重点与范围、通过观察需要获得的资料、观察的途径、观察的时间和次数、观察的位置、选择观察的方法、列出观察的注意事项、观察人员的组织分工、观察资料的记录和整理、观察者的应变措施等内容。

这里提到的观察对象和目标可以是物(产品、竞争广告、市场关系等),也可以是人(顾客、行人)。观察对象与观察目标可以根据调查目的确定,例如为了调查商场营业员的服务情况,观察对象就为商场的营业员,观察的内容包括该商场对营业员工作时间内各个方面的工作标准和要求,比如仪容、仪表、言行举止、对顾客的态度等方面。

3.设计观察记录表

为了将观察结果快速、准确地记录下来,并便于随身携带,将观察内容事先制成便于汇总的小卡片,制作卡片时,应先列出所有观察项目,经筛选后保留重要项目,再将项目根据可能出现的各种情况进行合理的编排。

小案例

表 3-1 是某商场为观察购买者的行为而制作的顾客流量及购物调查卡片。使用时,在商场的进出口处,由几名调查员配合进行记录,调查卡片每小时使用一张或每半小时使用一张,该时间内出入的顾客及其购买情况可被详细记录下来。

表 3-1　　　　　　　　　顾客流量及购物调查卡片

被观察单位_____　　观察时间____年____月____日____时至____时

观察地点_____　　　观察员_____

观察项目	入　向	出　向
人数		
购物金额		

课堂操作

观察法的应用

1.给出两幅图画,让学生迅速找出两幅图画的不同之处,培养学生的观察能力。

2.为了了解学校内超市服务和管理等诸多方面的问题,现需要对超市进行"神秘顾客观察",请设计神秘顾客观察表。

4.选择观察地点

观察地点的选择既要便于进行观察,又要注意隐蔽性。

5.确认观察工具与记录方法

根据观察方法和具体观察条件明确观察的工具和记录方法。

(二)观察法的实施

1.观察与记录

进入观察现场进行观察,在观察的过程中认真做好记录,是必不可少的重要环节。做观察记录,应符合准确性、完整性、有序性的要求,为此,必须及时进行记录,不要依赖记忆。

为减小观察者误差,在应用观察法时,应注意以下事项:

(1)为了使观察结果具有代表性,能够反映某类事物的一般情况,应注意选择那些有代表性的典型对象,在最适当的时间内进行观察。

(2)在进行现场观察时,最好不要让被调查者有所察觉,尤其是使用仪器观察时更要注意隐蔽性,以保证被调查者处于自然状态下。

(3)在实际观察和解释观察结果时,必须实事求是、客观公正、不得带有主观偏见,更不能歪曲事实真相。

(4)观察者的观察项目和记录用纸最好有一定的格式,以便尽可能详细地记录观察内容的有关事项。

(5)应注意挑选有经验的人员充当观察员,并进行必要的培训。

2.整理观察结果

对观察的结果进行整理。

3.分析资料并撰写观察报告

在分析研究的基础上,写出观察报告。

任务四 实验法

一、实验法的含义

什么是实验法?

实验法是指市场调查人员有目的、有意识地改变一个或几个影响因素,按照一定的实验假设,通过改变某些实验环境的实践活动来认识实验对象的本质及其发展规律的调查。

实验法应用范围很广,凡是某一种商品在改变品种、品质、包装、设计、价格广告、陈列方法等因素时都可以应用这种方法。

二、实验法的程序

(一)选择实验对象,根据调查目的,确定实验变量

确定实验对象和实验变量,是实验法的第一步工作。实验对象就是我们要进行实验的具体产品,实验变量则应该根据调查目的来确定。

小案例

比如我们想知道不同的广告策划对方便面销售量的影响,那么实验对象就是方便面销售量,实验变量就是广告策划;我们想了解超市里不同的陈列方法对销售量的影响,那么实验变量就为商品的陈列方法。

(二)确定实验场所

实验法调查可以在实验室进行,例如,在一个模拟商场中,试验一种新的商品陈列和购买方式,可以邀请一些目标顾客在这个模拟的商场参观购物,来调查其销售效果。

一般的实验调查在现场进行。它是在自然的市场环境中实施的,需要注意的是选择的实验环境应该是两个相互匹配的商场、城市或地区。这种方法的优点是在自然环境下实施的,其调查结果也比较接近实际。

（三）确定实验组与对照组

选择若干实验对象为实验组，同时选择若干与实验对象相同或相似的调查对象为对照组，并使实验组与对照组处于相同的实验环境之中。实验者只对实验组进行实验活动，根据实验组与对照组的对比得出实验结论。

必须注意实验组与对照组两者具有可比性，即两者的业绩、规模、类型、地理位置、管理水平等各种条件应大致相同。只有这样，实验结果才具有较高的准确性。

（四）选择实验方法

在"实验法的进行"中详细介绍。

（五）制作实验表格

根据实验方法的选择，制作相应的实验表格。如采用单一实验组前后对比的实验方法，实验表格见表3-2。

表3-2　　　　　　　　单一实验组前后对比表　　　　　　单位：

商品品种	实验前销售量	实验后销售量	实验效果
A			
B			
C			
D			
合计			

（六）测量实验前实验组和控制组的销售量

如果我们采用的是实验前后对比的方法，就必须先测出实验前的销售量，并填入表3-2。

三、实验法的进行

（一）单一实验组前后对比实验

这是一种最简单的实验调查法，它是在不设置控制组（对照组）的情况下，考察实验组引入实验因素后状况的变化，从而来测定实验因素对实验对象（调查对象）影响的效果。

小案例

某食品厂为了提高糖果的销量，认为应改变原有的陈旧包装，并为此设计了新的包装图案。为了检验新包装的效果，以决定是否在未来推广新包装，厂家取A、B、C、D、E五种糖果作为实验对象，对这五种糖果在改变包装前一个月的销量和改变包装后一个月的销量进行了检测，得到的实验结果见表3-3。

表3-3　　　　　　　　单一实验组前后对比表　　　　　　单位：千克

糖果品种	实验前销量	实验后销量	实验结果
A	300	340	40
B	280	300	20
C	380	410	30
D	440	490	50
E	340	380	40
合计	1 740	1 920	180

由此可见,改变糖果的包装,能使销量增加180千克。

单一实验组前后对比实验,只有在实验者能有效排除非实验变量的影响,或者是非实验变量的影响可忽略不计的情况下,实验结果才能充分成立。

(二)实验组与对照组对比实验

选择若干实验对象为实验组,同时选择若干与实验对象相同或相似的调研对象为对照组,并使实验组与对照组处于相同的实验环境之中。

小案例

某食品厂为了解面包的配方改变后消费者有什么反应,选择了A、B、C三个商店为实验组,再选择与之条件相似的D、E、F三个商店为对照组进行观察。观察一周后,将两组对调再观察一周,其检测结果见表3-4。

表3-4　　　　　　　　实验组与对照组对比表　　　　　　　单位:百袋

商店	第一周		第二周	
	原配方销售量	新配方销售量	原配方销售量	新配方销售量
A	—	43	35	—
B	—	51	40	—
C	—	56	45	—
D	37	—	—	41
E	44	—	—	47
F	49	—	—	52
合计	130	150	120	140

从表3-4可知,两周内原配方面包共销售了130+120=250(百袋),新配方面包共销售了150+140=290(百袋)。这说明改变配方后增加了40(百袋)的销售量,对企业很有利。

实验组与对照组对比实验,必须注意二者具有可比性,即二者的规模、类型、地理位置、管理水平、营销渠道等各种条件应大致相同。只有这样,实验结果才具有较高的准确性。但是,这种方法对实验组和对照组都是采取实验后检测,无法反映实验前后非实验变量对实验对象的影响。为弥补这一点,可将上述两种实验进行综合设计。

(三)实验组与对照组前后对比实验

这是对实验组和对照组都进行实验前后对比,再将实验组与对照组进行对比的一种双重对比的实验法。它吸收了前两种方法的优点,也弥补了前两种方法的不足。

小案例

某公司在调整商品配方前进行实验调研,分别选择了3个企业组成实验组和对照组,对其月销售量进行实验前后对比,并综合检测出了实际效果,见表3-5。

表3-5　　　　　　　　双组前后对比表　　　　　　　　　　单位:件

实验单位	实验前	实验后	前后对比	实验效果
实验组	2 000	3 000	1 000	1 000−400=600
对照组	2 000	2 400	400	

表 3-5 中的检测结果中,实验组的变动量为 1 000 件,包含实验变量(调整配方)的影响,也包含其他非实验变量的影响;对照组的变动量为 400 件,不包含实验变量的影响,只有非实验变量的影响,因为对照组的商品配方未改变。

实验效果是从实验变量和非实验变量共同影响的销售额变动量中,减去由非实验变量影响的销售额变动量,反映调整配方这种实验变量对销售额的影响作用。由此可见,实验组与对照组前后对比实验,是一种更为先进的实验调研方法。

课堂操作

设计实验法方案

某企业要求检测某种巧克力糖果新包装的市场效果,请利用实验法来设计检测效果的方案。

任务五　网络调查法

前面介绍的都是传统的调查技术,随着互联网的发展,目前网络调查已经成为很多公司首选的资料采集方法。

一、网络调查技术的含义与特点

(一)网络调查技术的含义

网络调查是传统调查在新的信息传播媒体上的应用。它是指在互联网上针对调查问题进行调查设计、收集资料及分析咨询等活动。与传统调查方法相类似,网络调查也有对原始资料的调查和对二手资料的调查两种方式,即利用互联网直接进行问卷调查,收集第一手资料,可称为网上直接调查;或利用互联网的媒体功能,从互联网收集第二手资料,称为网上间接调查。

(二)网络调查技术的特点

互联网作为一种信息沟通渠道,它的特点在于开放性、自由性、平等性、广泛性和直接性等,使得新型的调查技术——网络调查具有传统调查所不可比拟的优势。网络调查技术具有以下几方面的特点:

1.调查成本低

网络调查与面访、邮寄访问、电话访问等离线调查的根本区别在于采样方式不同。所以,网络调查的成本低主要指的是采样成本低。传统调查往往要耗费大量的人力、物力,而网络调查只需有一台上网的计算机,通过站点发布电子问卷或组织网上座谈,利用计算机及统计分析软件进行整理分析,省去了传统调查中的印刷问卷、派遣人员、邮寄、电话、繁重的信息采集与录入等工作与费用,既方便又便宜。

2. 调查速度快

网上信息传播速度非常快，如用 E-mail，几分钟就可把问卷发送到各地，问卷的回收也相当快。利用统计分析软件，可对调查的结果进行即时统计，整个过程非常迅速。传统的调查要经过很长一段时间才能得出结论，而网络调查采样所需的时间则要少得多。无论是把问卷直接放在网上，还是发送 E-mail，都可以迅速把问卷大范围地呈现在被访者面前。问卷的填答虽可能会费些时间，但填答时间由自己支配。填答完毕后，问卷的提交也比较简单，只要单击一下提交键即可。

3. 调查隐匿性好

在调查一些涉及个人隐私的敏感问题时，离线调查尽管可以在问卷设计中通过采用委婉法、间接法、消虑法、虚拟法等手段，在问题和被访者之间增加一些缓冲因素，但无论如何，离线调查各种采样方式都会在不同程度上影响到被访者的填答心理。一般而言，面访最大，电话访问次之，邮寄访问最小。应该说，网络调查的隐匿性较离线调查高，网络调查的这一特点可使被访者在填答问卷时的心理防御机制降至最低程度，从而保证填答内容的真实性，回答问题时更加大胆、坦诚，调查结果可能比传统调查更为客观和真实。

4. 调查具有交互性

网络调查的这一优势同样是基于网络自身的技术特性，网络的互动性赋予网络调查互动性的优势。这种交互性在网上市场调查中体现在两方面：一是在网上调查时，被访问者可以及时就问卷相关的问题提出自己的看法和建议，可减少因问卷设计不合理而导致的调查结论出现偏差等问题；二是被访问者可以自由地在网上发表自己的看法，同时没有时间的限制。而传统的市场调查是不可能做到这些的，例如，面谈法中的路上拦截调查，它的调查时间较短，不能超过 10 分钟，否则被调查者肯定会不耐烦，因而对访问调查员的要求非常高。

5. 调查结果的可靠性和客观性

由于企业站点的访问者一般都对企业产品有一定的兴趣，所以这种基于顾客和潜在顾客的市场调查结果是客观和真实的，它在很大程度上反映了消费者的消费心态和市场发展。首先，被调查者在完全自愿的原则下参与调查，调查的针对性更强，而传统的市场调查，例如面谈法中的拦截询问法，实质上是带有一定的"强制性"的；其次，调查问卷的填写是自愿的，不是传统调查中的"强迫式"，填写者一般对调查内容有一定的兴趣，回答问题相对认真，所以问卷填写可靠性高；最后，网上市场调查可以避免传统市场调查中人为因素所导致的调查结论的偏差，被访问者是在完全独立思考的环境中接受调查的，能最大限度地保证调研结果的客观性。

6. 调查的可检验性和可控制性

利用 Internet 进行网上调研收集信息，可以有效地对采集信息的质量实施系统的检验和控制。这是因为网上市场调查问卷可以附加全面规范的指标解释，有利于消除因对指标理解不清或调查员解释口径不一而造成的调查偏差；问卷的复核检验由计算机依据设定的检验条件和控制措施自动实施，可以有效地保证对调查问卷的 100% 复核检验，保证检验与控制的客观公正性；通过对被调查者的身份验证技术可以有效地防止信息采集过程中的舞弊行为。

二、新型调查技术的实施方法

(一)网上市场调查的主要形式

新型调查技术的实施依赖于互联网,调查的形式分为网上直接调查和网上间接调查两种方式,网上市场调查是在互联网上针对特定营销环境进行简单调查设计、收集资料和初步分析的活动,为企业的网上营销决策提供数据支持和分析依据。

1.网上直接调查

网上直接调查方法是利用互联网,直接通过问卷调查等方式收集第一手资料,如某机构组织的调查"我国 Internet 现状与发展",就是在网上利用问卷直接进行调查,这种方式不妨称为网上直接调查。

2.网上间接调查

网上间接调查方法是利用互联网的媒体功能,收集第二手资料。由于越来越多的传统报纸、杂志、电台等媒体,以及政府机构、企业等也纷纷上网,因此网上信息急剧增加,发现和挖掘有价值的信息,已成为网上间接调查的关键。

(二)网上直接调查方法

1.网上直接调查法的分类

根据调查方法的不同,可以分为网上问卷调查法、网上实验法和网上观察调查法,常用的是网上问卷调查法。

当前,网上有很多支持问卷设计的网站或工具,这些问卷调查网站的特点是方便、快捷,而且均提供免费使用的权限,可供初学者体验与应用,当然,如果需要更专业的调查统计功能,还提供收费的功能可供选用。

课堂操作

练习在线调研问卷的制作与发布

利用免费调研平台练习在线调研问卷的制作与发布。掌握在线调研问卷的设计和发布。

2.主动问卷法的实施

一般来说,通过这样几步实现:

第一步,制定网络市场调查的目标。

第二步,确定网络市场调查的对象,制订调查计划。

第三步,收集、整理信息。

第四步,分析调查结果。

小案例

美国消费者调查公司是一家网上市场调查公司。通过互联网在世界范围内征集会员,只要回答一些关于个人职业、家庭成员组成及收入等方面的个人背景资料问题即可成为会员。该公司每月都会寄出一些市场调查表给符合调研要求的会员,询问诸如"你最喜欢的食物是哪些?你最需要哪些家用电器?"等问题,在调查表的下面注着完成调研后被调查者可以获得的酬金,根据问卷的长短以及难度的不同,酬金的范围为4~25美元,并且每月还会从会员中随机抽奖,至少奖励50美元。

(三)网上间接调查方法

网上间接调查是收集二手资料的方法,利用互联网收集与企业营销相关的市场、竞争者、消费者以及宏观环境等信息。

1.利用搜索引擎收集资料

搜索引擎根据用户需求与一定算法,运用特定策略从互联网检索出指定信息反馈给用户。搜索引擎依托于多种技术,如网络爬虫技术、检索排序技术、网页处理技术、大数据处理技术、自然语言处理技术等,为信息检索用户提供快速、高相关性的信息服务。

2.利用相关的网上数据库查找资料

网上数据库有付费和免费两种。在国外,市场调查用的数据库一般都是付费的。我国的数据库业近二十年有较大的发展。

项目小结

本项目学习的主要内容是调查资料的收集,市场调查的资料收集方法众多,调查人员需要结合调查主题和目的,考虑本组织的实际情况,结合自身的人力、物力、财力分配,选取合适的调查方法,熟悉并掌握各类调查方法的操作技能。二手资料与文案调查法往往是许多调查的初探与前期工作,先通过文案调查收集与调查主题相关的二手资料,能对后面的实际调查工作起到定性分析、趋势预测的作用。但是光有二手资料还不足以达到调查的目的,还需要更多的具体详细的数据,因而作为调查人员还需要熟练地掌握各类的实地调查法,如访问调查、观察调查和实验调查法。随着现代网络技术的发展,越来越多的信息可以借助网络进行收集。网络市场调查就是利用互联网系统地收集、整理、分析和研究各种信息,通过科学设计调查问卷、有效监控在线服务、有针对性地跟踪目标对象等策略开展市场调查。

思考营地

1.简述文案调查资料的来源。
2.比较入户访问、电话询问、拦截访问的优缺点。
3.简述实验法的工作程序。
4.网络调查的优点。

案例分析

消费者对咖啡杯造型接受程度的抽样调查

某公司准备改进咖啡杯的设计,为此进行了市场实验。首先,他们进行咖啡杯选型调查,他们设计了多种咖啡杯,让500个家庭主妇进行观摩评选,研究主妇们用干手拿杯子时,哪种形状好拿;用湿手拿杯子时,哪一种不易滑落。然后对产品名称、图案等也同样进行了造型调查。接着他们利用各种颜色会使人产生不同感觉的特点,通过调查实验,选择了颜色最合适的咖啡杯。他们的方法是,首先邀请了30多人,让他们每人各喝4杯相同浓度的咖啡,但是咖啡杯的颜色,则分别为咖啡色、青色、黄色和红色4种。试饮的结果:使用咖啡色杯子后认为"太浓了"的人占2/3;使用青色杯子的人都异口同声地说"太淡了";使用黄色杯子的人都说"不浓,正好";而使用红色杯子的10人中,有9人说"太浓了"。根据这一调查,公司咖啡店里的杯子此后一律改用红色杯子。该店借助于颜色,既可以节约咖啡原料,又能使绝大多数顾客感到满意。结果这种咖啡杯投入市场后,与市场上的产品展开激烈竞争,以销售量比对方多两倍的优势取得了胜利。

阅读以上材料,讨论:

1. 本案例中应用的是什么调查方法?这种方法有什么优缺点?
2. 这个调查结果可信吗?
3. 如果让你设计调查方案,你有什么好建议?

实战训练

实训操作1:

教师给定调研主题,要求学生进行二手资料的收集,并给出调研结论。

【实训目标】 培养学生收集、筛选、判断二手资料价值的能力,提高学生网络收集二手资料的实际能力。

【实训要求】 通过项目训练,要求学生掌握网络收集二手资料的技能,掌握如何确定网络调查主题、如何初选、如何去伪存真等细节。

【实训组织】 1.探讨与选择二手信息收集的渠道;
2.对收集来的二手资料进行筛选、判断、汇总整理;
3.小组间相互做调查结果汇报。

【实训成果】 实训结束后,各项目团队提交文案调研结果。

实训操作2:

针对学校内的超市,设计超市顾客数量调查表或神秘顾客调查表,掌握观察法的应用。

【实训目标】 能运用观察记录技术简单进行观察。

【实训要求】 掌握直接观察的方法和技巧;结合实际,以小组为单位开展直接观察法,获取第一手资料。

【实训组织】　1.学生阅读直接观察法调查范例,作为操作参考;
　　　　　　　2.设计观察表格;
　　　　　　　3.选择观察地点、时间;
　　　　　　　4.观察记录。
【实训成果】　各组展示观察表格,提供观察结果。

实训操作3:

教师提供一份电子版调查问卷,同学们将其发布到网上,形成网络调研问卷,并且进行网络调研。

【实训目标】　学会如何进行网络问卷设计、发布。
【实训要求】　要求学生发布网上调查问卷;进行网上问卷调查资料的搜集,完成小组项目网上问卷调查。
【实训组织】　1.选择一个网络调查系统平台,在线编写一份网络调查问卷;
　　　　　　　2.在线发布网络调查问卷;
　　　　　　　3.随时监控、管理问卷发布情况;
　　　　　　　4.经过一段时间的网上发布后,回收问卷。
【实训成果】　实训结束后,各项目团队对调研数据进行简单整理。

项目四 抽样技术

知识目标

1. 掌握抽样调查的概念、特点及适用范围；
2. 掌握总体、样本的概念；
3. 理解概率抽样的种类及相关定义；
4. 掌握非概率抽样的种类及相关定义。

能力目标

1. 能够正确选择抽样方法，确定调查对象；
2. 确定合理的样本规模；
3. 能够合理策划市场调查项目的抽样调查方案。

任务分解

任务一　抽样调查的组织
任务二　随机抽样
任务三　非随机抽样

任务内容

在实地调查活动中，调查人员需要运用科学的方法，从调查对象中抽取具有代表性的样本。通过本项目的学习，学习者需要完成以下任务：

1. 项目组商议确定寻找调查对象的方法并找到调查对象，编制抽样框抽取一定数量的样本；
2. 项目组根据选择的调查方法，商议样本量的大小（调查对象的数量）；
3. 项目组制订调查实施方案，确保顺利找到调查对象、获得调查对象的配合、收集到真实的市场信息。

市场调查与预测

任务成果

就调查总体的界定、抽样方式的选择、抽样工作的实施等问题,制订一个可行的实施方案。

知识导图

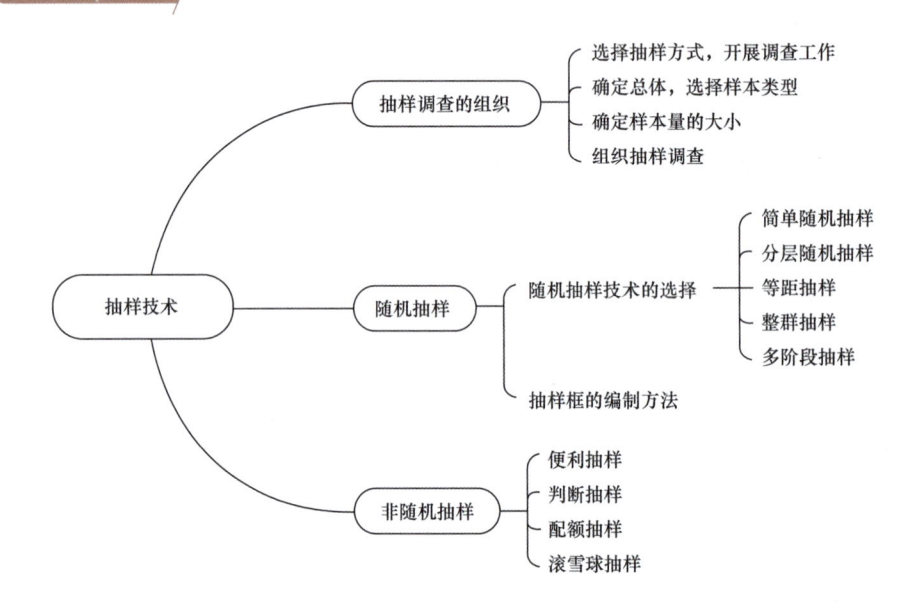

- 抽样技术
  - 抽样调查的组织
    - 选择抽样方式,开展调查工作
    - 确定总体,选择样本类型
    - 确定样本量的大小
    - 组织抽样调查
  - 随机抽样
    - 随机抽样技术的选择
      - 简单随机抽样
      - 分层随机抽样
      - 等距抽样
      - 整群抽样
      - 多阶段抽样
    - 抽样框的编制方法
  - 非随机抽样
    - 便利抽样
    - 判断抽样
    - 配额抽样
    - 滚雪球抽样

案例导入

大学生通信市场调研

随着社会信息化进程的加快,高新科技产品成为消费热点,手机作为其代表之一,大学生也作为一个潜在的消费群体,两者越来越多地受到关注。粗略观察得知,大学生对手机的消费处于一个较高的水平。越来越多的手机厂商把目光投向了校园这一潜在的巨大市场。为了了解手机在大学生中的普遍使用情况、使用效果以及消费情况,掌握手机在大学的销售情况和市场前景,调研项目组确定以大学生通信市场调研为主题,了解在校大学生对通信产品的使用情况,对各产品市场满意度、占有率进行调研。

讨论:面对这个调研项目,调研项目组应当如何选定开展调查工作的最好方法呢?

任务明确

当我们决定采用直接调查法来收集有关市场信息之后,需要解决的问题是所需的资料从什么对象那里获得。而解决这个问题就是要确定调查对象的整体性质与数量,决定进行普查或者抽查。普查需要调查人员对总体的每一个单位都进行调查,这种方法的优点在于保证了调查结果的代表性,但工作量较大、成本较高,确定整体的数量比较困难。一般来说,在市场调查中,调查总体对象多、范围广,并且受到经费、时间的制约,多数情况会采取抽样调查。本项目将介绍抽样调查的相关技术,包含以下三个任务:

任务一　抽样调查的组织
任务二　随机抽样
任务三　非随机抽样

任务一　抽样调查的组织

面对调查项目,项目组需要做的工作是确定调查的方式,这项工作的关键在于选择全面调查或非全面调查,尽管许多时候需要多种调查方式结合进行,但抽样调查是采用最多的方式。

一、选择抽样方式,开展调查工作

(一)抽样调查的含义

抽样调查是市场调查中使用程度较高的一种调查方式,是国际上公认的和普遍采用的科学的调查方法,其理论基础是概率论。

什么是抽样调查?

抽样调查是指按照一定的程序和原则,从所研究的对象的总体中抽出一部分样本进行调查或观察,并在一定的条件下,运用数理统计的原理和方法,根据抽样所得的结果推断总体的一种专门性的调查活动。

抽样调查中所抽取的样本代表了总体的程度,决定了抽样调查的准确性和可靠性。因此,抽样是市场调查过程中一个十分重要的环节。

(二)抽样调查的特点

抽样调查作为一种非全面调查方法,同全面调查相比,具有一系列特点。

1. 按随机原则抽选调查单位

按随机原则抽选调查单位是抽样调查的一大特色。同属非全面调查的典型调查和重点调查,在调查单位的具体选定过程中,都不同程度地受到了调查组织者的主观意识影响,由此使得典型调查和重点调查的科学性受到影响。而抽样调查按随机原则抽选调查单位,则完全排除了主观意识的干扰,使调查单位的选择建立在较为客观的基础之上,从而确立了它的科学性。因此,按随机原则抽样既是抽样调查的特色所在,同时又是其取得成功的基本保证。

> **什么是随机原则?**
>
> 随机原则指在抽取调查单位时,样本单位的抽取不受调查者主观因素的影响和其他系统性因素的影响,完全排除人们主观意识的影响,使总体中的每个单位都有一定的可能性被选中。在抽取样本时,总体中每一个单位被抽中的概率都是已知的,并且是非零的。如果总体中的每一个单位在第一次或第 n 次抽样中,被抽中的概率均相等,则为等概率抽样;否则,为不等概率抽样。

2. 用样本资料推断总体资料

用样本资料推断总体资料是抽样调查的一个重要作用,实质上这也是进行抽样调查的最终目的之所在。能够用样本资料推断总体资料的重要意义在于,我们可以通过对部分单位的调查,以少量的投入,即可取得以前只能用普查才能取得的同样的效果,得到所希望了解的现象总体的全面资料,从而节约大量的调查费用,这也是抽样调查得以广泛应用的重要原因之一。

3. 调查的时效性强

抽样调查的速度快、周期短、精度高。由于只调查一部分单位的情况,因此其调查登记及汇总处理的工作量较之全面调查要小得多,所需时间也大大缩短,这为调查速度的加快创造了十分有利的条件,由此调查的时效性得以加强。同时,在调查单位减少后,由于工作量相应地减少,则可以较严格地挑选和培训调查员,调查和数据处理的质量比较容易控制,因此可能取得更准确的结果。所以,抽样调查更能满足统计调查的及时性和准确性要求。

4. 抽样误差可以计算和控制

在抽样推断之前可以计算和控制抽样误差。随着抽样推断理论的不断发展,误差分布理论日趋成熟,与此同时,抽样误差计算和控制的方法也逐步得以完善,而且关于抽样调查的误差问题的讨论,也扩展到了对具有更为广泛意义的非抽样误差的深入研究。这是抽样调查的又一重要特点。

5. 抽样方法灵活,技术性强

各种不同的抽样技术可以分别适用于不同现象的抽样过程,也可在同一现象的抽样中结合运用,从而保证获得最好的抽样效果。可以毫不夸张地讲,凡是可以运用全面调查的场合,都可以使用抽样调查;凡是不能使用全面调查的场合,一般也能利用抽样调查方法进行调查研究。同其他调查方式相比,抽样调查的技术性更强。因此,一般需要有统计学的专家做指导,并且要求统计专家不仅要有适当的抽样理论方面的知识,还应有抽样的实践经验。

(三)抽样调查与普查(全面调查)的关系

1. 抽样调查可以对全面资料进行评估和修正

任何调查都可能存在误差,全面调查也不例外。全面调查由于涉及面广、工作量大、参加人员多、汇总传递环节多,调查结果容易出现差错。但是,其差错到底有多大,全面调查自身无法回答这一问题。因此,可在全面调查之后再进行一次抽样调查,根据抽样调查结果对全面调查结果进行检查和修正,从而提高全面调查的质量。

2.抽样调查作为普查的补充

对有关国计民生的重要现象,需要采用普查的方法,了解总体中每个单位的基本情况,如我国进行过的人口普查、土地资源普查等。但每一次普查都需要很大的财力投入,不可能经常进行,这时可以在两次普查之间,采用抽样调查的方法,对于该种现象的变化情况进行估计。如前面提到的我国的人口普查。

3.利用抽样调查做深层次分析

针对普查范围广、接受调查单位多、调查项目不可能太多的情况,根据研究的需要,可以在普查的基础上,针对某个问题,采用抽样调查的方法获取更多详尽资料,进行深层次的分析。普查涉及的单位多,数据量大,整理汇总工作需要的时间长,为了尽快地获得总体某些特征的数据,可以采用抽样调查方法,提前得到这些主要目标量的估计值。

4.普查为抽样框提供资料

普查或其他全面调查资料(如某些统计报表)可以为抽样调查所需要的抽样框提供资料或者辅助信息,也可以为样本轮换等提供基础资料。

(四)调查方式选择的依据

在市场调查工作中,选择普查或抽查的依据为:

(1)基本整体的大小;
(2)调查的费用预算;
(3)调查结果的精确性;
(4)组织和时间的要求。

课堂讨论

调查的类型

结合以下所列情况讨论哪些适合用全面调查,哪些适合用抽样调查,并说明理由。
1.研究居住在某城市所有居民的食品消费结构;
2.调查一个县各村的粮食播种面积和全县生猪的存栏头数;
3.调查某地区小学生中患沙眼的人数;
4.调查某地区结核病的发生率;
5.估计一个水库中草鱼的数量;
6.某企业想了解其产品在市场的占有率。

二、确定总体,选择样本类型

目标总体是指抽样设计者根据调查目的界定的调查研究对象的集合体。目标总体是对整个研究具有重大意义的群体,其之所以有重要的地位,是因为我们可以从其身上收集到对研究有关键用途的信息。因此,界定总体是十分重要的,需要对总体先进行简单的说明,介绍与所需信息有关的个体或实体(如公司)的特征。根据实际情况确定调查样本的类型也是必须做出的选择。

总体、个体、样本与样本容量

总体也称全及总体,指根据研究目的确定的所要研究的同类事物的全体,它是由所研究范围内具有某种共同性质的全体单位组成的集合体。

个体是总体中每一个考察的对象。

样本又称子样,它是全部总体中随机抽取出来,作为代表这一总体的那部分单位组成的集合体。

样本容量则是指样本中个体的数目。

小案例

某中学共有2 000名学生,现在想了解全校学生对新闻、体育、动画、综艺、电视剧五类电视节目的喜爱情况,随机抽出200名学生进行调查。在这个调查中,总体是"全校2 000名学生对新闻、体育、动画、综艺、电视剧五类电视节目的喜爱情况";个体是"全校每个学生对新闻、体育、动画、综艺、电视剧五类电视节目的喜爱情况";样本是"抽出的200名学生对新闻、体育、动画、综艺、电视剧五类电视节目的喜爱情况";样本容量是200。

三、确定样本量的大小

(一)确定样本量需考虑的因素

样本量是不是越大越好呢?当然不是,调查是要消耗大量人力、财力和时间的,从统计学上讲,当样本量达到一定程度以后,再增加样本,对于提高调查效果的作用就不大了,反而会增加经费和时间。

那么,是不是随便确定一个样本量就可以呢?当然也不行。样本量的大小受许多因素制约,如调研的性质、总体指标的变异程度、调研精度、样本设计、回答率、项目经费和时间等。一般来说,需要针对不同的情况考虑样本量的问题。

(1)市场潜力等设计量比较严格的调查所需样本量较大,而产品测试、产品定价、广告效果等调查对象彼此差异不是特别大或对量的要求不严格的调查所需样本量较小。

(2)探索性研究样本量一般较小,而描述性研究就需要较大的样本量。

(3)如果需要收集许多变量的数据,样本量就要大一些;如果需要采用多元统计方法对数据进行复杂的高级分析,样本量就应当更大。

(4)针对子样本分析比针对总样本分析所需样本量要大得多。

(5)总体指标的差异化越大,需要的样本量就越大。

(6)调研的精度越高,样本量越大。

(7)随机抽样比非随机抽样数目少一些。

需要特别说明的是,在任何样本量确定的过程中,都必须考虑被调查样本的子群数。也就是说,当被调查样本群子群数比较多的时候,样本量就必须相应扩大。例如,对某一项调查而言,400个样本量是基本满足要求的,但如果将这些样本量划分为男、女各占50%的话,每个子群只有200个样本。如果进一步按年龄组细分的话,假设是两个年龄组,那么每一个子群只有100个样本,这样的样本量就不能满足最初设计的要求了,因此按照子群要求设计样本量更为合理。

实际上,在确定样本量时,不考虑时间和费用这两个极为重要的因素是不可思议的。最终确定的样本量必须与可获得的经费预算和允许的时限保持一致。最终样本量的确定需要在精度、费用、时限和操作的可行性等相互冲突的限制条件之间进行协调。它还可能需要重新审查初始样本量、数据需求、精度水平、调查计划的要素和现场操作因素,并做必要的调整。

(二)有关样本量的经验估计

建立统计学上精确而可靠的结果所要求的样本规模依赖于误差度、可信度两个参数。表4-1给出了不同允许误差水平与可信度下所需的最少样本量。

表 4-1　　　　不同允许误差水平与可信度下所需的最少样本量

允许的误差范围	在90%置信度下	在95%置信度下	在99%置信度下
±0.01	6 773	9 614	16 589
±0.02	1 693	2 403	4 147
±0.03	753	1 068	1 843
±0.04	423	601	1 037
±0.05	271	385	664
±0.06	188	267	461
±0.07	138	196	339
±0.08	106	150	259
±0.09	84	119	205
±0.10	68	96	166

表4-1中给出的数据只考虑了单个调查问题,如果调查面对多个问题会产生既定误差率之外的问题;并且,表4-1中的样本数是针对总样本量来说的,没有考虑子样本的问题;假定是随机抽取的样本,这一点在非概率抽样中是难以保证的。

实际中,调查决策更多地集中于成本与收益的比较分析,样本规模的确定可以考虑表4-1中给出的数据,参照经验数据确定。

(1)如果是大型城市、省市一级的地区性研究,样本量为500~1 000可能比较合适;而对于中小城市,样本量为200~300可能比较合适;如果是多省市或者全国性的研究,则样本量为1 000~3 000可能比较合适。

(2)对于分组研究的问题,每组样本量应该不少于50个。

(3)通过试验设计所做的研究,可以采用较小的样本量。如产品试用(留置)调查,在经费有限的情况下,可以将每组的样本量降低至30个左右,最好每组在50个以上,每组超过100个可能是一种资源浪费。

(4)在较小范围的地区或区域,进行有代表性的抽样调查,样本量约为200人。

(5)专业的询问,大概只需要几个人就可以。

四、组织抽样调查

为了控制抽样误差,提高抽样效率,需要根据调查任务及调查对象的具体情况,从各种抽样调查的组织形式及抽样方式中有针对性地进行选择,以便使样本能充分地反映总体,并便于组织实施,节约人力、物力和时间。

一般而言,抽样调查的组织形式分为两大类:随机抽样和非随机抽样。抽样调查的组织形式见表 4-2。

表 4-2　　抽样调查的组织形式

随机抽样	非随机抽样
简单随机抽样	便利抽样
分层随机抽样	判断抽样
等距抽样	配额抽样
整群抽样	滚雪球抽样
多阶段抽样	

任务二　随机抽样

随机抽样又称概率抽样,是指按照随机原则,科学地组织抽样调查工作。按照其性质和研究目的的不同,随机抽样又可分成五种基本的组织形式:简单随机抽样、分层随机抽样、等距抽样、整群抽样和多阶段抽样。

一、随机抽样技术的选择

(一)简单随机抽样

什么是简单随机抽样?

简单随机抽样是指将基本单位作为抽样单位,从总体的 N 个单位中直接抽取 n 个单位作为样本,每次抽取时,使总体中任一单位被抽中的概率相等的抽样方法。

简单随机抽样也称单纯随机抽样。它是最基本的随机抽样方式。它是按照随机原则,从总体中不加任何分组、划类、排序等先行工作,直接抽取调查样本。这种方式的特点是每个样本被抽取的概率相等,各个样本完全独立,彼此间无一定的关联性和排斥性,完全排除了抽样中主观因素的干扰。

实际中多采用不放回简单随机抽样的方式。首先将总体 N 个单位从 1 到 N 编号,每个单位对应一个号码,如果抽到某号码,则对应单位入样,对于 n 个单位组成的样本,可以按照抽签法、随机数法抽取样本。

微课
简单随机抽样

1.简单随机样本的抽取方法

在 Excel 中,简单随机抽样可以通过三种方法实现:通过随机函数进行随机抽样、通过随机数发生器产生随机数、使用分析工具中的抽样宏。现介绍利用 Excel 中的抽样宏及 RANDBETWEEN 进行随机抽样。

课堂操作

采用 Excel 进行简单随机抽样

某专业拟召开面对学生的教学质量座谈会,从 200 名同学中随机抽取 20 名作为调查样本。为了保证结果的非人为性,采用 Excel 进行简单随机抽样。

操作 1:使用抽样宏

步骤 1 打开原始数据表格,如图 4-1 所示。先对总体单元依次编号。由于学生人数为 200 人,所以给予学生编号为 1~200。抽取 20 个范围在 1~200 的随机整数,凡总体单元编号与所产生随机数相同的单元即为抽中的样本单元。插入 A 列,单元格 A1 输入"编号",分别在单元格 A2、A3 中输入数值 1、2,再将 A2、A3 两个单元格选中,如图 4-2 所示,拖动右下角的填充柄,在 A 列生成 1~200 共 200 个整数。

图 4-1 原始数据表格

图 4-2 学生编号

步骤 2 选择数据分析工具。在"文件"选项卡中选择"选项",如图 4-3 所示。打开"Excel 选项"对话框,选中"加载项"类别,在"管理"下拉列表中选择"Excel 加载项",再单击"转到",如图 4-4 所示。在"可用加载宏"列表框中选中"分析工具库"复选框,然后单击"确定"按钮,如图 4-5 所示。

图 4-3 选择"选项"

图 4-4　加载分析工具库

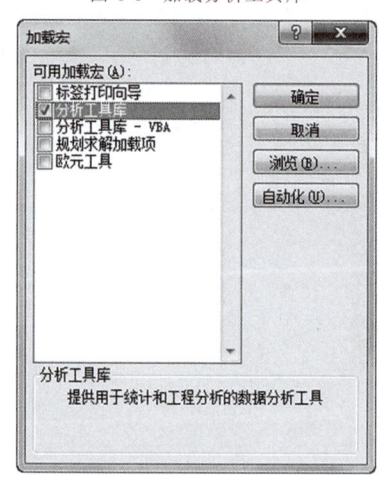

图 4-5　确定分析工具库

提示：在 Excel 中，默认情况下是不会加载"数据分析"加载宏的。

步骤 3　打开"抽样"选项。选择工具栏中的"数据"|"数据分析"选项，打开"数据分析"对话框，选择"抽样"选项，如图 4-6 所示。

步骤 4　进行抽样。在"抽样"对话框中进行相应设置。

单击"输入区域"，选择 A2 到 A201 的单元格数据。

在"样本数"框中输入所需的样本单位数。本例，在"样本数"框中输入 20。

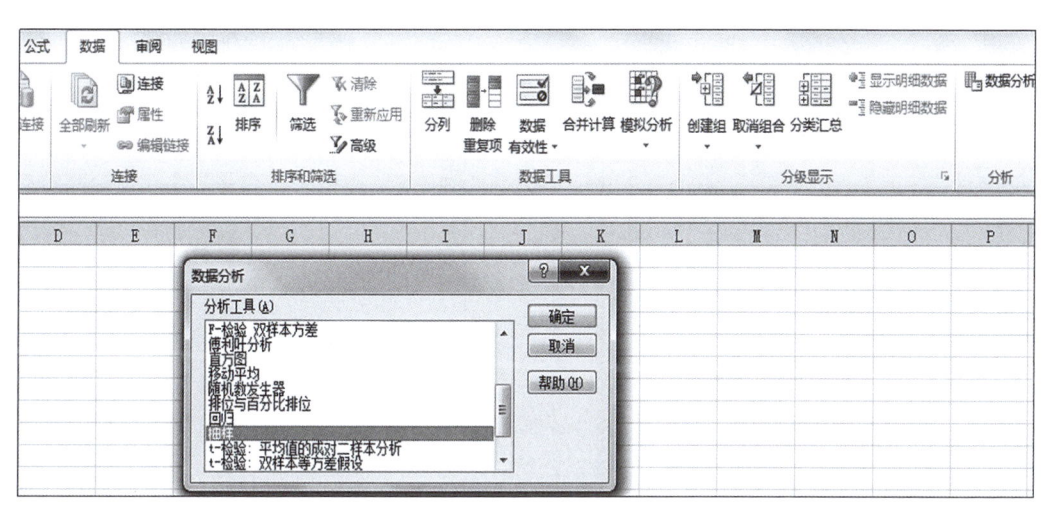

图 4-6　选择"抽样"选项

指定"输出区域"。"输出区域"是指 Excel 结果输出的起始位置,输入单元格的行列号即可,本例输入"＄G＄2"。当然,也可以选择"新工作表组"或"新工作薄",如图 4-7 所示。

图 4-7　设置抽样的选项

说明:在简单随机抽样时,也可以不对数据进行编号,而直接对数据本身进行"抽样",操作过程相同。

步骤5　查看产生的随机数结果。单击"抽样"对话框中的"确定"按钮就可以显示结果了(这是电脑自行随机抽样的结果),如图 4-8 所示。

需要说明的是:由于随机抽样时,总体中的每个数据都可以被多次抽取,所以样本中的数据可能会有重复现象。故需要根据经验适当调整在数据样本选取时的数量设置,以使最终所得样本数量不少于所需数量。可以使用"高级筛选"功能对所得数据进行筛选,去除重复抽样的数据。

	A	B	C	D	E	F	G
1	编号	学号	姓名	性别	学籍状态		抽样结果
2	1	08061110	何	女	注册		156
3	2	08061111	胡	男	注册		96
4	3	08061116	蒋	女	注册		93
5	4	08061118	李	女	注册		184
6	5	08061121	林	男	注册		179
7	6	08061123	林	男	注册		107
8	7	08061124	林	女	注册		24
9	8	08061126	刘	女	注册		59
10	9	08061135	吴	男	注册		95
11	10	08061136	吴	女	注册		129
12	11	08061143	杨	男	注册		69
13	12	08061150	周	男	注册		186
14	13	08061220	李	女	注册		102
15	14	08061237	苏	女	注册		196
16	15	08061240	吴	女	注册		113
17	16	08061243	熊	女	注册		49
18	17	08061247	俞	女	注册		63
19	18	08061302	陈	男	注册		59
20	19	08061304	陈	男	注册		181
21	20	08061305	程	男	注册		135
22	21	08061311	黄	男	休学		

图 4-8 抽样结果

步骤 6 确定最后的抽样名单。

利用"筛选"功能确定最后的抽样名单。依次执行"数据"—"筛选"—"高级筛选",并选定相关区域,如图 4-9 所示,得到的结果如图 4-10 所示。

操作 2 利用 RANDBETWEEN 函数

RANDBETWEEN 函数的功能是产生介于两个指定数之间的随机数。其表达式是 RANDBETWEEN(bottom,top),其中 bottom 是返回的最小整数;top 是返回的最大整数。

图 4-9 条件筛选

图 4-10 产生的抽样名单

步骤1、步骤2同上。

步骤3 使用RANDBETWEEN函数进行抽样。选择G2单元格,在编辑栏中输入公式"=RANDBETWEEN(1,200)"。再次单击单元格G2,运用自动填充单元格拖动鼠标至G21,抽取20名同学的编号,如图4-11所示。

图 4-11 进行随机运算

步骤4 产生汇总结果。复制前期抽样的结果,单击鼠标右键,在弹出的快捷菜单中选择"选择性粘贴"选项,如图4-12所示。打开"选择性粘贴"对话框,选择"数值"选项,如图4-13所示。

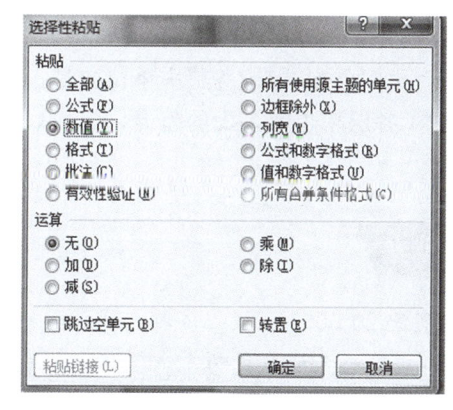

图 4-12 粘贴运算结果　　图 4-13 设置选择性粘贴的属性

步骤5 查看产生的随机结果。单击对话框中的"确定"按钮,查看产生的结果。
步骤6 利用高级筛选命令确定最终抽样名单。具体步骤参见操作1中的步骤6。

2. 简单随机抽样应用场合

简单随机抽样技术保证每个总体单位在抽选时都有相等的被抽中机会，以一个完整的总体单位表为依据抽取样本。由于在现实中编制这样一个完整的表比较困难，多数情况下也是不可能做到的，所以在实际工作中我们可以通过电话随机拨号功能、从电脑档案中挑选访谈对象等方法实现。

简单随机抽样技术由于获取的样本分散，访谈费用一般比较高。当抽样数量多、覆盖面大时，数据收集过程会既费时又费钱。在实际市场调研中，简单随机抽样往往不是切实可行的，因为我们不能对总体中所有要素进行确认和标识。

这种方法一般适用于调查总体中各单位之间差异较小的情况，或者调查对象不明、难以分组分类时的情况。如果市场调查范围较大，总体内部各单位之间的差异程度较大，则要同其他随机抽样技术结合使用。在简单随机抽样技术条件下，抽样概率的公式为

抽样概率＝样本单位数/总体单位数

（二）分层随机抽样

> **什么是分层随机抽样？**
>
> 分层随机抽样又称为分类随机抽样、类型随机抽样，是指调查总体按其属性不同分为若干互不重复的层次（或类型），然后在各层随机抽取样本。如果每层都是简单随机样本，则称为分层随机抽样，样本为分层随机样本。

例如，调查人口，可按年龄、收入、职业、位置等标志划分为不同的阶层，然后按照要求在各个阶层中进行随机抽样。

1. 分层样本的抽取方法

（1）选择一个合适的分层标志，把总体各单位分成两个或两个以上的相互独立的组（如，按性别分为男性、女性两组；按收入分为高收入、中等收入、低收入三组）。对层进行具体划分时，通常考虑尽可能使层内单位具有相同的性质，可以按调查对象的类型划分。

（2）将样本分配到各层，分配方式有三种。

第一种为比例分配，即按各层中单位数量占总体单位数量的比例分配各层的样本数量，主要考虑了各层单位数多少的差异，保证总体单位数较多的层、规模大的层抽取较多的样本。

小案例

某地有居民20 000户，按经济收入高低进行分类，其中高收入的居民为4 000户，占总体的20%；中等收入的居民为12 000户，占总体的60%；低收入的居民为4 000户，占总体的20%。要从中抽选200户进行购买力调查，则各类应抽取的样本单位数为：

高收入的居民样本单位数 200×20%＝40（户）

中等收入的居民样本单位数 200×60%＝120（户）

低收入的居民样本单位数 200×20%＝40（户）

第二种为尼曼分配,分配的条件是按各层总体单位数占比及各层标准差大小分配样本单位数,不仅可以保证总体单位数较多的层(规模大的层)抽取较多的样本,而且充分考虑到各层样本的差异,标准差大的层样本差异大,抽取的样本量大,从而更加客观地反映总体特征,样本的代表性更好。

第三种为最优分配,在给定的费用条件下使估计量的方差达到最小,或在精度要求(常用方差表示)等条件下使总费用最小,将样本分配至各层。等比例分层随机抽样技术在市场调查中采用较多,这种方法简便易行,分配合理,计算方便,适用于各类型之间差异不大的分类抽样调查。其计算公式为

$$n_i = n \frac{N_i S_i}{\sum_{i=1}^{n} N_i S_i}$$

式中　n_i——各层应抽取样本单位数;
　　　n——样本单位总数;
　　　N_i——各层的单位数;
　　　S_i——各层的样本标准差。

小案例

某地共有居民 4 000 户,按经济收入水平高低进行分层,其中高收入的居民占 20%,为 800 户;中等收入的居民占 60%,为 2 400 户;低收入的居民占 20%,为 800 户。某公司拟调查某种商品在该地区的销售前景。因该商品的消费与居民的收入水平有关,故采用分层抽样法对收入进行分层。抽取的样本单位数为 200 户,各层样本标准差分别为 150、100、50,可得表 4-3 所列的数据。

表 4-3　各层单位数与各层样本标准差乘积计算表

收入层次	各层单位数 N_i/户	各层样本标准差 S_i	乘积 $N_i S_i$
高收入	800	150	120 000
中等收入	2 400	100	240 000
低收入	800	50	40 000
总计	4 000	—	400 000

高收入层抽取的样本单位数为

$$200 \times \frac{120\ 000}{400\ 000} = 60(户)$$

中等收入层抽取的样本单位数为

$$200 \times \frac{240\ 000}{400\ 000} = 120(户)$$

低收入层抽取的样本单位数为

$$200 \times \frac{40\ 000}{400\ 000} = 20(户)$$

(3)抽取样本进行调查。当总体划分好后,从两个或两个以上的层中随机抽样,这时总体中每一个单位只居于某一个层,各层内可以采用不同的抽样方式。一般来说,可以采取分层随机抽样的层内简单随机抽样的方式抽取样本。

2.分层抽样的应用场合

分层抽样适合于调查变量在各单位的数量分布差异较大的总体。因为对这样的总体进行合理的分层后可将其差异较多地转化为层间差异,从而使层内差异大大减弱。

通常,在满足下述条件时,分层在精度上会有很大的得益:总体是由一些大小差异很大的单位组成的;分层后,每层所包含的总体单位数应是可知的,即分层后各层的权重是确知的或可以精确估计的;要调查的主要变量与单位的大小是密切相关的;分层变量容易确定。

就分层抽样与简单随机抽样相比,人们往往选择分层抽样,因为分层抽样通常表现为:

(1)抽样效率高。分层抽样能够充分地利用关于总体的各种已知信息进行分层,因此抽样的效果一般比简单随机抽样要好,但当对总体缺乏较多的了解时,则无法分层或不能保证分层的效果。由于分层抽样的误差只与层内差异有关,而与层间差异无关,因此,分层抽样可以提高估计量的精度。

(2)样本代表性好。由于分层抽样是在每层内独立地进行抽样,因此,分层样本能够比简单随机样本更加均匀地分布于总体之内,所以其代表性也更好些。另外,分层抽样的随机性具体体现在层内各单位的抽取过程之中,即各层内部的每一个单位都有相同的机会被抽中,而在层与层之间则是相互独立的。

(3)各层的抽样方法可以不同。分层抽样中,由于各层的抽样相互独立,互不影响,且各层间可能有显著的不同,因此,对不同层可以按照具体情况和条件分别采用不同的抽样和估计方法进行处理,从而提高估计的精确度。

(4)便于组织实施。分层抽样调查实施中的组织管理及数据收集和汇总处理可以分别在各层内独立地进行,层内抽样方法可以不同,因此,比简单随机抽样更方便,而且便于抽样工作的调查与组织实施。如进行全国范围内的大型抽样调查,按行政区划分或行业分层后,便于调动各级主管部门的积极性,分头编制抽样框,并实施抽样的组织和调查工作。并且,各层可以根据层内特点,采用不同的抽样方法。

(5)可以推算总体及各层的参数。分层抽样中除了可以推断总体参数外,还可以推断各层的数量特征,并进一步做对比分析,适用于实际需要。分层抽样可以提供子总体指标和总体指标,从而满足不同方面的需要,也能帮助人们对总体做更全面、更深入的了解,但对各层的估计缺乏精度保证。如对某市企业进行抽样调查,要求给出各行业的指标及全市的相关指标,这时就可以按行业分层,所得样本数据可以用于估计全市的指标、各行业的指标等。

课堂操作

利用 Excel 进行分层抽样

某专业拟召开面对学生的教学质量座谈会,从该专业的 200 名同学中随机抽取 20 名作为调查样本。请采用按比例分配的方式,以性别或年级为分层标志,利用 Excel 做出抽查的结果。

(三)等距抽样

什么是等距抽样?

等距抽样是指将 N 个总体单位按一定顺序排列,先随机抽取一个单位作为样本的第一个单位,即起始单位,然后按某种确定的规则抽取其他样本单位的一种抽样方法。由于这种抽样方法看来似乎很"机械",所以有时也称为机械抽样。

由于等距抽样提供了随机且独立的挑选样本单位的方式,并区别于简单随机抽样,有时也称为伪随机抽样,在实际中应用非常广泛。

1.等距抽样的样本抽取方法

等距抽样经常作为简单随机抽样的代替物使用。由于其简单,所以应用相当普遍。等距抽样得到的样本几乎与简单随机抽样得到的样本相同。其操作步骤如下:

第一步,使用这种方式,必须先按一定的标准(标志)对总体中的个体进行排列,然后根据总体单位数和样本单位数计算出抽样距离(相同的间隔),最后按相同的距离或间隔抽选样本单位,即

$$抽样间隔 = 总体单位数(N)/样本单位数(n)$$

如果按照无关标志排序(用来对总体单位进行排序的标志,与所要调查研究的标志是不同性质的,二者没有任何必然的关系,如研究人口的收入状况时,按身份证号码或门牌号码排序非常方便)。一般说来,这些号码与调查项目没有关系,因此可以认为总体单位的次序排列是随机的。在无关标志排序的条件下,虽然是等距抽样,它与在随机数字表上抽样的性质是相同的,故无关标志排序的等距抽样,实质上相同于简单随机抽样。

如果按有关标志排序,即用来对总体单位规定排列次序的辅助标志,与调查标志具有共同性质或密切关系。这种排序标志,在我国抽样调查实践中有广泛应用,如农产量调查,以本年平均亩产为调查变量,以往年已知平均亩产为排序标志。利用这些辅助标志排序,特别是利用与调查变量具有相同性质的辅助变量排序,有利于提高等距抽样的抽样效果。如果总体只有一个线性趋势,则等距抽样的方差同每层抽一个单位的分层随机抽样的方差都比简单随机抽样的方差小。

如果按自然位置进行排序,处于上述两者之间,根据各单位原有的自然位置进行排序。例如,入户调查根据街道门牌号码按一定间隔抽取;工业生产质量检验部门每隔一定时间抽取生产线上的产品;工厂中的工人名单按原有的工资名册顺序排列等。这种自然状态的排列有时与调查标志有一定的联系,但又不完全一致,这主要是为了抽样方便。

第二步,确定抽样起点。在划分好间隔的总体中,从第一段总体单位中随机确定抽样起点,可以采用简单随机抽样或其他方式。如隔每 50 个总体单位抽取一个样本,则可以在 1~50 号利用随机数法确定一个号码作为起始点。

第三步,按照相等的间隔顺序抽取样本。如果总体单位数恰好是样本量 n 和间隔 K 的乘积,则可以直接按照间隔抽样。如果不是这样,需要在用间隔 K 选样之前,用同等概率的

方法选出一些号码,然后将这些号码加到清单的最后,将总体单位数增加到恰好为 nK。

实际中,经常采用循环等距抽样的方法,把清单看成是循环的,这样最后一个单位后面就紧接着第一个单位。从 1 到 K 中挑选一个随机起点,在其基础上加间隔 K,当清单选完了之后,再从头开始继续,直到恰好有 n 个元素被选出为止,任何一个间隔 K 都会得到一个以概率 $\frac{n}{N}$ 选出的 n 个元素的同等概率抽样。一般来说,K 选择与比值 $\frac{N}{n}$ 最接近的整数最合适。这个方法有很大的灵活性,还可以用它来把一个间隔应用于多个层;它对于在多阶段抽样中对很多群使用同一间隔,尤其有用。

小案例

某地区有零售店 110 户,采用等距离抽样方法抽选 11 户进行调查。

步骤 1,将总体调查对象(110 户零售店)进行编号,即从 1 号至 110 号。

步骤 2,确定抽样间隔。已知调查总体 $N=110$ 户,样本数 $n=11$ 户,故抽样间隔 $K=110/11=10$(户)。

步骤 3,利用简单随机抽样法确定起始抽号数。

步骤 4,确定被抽取单位。从起始抽号开始,按照抽样间隔选择样本。本例从 2 号起每隔 10 号抽选一个,直至抽足 11 个为止。计算方法是:

2

$2+10=12$

$2+10\times 2=22$

……

$2+10\times 10=102$

即所抽的单位是编号为 2、12、22、32、42、52、62、72、82、92、102 的 11 个零售店。

课堂操作

利用 Excel 进行等距抽样

某专业拟召开面对学生的教学质量座谈会,从该专业的 200 名同学中随机抽取 20 名作为调查样本。请采用等距抽样法得出抽样名单。

2. 等距抽样的应用场合

当总体信息名录不容易找到,或者编制信息名录工作量大的时候,等距抽样会使得样本的抽取简便易行,简化抽样手续。因为等距抽样所需的只是总体单位的顺序排列,只要随机确定一个(或少数几个)起始单位,整个样本就自然确定,在某些场合下甚至可以不需要抽样框。如对某市的机动车辆进行调查,确定抽样比为 1%,则可在 0~99 中随机抽取一个整数,如 63,然后对车牌号末两位为 63 的车辆都进行调查即可。

样本单位在总体中分布比较均匀时,利用等距抽样技术有利于提高估计精度。如果调查者对总体的结构有一定了解,可以利用已有信息对总体单位进行排列,这样就可以有效地提高估计的精度。

另外,当调查人员不熟悉抽样专业技术时,这种方法容易被他们掌握,而且较易保留抽样过程的原始记录,便于监督和检查。因此在一些大规模抽样调查中,经常采用等距抽样以代替简单随机抽样。

(四)整群抽样

什么是整群抽样?

整群抽样是指将总体划分为若干群,然后以群(Cluster)为抽样单位,从总体中随机抽取一部分群,对选中群的所有基本单位进行调查的一种抽样技术。

实际上,抽选的单位是一些总体单位组成的群体,而我们把由若干个基本单位所组成的集合称为群,每个基本单位只能够唯一地被划归为一个抽样单位,并且抽样单位的产生是随机的。

1. 整群抽样的样本抽取方法

第一步,选择群单位,将总体划分为若干个群。

整群抽样只是在各群之间抽取一部分群进行调查,群间差异的大小直接影响到抽样误差的大小,而群内差异的大小则不影响抽样误差。这就决定了分群的原则应该是:尽量扩大群内差异,而缩小群间差异。整群抽样中的"群"大致可分为两类,一类是根据行政或地域形成的群体,如学校、企业或街道,对此采用整群抽样是为了方便调查、节省费用;另一类则是调查人员人为确定的,如将一大块面积划分为若干块较小面积的群,这时,就需要考虑如何划分群,以使相同调查费用下的抽样误差最小。表 4-4 列举了可能作为群单位的实例。

表 4-4　　　　　　　　可能作为群单位的实例

总　量	变　量	基本单位	群单位
A 市	住户特征	寓所	街区
B 市	购买衣物	人	寓所或街区
机场	旅游信息	离开旅客人数	航班
大学	就业计划	学生	班级
乡村人口	社会态度	成人	村
某桥梁的年交通流量	发车地和到达地	机动车	40 分钟间隔
城市土地所有者档案	税务信息	土地所有者	档案分类账的页数
健康保险档案	医疗数据	卡片	连续 10 张卡片一组

要根据调查目的、方案和预算等情况,来斟酌基本单位和群单位的选择。在某些研究中,住户被当作人的一个群体,但在另一些研究中,整个城市可能被当作一个基本单位。国家这一总体可以分别被看作全部县的总和、城市和城镇的总和、区段和街区的总和、寓所单位的总和等。

第二步,编制群单位的信息框,抽取样本群。整群抽样是对群进行随机抽样,抽到的群的所有单位全部入样,因此抽取群单位的时候并不需要总体单位的基本信息。调研人员只需要编制关于群单位的信息框就可以了。另外,在抽取群单位的时候通常可以采取简单抽样的方法。

小案例

某高校学生会要调查该校在校生对学校广播站节目的评价,用整群抽样法抽样时,可以把全校每一个班级作为一个群,也可以按宿舍来划分,每一个宿舍作为一个群,因为在这个问题上,一般来说各班之间或各宿舍之间差异不会太大。假设该校有1 500名学生,200个学生宿舍,从中抽取15个宿舍进行调查。

组织实施抽样时,只是需要宿舍的名单,而不需要每个学生的名单,这使得抽样工作大为简化。

2.整群抽样的应用场合

当调查的总体规模比较大的时候,可以选择整群抽样的方法,将调查总体划分为若干个群体,获取的调查样本相对集中,可以降低调查的费用,简化样本抽取的过程。

当调查的总体中存在局部同质性的时候,如一般家庭成员中都有男性、女性,如果估计男女性别比例,以家庭作为群,采用整群抽样,这样会使估计的精度要比直接抽样估计的精度高。

整群抽样还有特殊的用途。有些现象的研究,如果直接调查作为基本单位的个体,很难说明问题,必须以一定范围所包括的基本单位为群体,进行整群抽样,才能满足调查的目的。如人口普查后的复查,要想估计出普查的差错率,只有通过对一定地理区域内的人口群体做全面调查才行。类似的诸如人口出生率、流动率等调查都需要采用整群抽样。

整群抽样与简单随机抽样相比具有以下的特点,在实际中通常会更多地考虑采用整群抽样。

一是抽取群单位的信息框编制简化。在实践中,因为没有相应的资料,构造包含总体单位基本信息的抽样框通常是不可能的;有时虽然可以构造这样的抽样框,但工作量极大。而群单位的信息框通常会容易寻找。

二是实施调查便利,节省费用。在总体基本单位分布很广的情形下,简单随机抽样会使样本分布过于分散,给调查带来不便,并使调查费用增大。而整群抽样调查单位的分布相对集中,调查人员能节省大量来往于调查单位间的时间和费用。而且,如果群是以行政单位划分的,调查时得到行政单位的配合,更有助于调查的实施,可得到较高质量的原始数据。

三是整群抽样的随机性体现在群与群间不重叠,也无遗漏,群的抽选按概率确定。如果把每一个群看作一个单位,则整群抽样可以被理解为一种特殊的简单随机抽样。

(五)多阶段抽样

先在总体单位(初级单位)中抽出样本单位,并不对这个样本单位中的所有下一级单位(二级单位)都进行调查,而是在其中再抽出若干个二级单位并进行调查。这种抽样方法称为二阶段抽样。同样的道理,还可以有三阶段抽样、四阶段抽样等。对于二阶段以上的抽样,统称为多阶段抽样。

实际工作中,多阶段抽样通常和整群抽样结合使用,从方法上看,整群抽样是由一阶段抽样向多阶段抽样过渡的桥梁。在一阶段抽样中,如果抽出群后即对其中的所有单位进行调查,是单阶段整群抽样;如果抽出群后,进一步从中按低一级的单位抽取子样本(二阶段),即两阶段抽样;也可以进一步在样本的各单位中按更低一级的单位再抽取样本(三阶段),即三阶段抽样。最后一个阶段所抽出的单位可以是基本单位,也可以是群体(基本单位的集合)。

1.多阶段抽样的样本抽取方法

考虑初级单位中二级单位规模相等的情形。对于初级单位大小不等的情形,可以通过分层,将大小近似的初级单位分到一层,则层内的二阶段抽样就可以按初级单位大小相等的方式来处理。

第一阶段在总体 N 个初级单位中,用简单随机抽样抽取 n 个初级单位。

第二阶段在被抽中的初级单位包含的 M 个二级单位中,用简单随机抽样抽取 m 个二级单位,即最终接受调查的单位。

小案例

某个新开发的小区拥有相同户型的 15 个单元的楼盘,居民已经陆续搬入新居,每个单元住有 12 户居民,为调查居民家庭装潢情况,准备从 180 户居民中抽取 20 户进行调查。我们可以利用二阶段抽样方法。这时,初级单位有 15 个,每个初级单位拥有二级单位 12 个。首先将单元从 1 到 15 编号,在 15 个单元中随机抽取部分单元,抽取了 5 个单元,分别是 1、6、9、12、13;然后在被抽中的单元中,分别独立随机抽取若干户居民并进行调查,即在这 5 个单元中,分别在 12 户居民中随机抽取 4 户,见表 4-5。

表 4-5　　多阶段抽样的样本抽取示例

编号	单　元	房　号
1	一栋 A 座	1　2*　3*　4*　5　6　7　8　9　10*　11　12
2	一栋 B 座	1　2　3　4　5　6　7　8　9　10　11　12
3	一栋 C 座	1　2　3　4　5　6　7　8　9　10　11　12
4	二栋 A 座	1　2　3　4　5　6　7　8　9　10　11　12
5	二栋 B 座	1　2　3　4　5　6　7　8　9　10　11　12
6	二栋 C 座	1*　2　3　4　5　6*　7　8　9*　10　11*　12
7	三栋 A 座	1　2　3　4　5　6　7　8　9　10　11　12
8	三栋 B 座	1　2　3　4　5　6　7　8　9　10　11　12
9	三栋 C 座	1　2　3　4　5*　6　7*　8*　9　10*　11　12
10	四栋 A 座	1　2　3　4　5　6　7　8　9　10　11　12
11	四栋 B 座	1　2　3　4　5　6　7　8　9　10　11　12
12	四栋 C 座	1　2　3　4　5*　6　7*　8*　9　10　11*　12
13	五栋 A 座	1　2　3　4*　5　6*　7*　8　9　10　11*　12
14	五栋 B 座	1　2　3　4　5　6　7　8　9　10　11　12
15	五栋 C 座	1　2　3　4　5　6　7　8　9　10　11　12

* 为抽取的居民。

2. 多阶段抽样的应用场合

适用于总体基本单位数目很大,分布很广的情况。此时,若采用简单随机抽样,编制全部总体单位的抽样框和现场实施随机抽样,都是相当困难的;若采用等距抽样,则为了提高抽样估计效率,需将全部单位有序排列并等距抽取,也是很困难的;若采用分层抽样,则为提高抽样估计效率,需掌握全部总体单位的有关资料并进行分层,然后到各层去抽样,这一工作是很繁重的;若采用单级整群抽样,也需掌握总体单位的有关资料,按相关原则分群,并在抽中的群内做全面调查,这一分群和在群内全面调查的工作也是很庞大的。

若采用多阶段抽样,就可避免上述抽样技术中的麻烦。它可按现有的行政区划或地理区域划分各阶段抽样单位,从而简化抽样框的编制,便于样本单位的抽取,使整个抽样调查的组织工作容易进行。如在农产量调查中,一般采用的是五阶段抽样,即省抽县,县抽乡,乡抽村,村抽地块,地块抽样本点进行实割实测。因此,可以说多阶段抽样既保持了单级整群抽样的优点,又克服了它的缺点。

二、抽样框的编制方法

抽样框的编制,一般情况下需要按其构成要素,针对抽样组织形式,考虑抽样单位特点进行构建。

(一)抽样框的构成要素

随机抽样要求从有限个单位的集合中抽取出部分单位的一个子集,并能得知这个子集被选中的概率,抽样框是实现这个要求的前提条件,因此,概率抽样离不开抽样框的设计。一个完整的抽样框所必须包括的构成要素有:抽样框单位的名称;抽样框单位与目标总体之间的联结规则;辅助信息,包括抽样单位的规模、抽样单位的地址以及区分不同抽样单位类型的其他识别标志。

在抽样调查中,抽样框起着非常重要的作用,抽样框的结构、框内所包括的信息以及这些信息的质量,将决定调查中抽样设计的类型和估计的程序。

(1)缺乏辅助信息的简单抽样框只能用于简单抽样设计。最简单的抽样框是一份仅能确认每个目标总体元素的名单,除此之外没有其他的信息,这样的抽样框只能进行非常简单的抽样设计,即简单随机抽样。

(2)包含辅助信息的复杂抽样框可以用于较复杂的抽样设计,有助于提高抽样设计的效率。一些抽样方法,如分层抽样、与规模成比例的概率抽样,或一些特殊的估计方法,如比率估计、回归估计等,除了要求抽样框具有抽样单位的名单,还要求抽样框具有其他一些辅助信息。抽样框不仅决定抽样设计的类型和估计的方法,而且对估计的精度有直接的影响。不完善的抽样框会引起抽样估计的偏差,降低抽样估计的精度。

(二)抽样框的编制

不同的抽样方法,对抽样框有不同的要求。因此,抽样框的结构、框内应包含的信息是由抽样方法决定的,抽样框要根据抽样方法的要求来编制。

如果采用简单随机抽样,抽样框中只要具有基本单位的名称、地址及编号就可以了,但这时可能面临一个非常棘手的问题,抽样框中需要包含每一个单位的基本信息,这在市场调查中通常是不可能实现的。正因为这样,简单随机抽样技术不能被广泛地应用。

如果采用分层随机抽样,除了需要基本单位的名称、地址以外,还必须按照所选择的分层标志对总体进行分类,把基本单位归属于不同的层中,并对各层的基本单位分别进行编号。这种方法中,由于层内实行简单随机抽样,在各层的抽样框的编制与简单随机抽样的要求相同。

如果采用整群抽样,抽样框只需要编制设定的群单位的信息,而不必寻找总体单位的信息,如以宿舍为群单位抽样,抽样框只需要包含全部宿舍的信息(楼号、宿舍号、宿舍的人数)。

如果采用等距抽样,只需要将总体按照选定的标志排序,确定抽样间隔、确定起始单位号就可以了,并不需要编制特定的抽样框。

如果采用多阶段抽样,在每一阶段中需要按照整群抽样的抽样框编制的要求,按照设定的群单位编制抽样框。

(三)抽样单位对抽样框的影响

抽样框中抽样单位与基本单位一致,称为元素抽样框。这样的抽样框适合于以基本单位作为抽样单位的抽样方法,如简单随机抽样、分层随机抽样、等距抽样等。

抽样框中抽样单位是基本单位的集合,称为群抽样框,它适合于以群作为抽样单位的各种抽样方法,比如整群抽样、分层整群抽样、等距整群抽样等。当群是由在地域上相连的基本单位组成时,比如居住在同一条街道中的居民组成一个群或者一个行政区域内的企业组成一个群等,由这样的群构成的抽样框称为区域抽样框。

抽样框中的各个单位是随机排列的,单位序号与所研究的标志值之间没有线性相关关系,这样的抽样框是无序抽样框。抽样框中的各个单位是按照与所研究的目标有关标志排列的,其单位序号与所研究标志值之间有较高的线性相关关系,这样的抽样框是有序抽样框。在等距抽样中,使用无序抽样框,总体单位按照无关标志排队,则可以采用简单随机抽样的方法进行估计。

抽样框中的单位既不是调查单位,也不是调查单位的集合,这样的抽样框是替代抽样框。替代抽样框的好处是容易取得抽样框资料,可以大大节约抽样设计的费用,其弊端是抽样框与目标总体常常不一致,容易导致抽样框误差。如居民购买力调查,以电话号码簿作为抽样框,就是替代抽样框。以电话号码簿作为抽样框抽取样本调查居民的购买力,有可能导致居民身份的界定不清、遗漏调查对象等问题发生。如果编制居民抽样框,寻找到完备的居民名单和地址工作量是巨大的。

把抽样单位的名称按照一定顺序排列起来形成的抽样框是名单抽样框,它适合于以人或机构单位作为抽样单位的抽样调查;把抽样单位的地理位置按照自然顺序排列起来,形成一张标有抽样单位地理位置和区域的"地图",从中抽取样本单位,这样的抽样框是地图抽样框,它适合于以区域单位作为抽样单位的抽样调查;以时间单位作为抽样单位编制的抽样框是时序抽样框,它主要应用于工业产品的质量检验与控制。

(四)抽样框的设计原则

1.完备性原则

目标总体中的每个抽样单位必须以一个号码出现,而且只能以一个号码出现;同时,每个号码必须对应目标总体中的一个抽样单位,而且只能对应目标总体中的一个抽样单位。

2. 可行性原则

这个原则包括两个方面,一是以什么作为抽样单位能够比较便利地搜集到抽样单位的名单,二是以什么作为抽样单位便于样本的抽取。比如,调查某地个体商户的营业状况,有"户"和"村"两种抽样单位可供选择,如果没有该地个体商户名单的话,以"户"作为抽样单位就存在一定困难。虽然可以通过全面调查的方式取得该地区个体商户的名单,但这样做需要支付较多的费用,某种程度上丧失了抽样调查的意义,而以"村"作为抽样单位则很方便。

3. 正态性原则

由于实际工作中遇到的总体一般都不是正态分布,而是属于偏态分布,根据中心极限定理,对于这类分布,要保证估计量的正态分布,必须以较大的样本容量为代价。从这一观点看,抽样单位不宜太大,即抽样单位中所含个体数目不宜太多。因为在最终调查单位一定的条件下,抽样单位越大,受费用的约束,样本容量就越小。当抽样单位大到一定程度,进而使样本容量小到一定程度时,估计量的正态分布就难以保证了。

4. 效率性原则

抽样估计的效率是指在调查费用一定,从而最终调查单位数目一定的条件下,估计量方差的大小。估计量方差越小,估计的效率越高,抽样单位的大小与估计量的方差有关。对于等概率抽样,通常情况下,抽样单位越大,估计量的方差越大。这要区别两种情况:一是个体单位在空间上较为集中,此时,从效率上考虑,在可实施的情况下,应尽量取小单位作为抽样单位;另一种情况是个体单位在空间上较为分散,此时,将相邻的个体单位组合成一个较大单位作为抽样单位,可以相对节约调查费用。这种情况下,如果费用节约的速度快于方差增大的速度,可采用大单位作为抽样单位。否则,应取小单位作为抽样单位。

任务三 非随机抽样

非随机抽样是指在抽样时不按照随机原则,而是按照某个人为的标准抽取。为什么要采用非随机抽样呢,主要有以下几个原因:受各种条件限制,无法进行随机抽样;尽快地获得调查结果,提高时效性;调查人员有丰富的调查经验且总体各单位间的离散程度不大。

非随机抽样主要有四种方式,即便利抽样、判断抽样、配额抽样和滚雪球抽样。

一、便利抽样

什么是便利抽样?

便利抽样又称为偶遇抽样、任意抽样,是指研究者根据现实情况,以自己方便的形式抽取到偶然遇到的人作为对象,或者仅仅选择那些离得最近、最容易找到的人作为对象。

常见的街头随访或拦截访问、邮寄式调查、杂志内问卷调查以及网上调查都属于便利抽样的方式。

便利抽样是所有抽样技术中花费最小的（包括经费和时间）。抽样单元是可以接近的、容易测量的并且是合作的。应该注意区分与随机抽样的差别。从表面看，这种方法与随机抽样相似，都排除了主观因素的影响，纯粹依靠客观机遇来抽取对象。但一个根本的差别在于这种抽样方法没有保证总体中的每一个成员都具有同等的被抽中的概率。那些最先被碰到的、最容易见到的、最方便找到的对象具有比其他对象大得多的机会被抽中。正是这一点使我们不能依赖便利抽样得到的样本来推论总体。

小案例

便利抽样的应用

调研者在路上或其他地方（如快餐店或便利店等）拦下行人进行访问就是一种便利抽样。

一些大城市想做流动人口消费品购买力调研，往往无法采取随机抽样，而是在车站、码头、机场、旅馆或大商场等处，碰到外地旅客就进行询问调查。

某市调研人员想了解市民对于规划的万达商圈的停车位的满意程度，所以去访问了在商圈附近逛街的市民。

二、判断抽样

什么是判断抽样？

判断抽样是指研究者依据自己的主观分析和判断，来选择那些符合研究目的的个体作为调查对象的一种抽样方法。

判断抽样适用于调查总体构成单位极不相同，调查单位总数比较少，样本数很小的情况。

判断抽样的主要优点在于可以充分发挥研究人员的主观能动作用，特别是当研究者对研究总体的情况比较熟悉、研究者的分析判断能力较强、研究方法与技巧十分熟练、研究的经验比较丰富时，采用这种方法往往十分方便。

判断抽样适用于调查员基于选择标准抽取典型样本的任何情形。使用这种抽样法应极力避免挑选极端的类型，而选取"多数型"或"平均型"的样本为调查研究的对象，以期透过对典型样本的研究而了解母体的状态。例如，从全体企业中抽选若干先进的、居中的、落后的企业作为样本，来考虑全体企业的经营状况。

判断抽样可以有两种具体做法。一种是由专家判断选择样本，一般采用平均型或多数型的样本为调查单位，专家通过对典型样本的研究，判断总体的状态。所谓"平均型"，是在调查总体中挑选代表平均水平的单位作为样本,以此作为典型样本,再推断总体。所谓"多数型",是在调查总体中挑选多数的单位作为样本来推断总体。另一种是利用统计判断选择样本,即利用调查总体的全面统计资料,按照一定标准选择样本。

三、配额抽样

> **什么是配额抽样?**
>
> 配额抽样是根据调查对象的某种特征,对总体分层或分类后,从各层或各类中主观地选取一定比例的调查单位的方法。

所谓"配额",是指对划分出的总体各类型都分配给一定的数量而组成调查样本。也就是说,配额抽样是根据总体的结构特征来确定样本分配定额或分配比例,以取得一个与总体结构特征大体相似的样本,例如根据人口的性别与年龄构成确定不同的性别、年龄的样本量。

配额保证了在这些特征上样本的组成与总体的组成是一致的。一旦配额分配好了,选择样本单位的自由度就很大了。唯一的要求就是所选的样本单位要适合所控制的特性。因而,配额抽样较之判断抽样加强了对样本结构与总体结构在"量"的方面的质量控制,能够保证样本有较高的代表性。

配额抽样是非随机抽样技术中使用得最频繁的方法,这种方法只要求调查者对总体的结构有明确的了解,能够根据不同的特征标记予以区分,并按照这种整体结构特征提出样本份额,而不需要知道总体的量。调查人员只要事先知道总体结构的配额,在这个配额内就可以自己挑选询问对象,若遇到拒答,也可另找人替补,不会影响抽样设计。所以若需要快速得到调查结果的话,配额抽样是不错的选择。

配额抽样尽管具有费用低、灵活性强、速度快等优点,但是存在定性标志(如人们的态度、观点等)无法分配的问题,另外由于调查者有极大的自由去选择样本个体,这种方法常因调查者的偏好及个人方便性而使样本丧失代表性,从而降低调查的估计准确度。

就配额抽样来说,通常分为独立控制配额抽样和相互控制配额抽样两大类。

(一)独立控制配额抽样

它是对调查对象只规定具有一种控制特征的样本抽取数目并规定配额。独立控制配额抽样的具体应用方法如下:按被调查对象抽取数目和某个控制特征规定配额,而不是规定具有两种或两种以上控制特征的样本抽取数目及规定配额。

小案例

被调查对象的样本总数为1 800个,控制特征为年龄、收入、性别。若按独立控制配额抽样,则样本分配数额见表4-6。

表 4-6　　　　　　　独立控制配额抽样表　　　　　单位：人

年龄	配额	收入	配额	性别	配额
18~29 岁	300	高	360	男	900
30~40 岁	500	中	540	女	900
41~55 岁	600	低	900	—	—
55 岁以上	400	—	—	—	—

从表 4-6 中可以看出，虽然有年龄、收入、性别三个控制特征，但各特征是独立控制配额抽取样本数目的，不要求相互受到牵制，也不规定三种控制特征之间有任何关系。如在年龄组 18~29 岁的有 30 人，这 30 人中，男、女各多少，高收入、中收入及低收入又有多少，都没有规定样本抽取数目。这就是独立控制配额抽样的特点。

独立控制配额抽样具有简便易行、费用少等优点，但是也有选择样本容易偏向某一类型而忽视其他类型的缺点。例如，偏重于年龄较小的低收入者或年龄较大的高收入者。这个缺点可通过相互控制配额抽样来弥补。

(二) 相互控制配额抽样

这种抽样同时对具有两种或两种以上控制特征的每一样本数目都做出具体规定，具体操作方法是借助于交叉控制表，又称相互控制配额抽样表。相互控制配额抽样的工作程序一般分为四个步骤：

第一步：确定控制特征。调查人员可事先根据调查的目的和客观情况，确定调查对象的控制特征，作为总体分类的划分标准，如年龄、性别、收入、文化程度等。

第二步：根据控制特征对总体分层，计算各层单位数占调查总体的比例，确定各层之间的比例关系。

第三步：确定每层的样本数。首先确定样本总数，然后根据每层占总体的比例决定每层应抽取数目。

第四步：配额分配，确定调查单位。在各层抽取样本数确定后，调查人员就可在指定的样本配额限度内任意选择样本了。

小案例

上个小案例中的调查对象若采用相互控制配额抽样，则样本分配数额见表 4-7。

表 4-7　　　　　　　相互控制配额抽样表　　　　　单位：人

年龄	高收入 男	高收入 女	中收入 男	中收入 女	低收入 男	低收入 女	合计
18~29 岁	30	30	40	40	80	80	300
30~40 岁	50	50	70	70	130	130	500
41~55 岁	70	70	90	90	140	140	600
55 岁以上	30	30	70	70	100	100	400
小计	180	180	270	270	450	450	1 800

> **课堂操作**

制作相互控制配额抽样表

某调查项目决定抽取200人进行街头拦截访问。按调查对象年龄、月收入、性别三种独立控制配额抽样,配额表见表4-8,请制作相互控制配额抽样表。

表 4-8　　　　　　　　　独立控制配额抽样表　　　　　　　　　单位:人

年龄	配额	月收入	配额	性别	配额
30 岁以下	40	2 000 元以下	20	男	100
30～40 岁	60	2 000～4 000 元	50	女	100
41～50 岁	70	4 001～6 000 元	70	—	—
50 岁以上	30	6 000 元以上	60	—	—

(三)配额抽样法设计的思路

(1)科学计算样本额度。相互控制配额抽样,不论是按三个特征还是四个特征甚至更多的特征设立,均可以运用运筹学方法统筹兼顾所有控制特征,使选定的样本可以更好地代表总体。

(2)考虑代表性,首先确定样本分配比例,最后推算样本总数。从省钱、省时角度考虑,应当将样本数目控制在必要的最低限度。所谓"必要",是从考虑样本代表性的角度提出的样本数量下限。必要的最低限度的样本数目到底是多少,这是常常使抽样调查设计者感到困惑的事情。如果总体中个体单位差异不大,那么小样本就可以代表总体;如果总体中个体单位差异很大,那么只有大量样本才可以代表总体。既然考虑问题的出发点是样本的代表性,那么在建立配额计算模型时就应将这一思想贯彻进去,首先确定样本按控制特征分配的比例而不是具体数额,然后在保证达到样本代表性要求的基础上确定所需必要的最低限度的样本数量,而不是相反。

(3)在样本分配时,体现控制特征的重要性,强化对代表性问题的考虑。代表性本身是一个相对的概念,因为总体中个体单位间总是存在差异,所以用样本特性推断总体特征总存在着或多或少的误差,这是抽样调查方法本身不可避免的。既然如此,在考虑样本代表性的同时,必须将样本总数尽量降低。在相互控制配额抽样中,降低样本总数必然以忽视某个控制特征为条件,准确地说是无法给予这一控制特征以足够重视。如果没有得到足够重视的某一控制特征相对于其他控制特征而言正好不太重要,即基本不损害样本代表性,而且这种"适当忽视"可以达成降低样本总数的目的,那么这种配额抽样设计无疑又趋于完善了一步。

(四)配额抽样的特点

配额抽样相当于包括两个阶段的加限制的判断抽样。在第一阶段需要确定总体中的特性分布(控制特征),通常,样本中具备这些控制特征的元素的比例与总体中有这些特征的元素的比例是相同的,通过第一步的配额,保证了在这些特征上样本的组成与总体的组成是一致的。在第二阶段,按照配额来控制样本的抽取工作,要求所选出的元素要适合所控制的特性。例如,定点街访中的配额抽样。

配额抽样适用于调查者对总体的有关特征具有一定的了解且样本数较多的情况下,实际上,配额抽样属于先"分层"(事先确定每层的样本量)再"判断"(在每层中以判断抽样的方法选取抽样个体);费用不高,易于实施,能满足总体比例的要求。

四、滚雪球抽样

什么是滚雪球抽样?

先选择一组调查对象,通常是随机地选取的,访问这些调查对象之后,再请他们提供另外一些属于所研究的目标总体的调查对象。根据所提供的调查线索,选择此后的调查对象。这一过程会继续下去,形成一种滚雪球的效果。

这种方法的优点是当手边的总体资料较少时,可以先有针对性地找到被调查者,然后通过这些调查者找到更多的样本。其局限性是要求样本单位之间必须有一定的联系并且愿意保持和提供这种关系,否则将会影响这种调查方法的进行和效果。

微课
滚雪球抽样

小案例

要对家政人员进行调查,因为总体总处于不断流动之中,难以建立抽样框,研究者因一开始缺乏总体信息而无法抽样,这时可先通过各种途径,如街坊邻居或熟人、家政服务公司、街道居委会等,找到几名家政人员进行调查,并让他们提供所认识的其他家政人员的情况,然后再去调查这些家政人员,并请他们也引荐自己所认识的家政人员。依此类推,可供调查的对象越来越多,直到完成所需样本的调查。

这种方法的优点是便于有针对性地找到调查对象,而不至于"大海捞针"。其局限性是要求样本单位之间必须有一定的联系,并且愿意保持和提供相关信息,否则,将会影响这种调查方法的进行和效果。滚雪球抽样如图4-14所示。

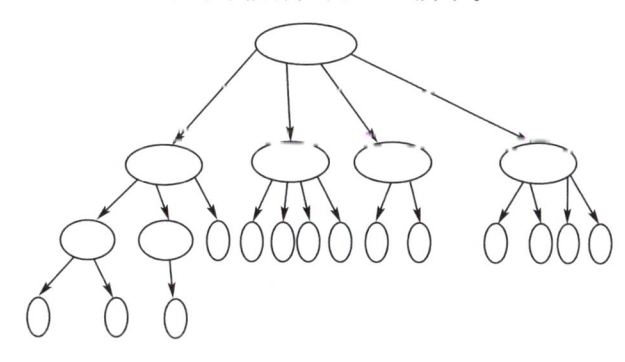

图4-14 滚雪球抽样

市场调查与预测

课堂操作

抽样方案设计

信用卡在大学校园越来越广泛,现需要对某城市各高校中大学生使用信用卡的情况及信用卡在大学生中的分布进行调查,并据此分析信用卡在大学生中的市场潜力和需求。请针对此次调查设计一个抽样方案。

操作步骤:第一步,确定抽样方法;第二步,确定样本量及各阶段样本量的配置;第三步,抽样实施与控制。

项目小结

抽样调查是在总体中抽取有代表性的个体作为调查对象的具有科学性的市场调查技术,是一种被广泛使用的调查方法。为了提高抽样调查的有效性,需要切实控制抽样误差,严格遵循抽样调查的程序,并合理选用抽样技术。抽样技术指在抽样调查时采用一定的方法,抽选具有代表性的样本,以及各种抽样操作技巧和工作程序等。

如果要用抽样调查的结果来说明总体的情况,就只能使用随机抽样方法。随机抽样包括简单随机抽样、分层随机抽样、等距抽样、整群抽样和多阶段抽样。每种方法的具体操作是各不相同的。如果抽样调查的目的不在于推断总体的情况,而仅是对总体做一般的了解,可以考虑使用非随机抽样方法,它比随机抽样要方便和经济。影响样本量大小的主要因素包括:数理统计方面的因素、营销管理实际需求方面的因素、实施调查方面的因素等。理论上可以通过简单随机抽样的样本量的计算来修正实际抽样所需的样本量。不过很多时候,我们可以借助于经验来估计所需的样本量。

思考营地

1. 什么是随机抽样?什么是非随机抽样?它们各有什么优点?
2. 请列举一些你所了解的以及被接受的抽样调查。

案例分析

某新产品居民接受程度的抽样方案设计

为了解普通居民对某种新产品的接受程度,需要在一个城市中抽选1 000户居民开展市场调查,在每户居民中,选择1名家庭成员作为受访者。

1. 总体抽样设计

由于一个城市中居民的户数可能多达数百万,除了一些大型的市场研究机构和国家统计部门之外,大多数企业都不具有这样庞大的居民名单。这种情况决定了抽样设计只能采取多阶段抽样的方式。根据调查要求,抽样分为两个阶段进行,第一阶段是从全市的居委会名单中抽选出50个样本居委会,第二阶段是从每个被选中的居委会中,抽选出20户居民。

2.对居委会的抽选

从统计局网站或者民政部门,我们可以获得一个城市的居委会名单。将居委会编上序号后,用计算机产生随机数的方法,可以简单地抽选出所需要的50个居委会。

如果在居委会名单中还包括了居委会户数等资料,则在抽选时可以采用非随机抽样的方法。如果能够使一个居委会被抽中的概率与居委会的户数规模成正比,这种方法就是PPS抽样(概率比例规模抽样)。PPS抽样保证了在不同规模的居委会均抽选20户样本的情况下,每户样本的代表性是相同的,从而最终的结果可以直接进行平均计算。当然,如果资料不充分,无法进行PPS抽样,那么利用事后加权的方法,也可以对调查结果进行有效推断。

3.在居委会中的抽样

在选定了居委会之后,对居民的抽选将使用居委会地图来进行操作。此时,需要派出一些抽样员,到各居委会绘制居民的分布图,抽样员需要了解居委会的实际位置、实际覆盖范围,并计算每一幢楼中实际的居住户数。然后,抽样员根据样本量的要求,采用等距或者其他方法,抽选出其中的若干户,作为最终访问的样本。

4.确定受访者

访问员根据抽样员选定的样本,进行入户访问。谁为实际的被调查者,是抽样设计中的最后一个问题。如果调查内容涉及的是受访户的家庭情况,则对受访者的选择可以根据成员在家庭生活中的地位确定,例如,可以选择使用计算机最多的人、收入最高的人、实际负责购买决策的人等。

如果调查内容涉及的是个人行为,则家庭中每一个成年人都可以作为被调查者,此时就需要进行第二轮抽样,因为如果任凭访问员人为确定受访者,最终受访者就可能会偏向某一类人,例如家庭中比较好接触的老人、妇女等。

在家庭中进行第二轮抽样的方法是由美国著名抽样调查专家Leslie Kish发明的,一般称为KISH表方法。访问员入户后,首先记录该户中所有符合调查条件的家庭成员的人数,并按年龄大小进行排序和编号。随后,访问员根据受访户的编号和家庭人口数的交叉点,在表中找到一个数,并以这个数所对应的家庭成员作为受访者。

阅读以上材料,讨论:

此调研项目运用了什么抽样技术?该抽样有何特点?

实战训练

根据以下项目背景或项目小组自选的调研项目,设计抽样方案。

1.每一个大学生似乎都有自己的"考证生涯",其实如何正确区分和选择自己需要的证书并复习和考试,是大学生们需要理性思考和冷静面对的。请设计一个抽样调查方案,就大学生考证问题进行调查。

2.大学生就业问题日趋严峻,大学毕业生初次就业率和供需比日趋下降,大学毕业生就业形势不容乐观,受到了社会各界的普遍关注。请设计抽样调查方案,就大学生的就业问题展开调查。

3.随着网络的日益发展,高校网络建设逐步完善,网络与大学生的关系也越来越密切。与此同时也带来了诸多问题,网络其实是一把"双刃剑"。它在给大学生提供便捷的交流平台、及时收集到所需信息的同时,也使不少缺乏自制力的大学生整日沉迷于网络,很容易形成"网瘾"。针对大学生网络成瘾的问题进行抽样调查设计,分析并提出相应的解决措施。

4.中央空调市场趋于成熟,消费者的品牌认知度不断增强。但是,部分中央空调品牌的表现并不尽如人意,还存在制热效果差和售后服务滞后等问题。请设计抽样调查方案,就本地某品牌中央空调的使用满意度进行调查。

【实训目标】 团队通过抽样方案的设计,掌握市场调查抽样技术。

【实训要求】 抽样方案应符合市场调查的基本要求;能够确认调查对象并编制抽样框抽取一定数量的样本等。

【实训组织】 项目小组就调查项目的特点进行分析,设计抽样方案。

【实训成果】 实训结束后,各项目团队需完成一份规范的抽样设计方案。

项目五　市场调查问卷的设计

知识目标

1. 了解市场调查问卷的基本概念；
2. 掌握市场调查问卷的类型与结构；
3. 掌握市场调查问卷设计的原则与程序；
4. 理解和掌握市场调查问卷设计技术。

能力目标

1. 能设计问卷的问题与答案；
2. 能合理编排问卷问题；
3. 能够对问卷的制作过程有整体认识。

任务分解

任务一　问卷设计的准备阶段
任务二　设计问题类型及询问方式
任务三　设计调查问卷

任务内容

各项目小组根据教师引荐的调查项目、来自企业委托的调查项目、来自政府委托的调查项目以及社会热点问题调查项目，进行选择，设计一份问卷，并进行网上调查，从而了解设计一份合理问卷应注意的问题以及网上调查应注意的事项，为了项目小组能够完成任务内容，按照下列步骤进行：

1. 剖析问题类型；
2. 剖析措辞特点；
3. 剖析问卷类型；
4. 设计调查问卷；
5. 进行网上调查。

市场调查与预测

任务成果

根据调查要求，设计一份调查问卷。

知识导图

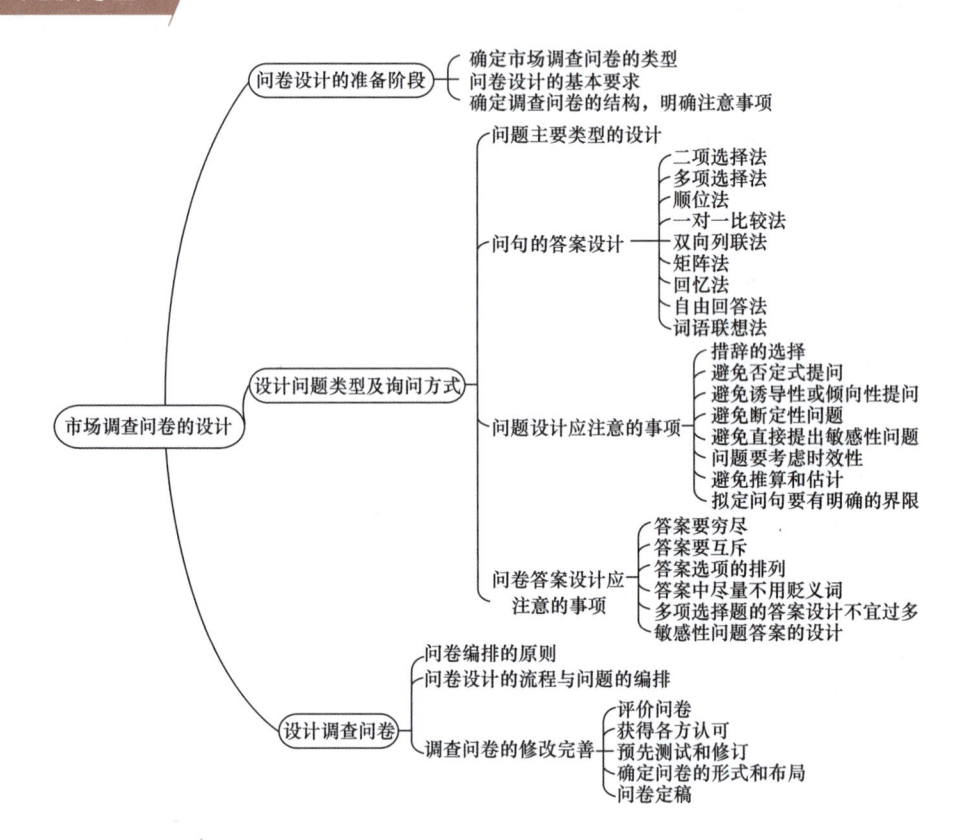

市场调查问卷的设计
- 问卷设计的准备阶段
  - 确定市场调查问卷的类型
  - 问卷设计的基本要求
  - 确定调查问卷的结构，明确注意事项
- 设计问题类型及询问方式
  - 问题主要类型的设计
  - 问句的答案设计
    - 二项选择法
    - 多项选择法
    - 顺位法
    - 一对一比较法
    - 双向列联法
    - 矩阵法
    - 回忆法
    - 自由回答法
    - 词语联想法
  - 问题设计应注意的事项
    - 措辞的选择
    - 避免否定式提问
    - 避免诱导性或倾向性提问
    - 避免断定性问题
    - 避免直接提出敏感性问题
    - 问题要考虑时效性
    - 避免推算和估计
    - 拟定问句要有明确的界限
  - 问卷答案设计应注意的事项
    - 答案要穷尽
    - 答案要互斥
    - 答案选项的排列
    - 答案中尽量不用贬义词
    - 多项选择题的答案设计不宜过多
    - 敏感性问题答案的设计
- 设计调查问卷
  - 问卷编排的原则
  - 问卷设计的流程与问题的编排
  - 调查问卷的修改完善
    - 评价问卷
    - 获得各方认可
    - 预先测试和修订
    - 确定问卷的形式和布局
    - 问卷定稿

案例导入

××休闲服装消费者满意度调查问卷设计

某服饰公司与市场调研机构达成共识，围绕××休闲服装消费者满意度这个调研项目制订了市场调查方案，明确了调查的目的、调查对象、调查时间、调查时限及相关的调查内容。现在，调研公司的项目组需要草拟一份针对消费者个体的调查问卷，问卷设计需要充分考虑调查方案中确定的调查主体与内容，符合调查目的的需要及下一个过程市场信息资料的整理需要。

讨论：针对××休闲服装消费者满意度调查方案中所涉及的消费者调查，项目组需要考虑哪些技术性的问题？

项目五　市场调查问卷的设计

> **任务明确**

制订好市场调查计划、选定了适当的调查方法，即将开始市场调查的资料收集工作。我们许多人都有过这样的体验，填写一份调查问卷通常只要几分钟到十几分钟的时间。这种简单快捷的问卷填写体验很容易让人产生一个错觉：问卷设计很简单，就是几个问题加上一些选项而已。其实不然。问卷调查的目的是通过设计好的问题来获得对被调查者的了解。因为缺少与被调查者的直接交流，对被调查者了解的正确性和可靠性就完全取决于问卷本身。好的问卷设计才能得出有用的调查结果。因此，如何设计好的问卷就是调查人员必须学习和掌握的基本功。本项目包含以下三个任务：

任务一　问卷设计的准备阶段
任务二　设计问题类型及询问方式
任务三　设计调查问卷

任务一　问卷设计的准备阶段

一、确定市场调查问卷的类型

在现代市场调查中，应有事先准备好的询问提纲或调查表作为调查的依据，这些文件统称市场调查问卷。它系统地记载了所需调查的具体内容，是了解市场信息资料、实现调查目的和任务的一种重要书面文件。采用市场调查问卷进行调查是国际通行的一种市场调查方式，也是应用最广的一种市场调查手段。

什么是调查问卷、问卷设计？

调查问卷是询问调查中使用的以问题的形式系统地记载所需要调查的具体内容，让调查者向被调查者获取市场信息，以搜集第一手市场信息资料的书面文件。

问卷设计是设计人员在明确某项调查目标、确定询问调查的方法之后，将需要调查的内容细化为具体的问题，采用与调查内容、调查方式、调查对象相适应的提问方式和问句形式，并按照一定的逻辑顺序将问句系统地排列组合，并最终印制成书面的文件所进行的一系列工作。

问卷设计的准备阶段是整个问卷设计的基础，是问卷调查能否成功的前提条件，需要调查人员在根据调查目的确定所需的信息资料之后，进行问题的设计与选择。

按照不同的分类标准，可将调查问卷分成不同的类型。

微课
问卷设计的种类与步骤

（一）根据问卷的填写方式划分

按问卷的填写方式划分，问卷可分为自填式问卷和代填式问卷。

1. 自填式问卷

自填式问卷是由被访者自己填答的问卷。按照问卷传递方式的不同，自填式问卷调查可分为报刊问卷调查、邮寄问卷调查、送发问卷调查和网上问卷调查。

2.代填式问卷

代填式问卷是由访问员根据被访者的回答代替被访者填答的问卷。按照与被访者交谈方式的不同,代填式问卷调查可分为访问问卷调查和电话问卷调查。

(二)根据问题答案划分

按问题答案划分,问卷可分为结构式问卷、开放式问卷、半结构式问卷3种基本类型。

1.结构式问卷

结构式问卷通常也称为封闭式或闭口式问卷。这种问卷的答案是研究者在问卷上早已确定的,由被访者认真选择一个回答画上圈或打上"对号"就可以了。

2.开放式问卷

开放式问卷也称为开口式问卷。这种问卷不设置固定的答案,让被访者自由发挥。

3.半结构式问卷

这种问卷介乎于结构式问卷和开放式问卷两者之间,问题的答案既有固定的、标准的,也有让被访者自由发挥的,吸取了两者的长处。这类问卷在实际调查中运用还是比较广泛的。

(三)根据调查所用方法划分

根据调查所用方法的不同,可将调查问卷分为送发式问卷、邮寄式问卷、报刊式问卷、人员访问式问卷、电话访问式问卷和网上访问式问卷六种。其中前三类大致可以划归为自填式问卷范畴,后三类则属于访问式问卷范畴。

1.送发式问卷

送发式问卷就是由调查者将调查问卷送发给选定的被调查者,待被调查者填答完毕之后再统一收回。

2.邮寄式问卷

邮寄式问卷是通过邮局将事先设计好的问卷邮寄给选定的被调查者,并要求被调查者按规定的要求填写后回寄给调查者。邮寄式问卷的匿名性较好,缺点是问卷回收率低。

3.报刊式问卷

报刊式问卷是随报刊的传递发送问卷,并要求报刊读者对问题如实作答后回寄给报刊编辑部。报刊式问卷有稳定的传递渠道、匿名性好、费用省,因此有很大的适用性,缺点也是回收率不高。

4.人员访问式问卷

人员访问式问卷是由调查者按照事先设计好的调查提纲或调查问卷对被调查者提问,然后调查者根据被调查者的口头回答填写问卷。人员访问式问卷的回收率高,也便于设计一些可深入讨论的问题,但不便于涉及敏感性问题。

5.电话访问式问卷

电话访问式问卷就是通过电话中介来对被调查者进行访问调查的问卷类型。此种问卷应简单明了,在问卷设计上要充分考虑几个因素:通话时间限制、听觉功能的局限性、记忆的规律、记录的需要。电话访问式问卷一般应用于问题相对简单明确但需及时得到调查结果的调查项目。

6.网上访问式问卷

网上访问式问卷是在因特网上制作,并通过因特网来进行调查的问卷类型。此种问卷不受时间、空间限制,便于获得大量信息,特别是对于敏感的问题,相对而言更容易获得满意的答案。

二、问卷设计的基本要求

在进行问卷设计时,应该注意遵循以下基本要求:

(1)有明确的主题。根据调查主题,从实际出发拟题,问题目的明确,重点突出,没有可有可无的问题。

(2)结构合理、逻辑性强。问题的排列应有一定的逻辑顺序,符合应答者的思维程序。一般是先易后难、先简后繁、先具体后抽象。

(3)通俗易懂。问卷应使应答者一目了然,并愿意如实回答。问卷中的语气要亲切,符合应答者的理解能力和认识能力,避免使用专业术语。对敏感的问题采取一定的技巧调查,使问卷具有合理性和可答性,避免主观性和暗示性,以免答案失真。

(4)控制问卷的长度。回答问卷的时间控制在20分钟左右,问卷中既不浪费一个问句,也不遗漏一个问句。

(5)便于资料的校验、整理和统计。

三、确定调查问卷的结构,明确注意事项

不同的调查问卷在具体结构、题型、措辞、版式等设计上会有所不同,但在结构上一般都是由问卷的标题、开头部分、甄别部分、主体部分、编码、背景部分、作业记录等组成。

常见的问卷结构如图5-1所示。

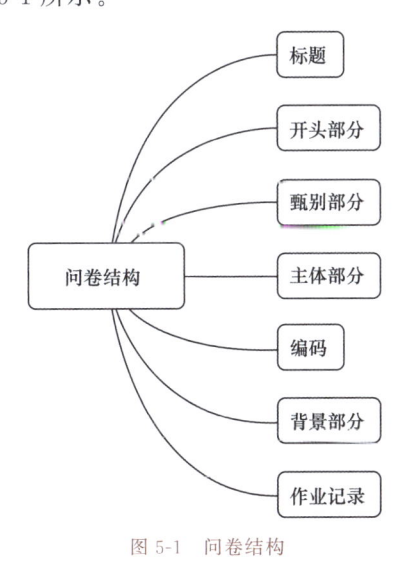

图5-1 问卷结构

（一）标题

问卷的标题概括说明调查研究的主题，使被调查者对所要回答什么方面的问题有一个大致的了解。标题应简明扼要，易于引起回答者的兴趣。

小案例

"关于××地区大学生消费状况调查""关于××休闲服装消费调查"等就比"问卷调查"这样的标题要好，采用"问卷调查"这样过于简单的标题容易引起回答者因不必要的怀疑而拒答。

（二）开头部分

开头部分，主要包括问候语、填写说明等内容。不同的问卷所包括的开头部分会有一定的差别。

1. 问候语

其作用是引起被调查者的兴趣和重视，消除调查对象的顾虑，激发调查对象的参与意识，以争取他们的积极合作。问候语的内容一般包括称呼、问候、访问员介绍、调查目的、调查对象作答的意义和重要性、说明回答者所需花的时间、感谢语等。问候语一方面要反映以上内容，另一方面要尽量简短。

小案例

以下是某课题组关于"中国儿童发展研究家长调查表"的问候语。

亲爱的家长：您好！

首先请原谅打扰您的工作和休息！

儿童是祖国的未来，儿童的成长和教育是家长们十分关心的问题。为了探索儿童成长和教育的规律，我们在北京、湖南、安徽、甘肃等地开展了这项调查。希望得到家长们的支持和帮助。

本调查表不用填写姓名和工作单位，各种答案没有正确和错误之分。家长们只需按自己的实际情况在合适的答案上打"√"或者在下划线上填写。请您在百忙之中抽一点时间填写这份调查表。

为了表示对您的谢意，我们为您的孩子准备了一份小小的礼物，作为这项调查的纪念品。祝您的孩子健康成长！祝您全家生活幸福！

2. 填写说明

问卷填写说明是告诉被调查者如何正确地填答问卷，或者提示调查员如何正确完成问卷访问工作的语句，对回答该问卷需要注意的问题和带有共性的要求进行逐一提示。不过，问卷中个别题目由于填答要求特殊，可以直接出现在问题之后。总之，调查问卷中有可能使被调查者不清楚、不明白、有疑问、难理解的地方，有可能阻碍被调查者顺利回答问卷的地方，都需要给予说明。

小案例

填写说明

1.请在符合您情况的项目旁"□"内打"√"。

2.请在每一个问题后适合您自身情况的答案序号上画圈,或在"＿＿＿＿"处填上适当的内容。

小案例

填写说明

A.凡符合您的情况和想法的项目,请在相应的括号中打"√";凡需要具体说明的项目,请在横线上填写文字。

B.每页右边的阿拉伯数字和短横线是计算机汇总资料用的,不必填写。

C.请回答所有的问题。

(三)甄别部分

甄别部分也称为问卷的过滤部分,它是先对被调查者进行过滤,筛选掉非目标对象,然后有针对性地对特定的被调查者进行调查。通过甄别,一方面,可以筛选掉与调查事项有直接关系的人,以达到避嫌的目的;另一方面,也可以确定哪些人是合格的调查对象,通过对其调查,使调查研究更具有代表性。

小案例

某品牌化妆品的市场调查问卷为了甄别被访者的自然状态是否符合产品的目标市场,设计甄别部分的问题如下:

S1:您的年龄:

A.18 岁以下 ························· 终止访问

B.18～45 岁 ························· 继续访问

C.45 岁以上 ························· 终止访问

S2:您的性别:

A.男 ····························· 终止访问

B.女 ····························· 继续访问

课堂活动

针对某高校女大学生的一项消费调查,请设计问卷的甄别部分问题。

(四)主体部分

主体部分,也是问卷的核心部分。它包括了所要调查的全部问题,主要由问题和答案所组成。

调查内容是调查问卷的主要部分,其篇幅也最大,它是整个问卷调查目的之所在。调查内容的设计优良与否,直接关系到整个调查过程的成败。调查内容主要包括:根据调查目的而提出的各种问题;各种不同问句的回答方式;对回答方式的指导和说明。

(五)编码

编码是为了对问卷调查结果进行电脑统计和分析,而对问卷的有关项目预先做好的电脑编码。通常是在每一个调查项目的最左边按顺序编号,与询问问题同步编制。

(六)背景部分

背景部分通常放在问卷的最后,主要是有关被调查者的一些背景资料,调查单位要对其保密。该部分所包括的各项内容,可作为对调查者进行分类和比较的依据。

被调查者往往对这部分问题比较敏感,但这些问题与研究目的密切相关,必不可少。如,个人的年龄、性别、文化程度、职业、职务、收入等,家庭的类型、人口数、经济情况等,单位的性质、规模、行业、所在地等,具体内容要依据调查者先期的分析设计而定。

小案例

某调查问卷对被调查者性别、文化程度的问题设计如下:

B1:您的性别是(　　)
①男
②女

B2:您的文化程度是(　　)
①小学及以下
②初中
③高中或中专
④大专及以上

(七)作业记录

在调研问卷的最后,有时要求附上调研人员的姓名、调研日期或调研的起止日期等,以利于对问卷质量进行监察控制。

小案例

某调查问卷的作业记录设计如下:

调查员:_____　　　调查日期:_____
调查开始时间:_____　　　调查结束时间:_____
调查地点:_____　　　审核者:_____

以上七个部分是一份规范、完整的调查问卷所应具有的结构和内容。对于一些简单的调查问卷,例如,征询意见表,只需要有标题、问题和答案就可以了,无须面面俱到。

一个成功的问卷设计应该具备两个功能:一是能将所要调查的问题明确地传达给被

调查者;二是设法取得对方合作,并取得真实、准确的答案。但在实际调查中,由于被调查者的个性不同,他们的教育水准、理解能力、道德标准、宗教信仰、生活习惯、职业和家庭背景等都具有较大差异,加上调查者本身的专业知识与技能高低不同,将会给调查者带来困难,并影响调查的结果。具体表现为以下几方面:

第一,回答者不了解或是误解问句的含义,不是无法回答就是答非所问。

第二,回答者虽了解问句的含义,愿意回答,但是自己记不清应有的答案。

第三,回答者了解问句的含义,也具备回答的条件,但不愿意回答,即拒答。具体表现在:

(1)回答者对问题毫无兴趣。导致这种情况发生的主要原因是对问卷主题没有兴趣,问卷设计呆板、枯燥,调查环境和时间不适宜。

(2)回答者对问卷有畏难情绪。当问卷时间太长,内容过多,较难回答时,常会导致被调查者在开始或中途放弃回答,影响问卷的回收率和回答率。

(3)回答者对问卷提问内容有所顾虑,即担心如实填写会给自己带来麻烦。其结果是不回答,或随意作答,甚至做出迎合调查者意图的回答,这种情况的发生是调查资料失真的最主要原因。例如,在询问被调查者每月收入时,如果被调查者每月收入超过5 000元,他就会将其和纳税联系在一起,从而有意压低收入的数字。

(4)回答者愿意回答,但无能力回答,包括回答者不善于表达的意见,不适合回答和不知道自己的答案等。例如,当询问消费者购买某种商品的动机时,有些消费者对动机的含义不了解,很难做出具体回答。

课堂活动

各项目小组讨论设计调查问卷的结构。教师引导学生,进行问卷的标题、开头部分、甄别部分、主体部分、编码、背景部分和作业记录的设计。

任务二 设计问题类型及询问方式

在明确了调查项目问卷设计的基本结构,并且针对调查目的收集了一系列的问题之后,项目小组还要对所收集的问题进行筛选,设计出合理的问卷,既能够搜集相关的数据资料,还要吸引被调查者。

微课
设计调查问卷的问题及答案构成

一、问题主要类型的设计

问卷的语句由若干个问题所构成,问题是问卷的核心。在进行问卷设计时,必须对问题的类别和提问方法仔细考虑,否则会使整个问卷产生很大的偏差,导致市场调查的失败。因此,在设计问卷时,应对问题有较清楚的了解,并善于根据调查目的和具体情况选择适当的询问方式。例如,某项目小组经过讨论确定:本次调查涉及的问题以直接性问题为主,为了便于统计分析,尽可能设计封闭性问题。

就一般的询问方式来说,根据所提问题的性质可以将问题分为直接性问题、间接性问题、假设性问题;根据问题设计的形式可以分为开放性问题和封闭性问题;还可以根据问题的内容划分为事实性问题、行为性问题、动机性问题和态度性问题。

1. 直接性问题

直接性问题是将所要询问的问题直接向被调查者提出,请被调查者给予回答。这种提问方式明确表明要问什么问题,通常所问的是个人基本情况或意见。

小案例

某调查中的直接性问题如下:
1. 您的年龄是多少?
2. 您的职业是什么?
3. 您最喜欢什么牌子的洗发水?

直接性问题在统计分析中比较方便,但遇到一些窘迫性问题时,采用这种提问方式,可能无法得到所需要的答案。

2. 间接性问题

被调查者因对所需回答的问题产生顾虑,不敢或不愿真实地表达意见的问题通常以间接性问题的形式出现。调查者不应为得到直接的结果而强迫被调查者,使他们感到不愉快或难堪。这时,如果采用间接回答方式,使被调查者认为很多意见已被其他调查者提出来了,他所要做的只不过是对这些意见加以评价罢了,这样,就能排除调查者和被调查者之间的某些障碍,使被调查者有可能对已得到的结论提出自己不带掩饰的意见。

小案例

某品牌痔疮膏消费者市场调查中的间接性问题如下:
"您的周围有人得痔疮吗?"

3. 假设性问题

通过假设某一情景或现象存在而向被调查者提出的问题就是假设性问题。

小案例

某项调查中的假设性问题如下:
"如果在购买汽车和住宅中您只能选择一种,您会怎么选择?"

4. 开放性问题

所提出的问题并不列出所有可能的答案,而是由被调查者自由作答的问题就是开放性问题。开放性问题一般提问比较简单,回答比较真实,但结果难以做定量分析。在对其做定量分析时,通常是将回答进行分类。

小案例

某空调市场满意度调查中的开放性调查问题如下：
"您对××牌空调有何意见？"

5. 封闭性问题

已事先设计了各种可能的答案的问题，被调查者只要或只能从中选定一个或几个现成答案的问题就是封闭性问题。封闭性问题由于答案标准化，不仅回答方便，而且易于进行各种统计处理和分析，但缺点是回答者只能在规定的范围内被迫回答，无法反映其他各种有目的的、真实的想法。

小案例

某品牌空调消费状况调查问卷中的封闭性问题如下：
您选择该款空调的主要原因是什么？
A. 质量可靠　　　　B. 品牌知名度高　　C. 整机性能良好　　D. 售后服务好
E. 外观造型别致　　F. 性价比高　　　　G. 其他

6. 事实性问题

要求被调查者回答一些有关事实的问题就是事实性问题。例如，"您通常什么时候看电视？"这类问题的主要目的是获得有关事实性资料。因此，问题的意见必须清楚，使被调查者容易理解并回答。通常在一份问卷的开头和结尾都要求回答者填写其个人资料，如职业、年龄、收入、家庭状况、教育程度、居住条件等，这些问题均为事实性问题，对此类问题进行调查，可为分类统计和分析提供资料。

7. 行为性问题

对回答者的行为特征进行调查的问题就是行为性问题。例如，您是否拥有××品牌服装、您是否做过某事等。

8. 动机性问题

对被调查者行为的原因或动机进行调查的问题就是动机性问题。例如，为什么购某物、为什么做某事等。在提动机性问题时，应注意人们的行为可以是有意识动机，也可以是半意识动机或无意识动机产生的。对于前者，有时会因种种原因不愿真实回答；对于后两者，因回答者对自己的动机不十分清楚，也会造成回答的困难。

9. 态度性问题

对回答者的态度、评价、意见等进行调查的问题就是态度性问题。如"您是否喜欢××牌子的自行车？"

以上是从不同的角度对各种问题所做的分类。应该注意的是，在实际调查中，几种类型的问题往往是结合使用的。在同一个问卷中，既有开放性问题，也有封闭性问题。甚至同一个问题中，也可将开放性问题与封闭性问题结合起来，组成结构式问题。

> **课堂活动**

设计问题类型及询问方式

1.各项目小组根据所确定的调查目的确定在问卷中需要哪些不同类型的问题。教师对各组讨论的结果进行点评,最终确定每个项目小组问卷中的问题类型。

2.各项目小组根据所确定的调查目的确定在问卷询问过程中的措辞。教师对各组讨论的结果进行点评。

二、问句的答案设计

在市场调查中,无论是何种类型的问题,都需要事先对问题答案进行设计。在设计答案时,可以根据具体情况采用不同的设计方法。

(一)二项选择法

二项选择法也称真伪法或二分法,是指提出的问题仅有两种答案可以选择。"是"或"否","有"或"无"等。这两种答案是对立的、排斥的,被调查者的回答非此即彼,不能有更多的选择。

> **小案例**

二项选择法问题设计

您家里现在有吸尘器吗?

A.有　　　　B.无

这种方法的优点是:易于理解,可迅速得到明确的答案,便于统计处理,分析也比较容易。但回答者没有进一步阐明理由的机会,难以反映被调查者意见与程度的差别,了解的情况也不够深入。这种方法,适用于互相排斥的二选一问题及询问较为简单的事实性问题。

(二)多项选择法

多项选择法是指所提出的问题事先预备好两个以上的答案,回答者可任选其中的一项或几项。

> **小案例**

多项选择法问题设计

您喜欢下列哪几种牌号的牙膏?(在您认为合适的□内打√)

□中华　□佳洁士　□高露洁　□狮王　□黑人　□黑妹　□其他

由于所设答案不一定能表达出填表人所有的看法,所以在问题的最后通常可设"其他"项,以便使被调查者表达自己的看法。这个方法的优点是答案有一定的范围,比较便于统计处理。但采用这种方法时,设计者要考虑以下两种情况:

(1)要考虑到全部可能出现的结果及答案可能出现的重复和遗漏。

(2)要注意选择答案的排列顺序。有些回答者常常喜欢选择第一个答案,从而使调查结果发生偏差。此外,若答案较多,可能会使回答者无从选择或产生厌烦。一般这种多项选择答案应控制在8个以内,当样本量有限时,多项选择易使调查结果分散,缺乏说服力。

(三)顺位法

顺位法是指列出若干项目,由回答者按重要性决定先后顺序的方法。顺位法主要有两种:一种是对全部答案排序;另一种是只对其中的某些答案排序,究竟采用何种方法,应由调查者来决定。具体排列顺序,则由回答者根据自己所喜欢的事物和认识事物的程度等进行排序。

小案例

顺位法问题设计

请对下面有关购买笔记本电脑的考虑因素按您认为的重要性程度排序。从重要到不重要的序号依次为1,2,3,…,6。请将序号填写在选项后的括号内。

显示屏(　　)　　价格(　　)　　重量(　　)

电池寿命(　　)　　售后服务(　　)　　CPU(　　)

顺位法便于被调查者对其意见、动机、感觉等做衡量和比较性的表达,也便于对调查结果加以统计。但调查项目不宜过多,过多则容易分散,很难顺位,同时所询问的排列顺序也可能对被调查者产生某种暗示影响。这种方法适用于对要求答案有先后顺序的问题。

(四)一对一比较法

一对一比较法是把调查对象配对,让被调查者一一比较,选择答案。

小案例

一对一比较法问题设计

请比较下面各项的两个啤酒品牌,请在你认为质量好的品牌后方格内打"√"。

(1)青岛　□　　雪花　□

(2)雪花　□　　汉斯　□

(3)燕京　□　　珠江　□

(五)双向列联法

双向列联法是一种将不同问题综合在一起,以简化和节省问卷篇幅的方法。这种问题结构可以反映两方面因素的综合作用,提供单一类型问题无法提供的信息。

小案例

双向列联法问题设计

A、B、C三种家用轿车有如下评价项目,请在您所赞同项目的相应空格内打"√"。

市场调查与预测

评价项目	A	B	C
耗油量低			
外观大方			
内部空间大			
价格合理			
操控灵活			
制动性好			
维修方便			
零配件齐全			
故障率低			
售后服务好			

（六）矩阵法

矩阵法是将同类问题及几组答案集中为表格式矩阵形式，以简化和节省问卷篇幅的方法。

小案例

矩阵法问题设计

你在超市购物时，是否存在下列现象？存在程度如何？请在相应空格内打"√"。

现象	程度				
	经常存在	偶尔存在	不存在	不知道	不想回答
售货员态度不好					
卖场内过于拥挤					
排队等候结账					
以次充好					
不退货					

（七）回忆法

回忆法是指通过回忆，了解被调查者对不同商品质量、牌子等方面印象的强弱。

小案例

回忆法问题设计

调查者向被调查者提问："请您举出最近在电视广告中出现的电冰箱有哪些牌子"，调查时可根据被调查者所回忆牌号的先后和快慢以及各种牌号被回忆出的频率进行分析研究。

（八）自由回答法

自由回答法是指提问时可自由提出问题，回答者可以自由发表意见，并无已经拟定好的答案。

> **小案例**

自由回答法问题设计

如"您觉得软包装饮料有哪些优缺点""您认为应该如何改进电视广告"等。

这种方法的优点是涉及面广,灵活性大,回答者可充分发表意见,可为调查者搜集到某种意料之外的资料,缩短问者和答者之间的距离,迅速营造一个调查气氛,缺点是由于回答者提供答案的想法和角度不同,因此在答案分类时往往会出现困难,资料较难整理,还可能因回答者表达能力的差异形成调查偏差。同时,由于时间关系或缺乏心理准备,被调查者往往放弃回答或答非所问,所以,此种问题不宜过多。这种方法适用于那些不能预期答案或不能限定答案范围的问题。

(九)词语联想法

词语联想法是将按照调查目的选择的一组字词展示给被调查者,每展示一个词语,就要求其立刻回答看到该词语后想到什么,由此推断其内心想法。

词语联想法常用的设计方式有:

(1)自由联想法。这种方法对被调查者的回答不做任何限制。

> **小案例**

自由联想法问题设计

看到冰箱你联想到了什么? _____

(2)控制联想法。这种方法把被调查者的回答限制在某一方面。

> **小案例**

控制联想法问题设计

看到冰箱你联想到了什么品牌? _____

(3)提示联想法。这种方法是提出问题后,请被调查者在事先拟定好的词语表上挑选答案。

> **小案例**

提示联想法问题设计

看到"海尔"这个词后,你想到什么?请在下面词语中挑选答案:
□洗衣机 □高质量 □冰箱 □电脑 □名牌 □企业 其他____

三、问题设计应注意的事项

无论所研究的问题是大还是小,要设计一份科学合理的问卷都是一项复杂的系统工程。要完成这一艰巨的任务,除了考虑一些必要的原则、程序外,还要注意问题设计中的一些技巧和技术问题。

(一)措辞的选择

问题的措辞指的是将想要的问题内容和结构,翻译成调查对象可以清楚而轻松地理解的用语。这是设计一份问卷的关键,同时也是最困难的任务,因此,要注意以下几个问题:

1.用词要通俗

在大规模的调查中,调查对象的文化背景、教育水平、知识经验等都有很大的差异,应尽量减少使用专业性的词汇。

小案例

过于专业性的问题

问题:您对哪个ISP的服务比较满意?

分析:对于计算机还不太熟悉的人可能不知道ISP为网络服务供应商的简称。将问题改为:"您对哪个网络服务供应商的服务比较满意?"会更好。

2.避免用不确切的词

用词一定要保证所要提问的问题清楚明了,具有唯一的意义。不确切的词和含糊不清的问句会使被调查者不知所云,从而也就不知从何答起,甚至根本就不作答。

小案例

用词不确切的问题

问题:您经常去超市购物吗?

分析:这个"经常"让被调查者很难把握,不知该怎样去理解,它可以指场合,也可以指时间,到底指的是什么很难确定。类似的词语还有"通常""大概""可能""也许""偶尔""有时"……此题可改为:

您一周去超市购物的次数平均为几次?

A.1次及以下　　　B.2~4次　　　C.5~7次　　　D.7次以上

3.避免一题两问

在一个问句中最好只问一个要点,如果包含过多的询问内容,会使被调查者无从回答。

小案例

问题设计的一题两问

问题:您对本商场的购物环境与服务质量是否满意?

分析:此题就属于一题两问,可改为两个问题:

问题1:您对本商场的购物环境满意吗?

问题2:您对本商场的服务质量满意吗?

(二)避免否定式提问

否定式提问也称假设性提问,是指对有些要提的问题,先做出某种假设,以此为前提让被调查者做出单项或多项的选择。

小案例

否定式提问

问题：您觉得这种产品的新包装不美观吗？

分析：日常生活中人们习惯于肯定的提问，而不习惯于否定的提问。否定式提问会扰乱被调查者的思维，造成相反意愿的回答或选择。此题可改为：

您觉得这种产品的新包装美观吗？

（三）避免诱导性或倾向性提问

合格问卷中的每个问题都应该是中立的、客观的，不应该带有某种诱导性或倾向性，应让被调查者自己去选择答案。

小案例

具有诱导性或倾向性的问题

问题：××啤酒制作精细、泡沫丰富、口味清醇，您是否喜欢？

分析：这些问题中所使用的字眼也并非"中性"，而是有意向被调查者暗示答案的方向，或者暗示出调查者自己的观点，这些问题都可归类为"诱导性或倾向性问题"。此题可改为："您对××啤酒评价如何？"

（四）避免断定性问题

有些问题是先判定被调查者已有某种态度或行为，基于此进行提问。

小案例

断定性问题

问题：您每天抽多少支香烟？

分析：事实上该被调查者很可能根本不抽烟，这种问题实际上为断定性问题。

正确处理这种问题的方法是：在断定性问题之前加一条"过滤"问题。例如："您抽烟吗？"如果被调查者回答"是"，接下来再用断定性问题继续提问，这样才有意义；如果被调查者回答"否"，则在该"过滤"问题后就应停止询问每天抽多少支香烟。

（五）避免直接提出敏感性问题

关于个人隐私方面的问题以及不为一般社会公德所接纳的行为或态度类问题，通常称为敏感性问题或困窘性问题，对这类问题，若直接提问被调查者可能会拒答或不真实地回答。

小案例

敏感性问题

问题：您平均每个月打几次麻将？您是否用公款吃喝？您是否逃过税？

分析：被调查者对这类问题往往会产生种种顾虑，甚至还会反感。如果一定要获得这类问题的答案，必须避免被调查者不愿回答或给出不真实的回答，最好的方法是采取间接提问的方式，并且语气要特别委婉，以降低问题的敏感程度。

主要有以下几种常用的方法：

(1)释疑法，即在敏感性问题的前面写上一段功能性文字，或在问卷引言中写明严格替被访者保密，并说明将采取的保密措施，以消除疑虑。例如，"打麻将是我国民间传统的消遣娱乐活动，您平均每个月打几次麻将？"通过前面肯定打麻将是一种娱乐活动来消除人们心理上的疑虑。

(2)假定法，即用一个假定性条件句作为问题的前提，然后再询问被调查者的看法。例如，"假定对人口不加限制，您认为非独生子女好还是独生子女好？""假定允许各类人员自由调动工作的话，您会更换目前的工作吗？"

(3)转移法，即让被调查者不以第一人称，而是以第三人称来回答这类问题。例如，"汽车消费将是我国未来消费中的一个热点，您周围的朋友对分期付款购买汽车怎么看？"

(4)模糊法，即对某些敏感问题设计出一些比较模糊的答案，以便被调查者做出真实的回答。

小案例

敏感性问题的模糊法处理

个人收入是一个比较敏感的问题，许多人不愿意做出具体的回答。如果用模糊法进行处理，可以这样设计：

您的月收入是：

A.3 000元以下　　B.3 001～6 000元　　C.6 001～9 000元　　D.9 001～12 000元

E.12 000元以上

(六)问题要考虑时效性

时间过久的问题易使人遗忘，不愿回答。

小案例

时间过久的问题

问题1：您家去年家庭生活费支出是多少？

问题2：您家去年用于食品、衣服的费用支出分别是多少？

分析：以上两个问题对于被调查者而言，除非连续记账才能准确回答。这两个问题可改成：

问题1：您家上个月家庭生活费支出是多少？

问题2：您家上个月用于食品、衣服的费用支出分别是多少？

这样就缩小了时间范围，便于回忆。

(七)避免推算和估计

问题应该是具体的而不是笼统的，且问题的措辞必须避免让被调查者去推算和估计。

小案例

推算和估计的问题

问题：您家每年平均每人生活费用是多少？

分析：答卷人可能需要在脑中做一些推算，将每月生活费乘以12，然后再除以家庭人口数。大多数人不愿意进行这样的推算。这个问题可分成两步来提问：

问题1：您家每月的生活费是多少？

问题2：您家有几口人？

然后由调查人员根据回答进行必要的计算。

（八）拟定问句要有明确的界限

年龄有虚岁和实岁，家庭人口有常住人口和暂住人口，经济收入有基本工资、奖金、补贴、其他收入、实物发放折款等项目，研究者如果对所提的问题没有明确界定，调查结果很难达到预期要求。

课堂活动

讨论以下问卷中的问题，指出其不足并改正。

1. 您的父母都是知识分子吗？
2. 您有到火车站附近的低档商铺购物过吗？
3. 您考试作弊过吗？
4. 您经常喝纯牛奶吗？
5. 您了解PICC（中国人民财产保险股份有限公司）吗？
6. 您对温州职业技术学院的印象如何？

四、问卷答案设计应注意的事项

封闭式问题的答案设计，是问卷设计的重要组成部分，必须经过多方面的考虑。

（一）答案要穷尽

要将所有的答案尽可能地列出，才能使每个被访者都有答案可选，不至于因被访者找不到合适的可选答案而放弃回答。

小案例

答案不穷尽

问题：您家目前的收支情况是下列哪种情况？

A.较多节余

B.略有节余

C.收支平衡

分析：对该问题只设计以上三个备选答案就违背了穷尽原则，建议加上第四个备选答案"入不敷出"。

有时为了防止列举不全的现象，可在备选答案中的最后列出一项"其他"并可留出空格，这样被访者可将问卷中未穷尽的项目填写在所留的空格内。

注意：如果选择"其他"的被访者人数过多，说明答案的设计是不恰当的。

（二）答案要互斥

多项选择题中多选一的备选答案之间不能相互重叠或相互包含，即最多只有一个答案适合答卷人的情况，如果一个人就这种问题同时选择两个或更多的答案，那么这一问题的答案就不是互斥的。

（三）答案选项的排列

答案的顺序也会影响调查结果，在选项较多的情况下，受访者容易接受排在前面的选项，认为这些选项重要。而从设计人员的角度来说，也很容易将自认为更重要的选项排在前面。

避免这种偏差的办法是：设计若干种不同排列的问卷，比如用五套问卷，每套问题完全相同，但在具体选项的排列上进行更换，最后将五套问卷的结果进行汇总。

（四）答案中尽量不用贬义词

使用贬义词，会影响调查结果。通常的做法是在褒义词的前面加上否定，如"喜欢"用"不喜欢"，而不用厌恶或讨厌。

（五）多项选择题的答案设计不宜过多

被访者在阅读与回答中，记忆答案的数量是有限的，一般不超过9个。答案过多，被访者在回答时可能就会遗忘或不耐烦。

（六）敏感性问题答案的设计

在询问月收入或女士年龄等敏感性问题时，为消除被访者的顾虑并满足资料整理分析的要求，常常将答案进行分类设计。

小案例

您的月工资是多少？

☐ 1 500 元以下　　　　　　☐ 1 500～2 000 元
☐ 2 001～2 500 元　　　　　☐ 2 501～3 000 元
☐ 3 000 元以上

课堂活动

对比分析以下两组问题，哪组在问卷设计中更具艺术性，更能使被调查者愉快地接受调查，为什么？

A：您至今未买电脑的原因是什么？（　　）

☐买不起　　　　　　☐没有用
☐不懂　　　　　　　☐软件少
B:您至今未购买电脑的主要原因是什么？(　　　)
☐价格高　　　　　　☐用途较少
☐对性能不了解　　　☐其他_____（请注明）

课堂活动

各项目小组根据所确定的调查目的确定在问卷中需要哪些不同类型的答案。教师对各组讨论的结果进行点评，最终确定每个项目小组问卷中的答案类型。

各项目小组根据所确定的调查目的确定问卷问题的顺序，教师对各组讨论的结果进行点评。

任务三　设计调查问卷

设计一份调查问卷时，在设计好问题类型及询问方式之后，剩下的工作就是确定问卷的流程和编排、修改并完善问卷，并在此基础上准备最后的问卷，予以实施。于是，项目小组着手这些工作，就问卷的流程和编排等问题进行规划设计，最终形成一份可实施的调查问卷。

一、问卷编排的原则

心理学研究表明：问题排列的前后顺序有可能影响被调查者的情绪。同样的题目，安排得合理、恰当，有利于有效地获得资料；编排不妥当，可能会影响被调查者作答，影响问卷的回收效率，甚至影响调查的结果。在设计问卷时，应站在被调查者的角度，根据被调查者的思维习惯，使问题更容易回答。下面是问题编排的一般原则：

1.问卷中问题的排序应注意逻辑性

问题的编排应该注意尽量符合人们的思维习惯，这样才可能使调查有一个良好的开端。如果未加仔细考虑，问题排序杂乱无章，让人思维空间变换过快，心理上会产生明显的反差，这就会影响被调查者回答问题的意愿，不利于其对问题的回答。所以，一般当面访问时，开头应该采用简单的开放性问题，先造成一个轻松、和谐的谈话氛围，使后面的调查顺利进行。采用书面调查时，开头应是容易回答或具有趣味性的一般性问题，需要思考的核心调查内容放在中间部分，专门或特殊的问题放在最后。

2.问卷中问题的排序应该先易后难

一般性问题应最先出现，然后再问具体问题，也就是将容易回答的问题放在前面，难以回答的问题放在后面。容易作答的问题能够减少应答者的反感情绪，提高其积极性，有利于建立起一种融洽关系。如果一开始就让他们感到费力，容易使他们对完成问卷失去兴趣。

一般对公开的事实或状态的描述简单一些,因此放在问卷的较前面位置,而对问题的看法、意见等需要动脑筋思考,因此放在问卷稍后一点的位置。

从时间的角度来考虑,最近发生的事情容易回想,便于作答,因此放在问卷前面一点的位置。过去发生的事情,由于记忆容易受到干扰,不容易回想,因此放在问卷较后一点的位置。例如,可先问"你现在使用的是什么牌子的牙膏?"然后再问"在使用这种牌子的牙膏之前你使用过什么品牌的牙膏?"

3.一些特殊问题置于问卷的最后

许多特殊问题如收入、婚姻状况、政治信仰等一般放在问卷的后面,因为这类问题非常容易遭到被调查者的拒答,从而影响回答的连续性。如果将这类问题放在后面,即使这些问题被拒答,其他问题的回答仍有分析的价值。并且,此时应答者与访问者之间已经建立了融洽的关系,被调查者的警惕性降低,有助于提高回答率,从而增加了获得回答的可能性。

复杂的开放性问题一般需要较长时间来回答,通常情况下,一般的被调查者是不愿意花太多的时间来完成一份问卷的。如果将复杂的开放性问题放在问卷前面的位置,会使被调查者觉得。答问卷需要很长时间,从而拒绝接受调查。所以,复杂的开放性问题一般放在后面,即使不作答,也不至于影响了其他问题的回答价值。

二、问卷设计的流程与问题的编排

(一)问卷设计的流程

问卷每一部分的位置安排都具有一定的逻辑性。有经验的市场调查人员很清楚问卷制作是获得访谈双方联系的关键。关于问卷流程的基本准则如下:

1.运用过滤性问题识别合格的应答者

例如,您或您的家庭成员在服装公司、市场调查公司或销售休闲服饰的商家工作过吗?如果回答"是",结束并记录在联系记录单上;如果回答"否",则继续下一问题。这样就可以寻找到真正意义上的休闲服饰的消费者。

一个较长的过滤性问题可提供关于未使用者、未试用者或对正在调查的产品或服务不了解的人的重要信息。

2.在得到合格的应答者后以一个令人感兴趣的问题开始访谈

通过过滤性问题发现合格的访谈人员后,最初提出的问题应当简单、容易回答、令人感兴趣,并且不存在任何威胁。用一个年龄或收入问题作为初始问题是不合适的,这些问题经常被认为具有威胁性,并且立即使应答者处于心理防备状态。

(二)问题的编排

一般而言,问卷的开头部分应安排比较容易的问题,这样可以给被调查者一种轻松、愉快的感觉,以便于他们继续答下去。中间部分最好安排一些核心问题,即调查者需要掌握的资料,这一部分是问卷的核心部分,应该妥善安排。结尾部分可以安排一些背景资料,如职业、年龄、收入等。个人背景资料虽然属于事实性问题,也十分容易回答,但有些问题,诸如收入、年龄等同样属于敏感性问题,因此一般安排在末尾部分。当然在不涉及敏感性问题的情况下也可将背景资料安排在开头部分。

三、调查问卷的修改完善

项目小组所做的工作,代表了问卷设计最后阶段通常需要进行的工作。修改完善问卷的流程如图 5-2 所示。

评价问卷 → 获得各方认可 → 预先测试和修订 → 确定问卷的形式和布局 → 问卷定稿

图 5-2　修改完善问卷的流程

(一)评价问卷

一旦问卷草稿设计好后,问卷设计人员应再回过来做一些批评性评估。如果每一个问题都是深思熟虑的结果,这一阶段似乎是多余的。但是,考虑到问卷所起的关键作用,这一步还是必不可少的。在问卷评估过程中,下面一些原则应当考虑。

(1)问题是否必要;
(2)问卷是否太长;
(3)问卷是否回答了调查目标所需的信息;
(4)邮寄及自填问卷的外观设计;
(5)开放试题是否留足空间;
(6)问卷说明是否用了明显的字体等。

(二)获得各方认可

问卷设计进行到这一步,问卷的草稿已经完成。草稿的复印件应当分发到直接有权管理这一项目的各部门。实际上,项目负责人在设计过程中可能会多次加入新的信息或要求。不管负责人什么时候提出新要求,修改都是必要的。即使负责人在问卷设计过程中已经多次修改草稿,草稿获得各方面的认可仍然是重要的。

(三)预先测试和修订

当问卷已经获得管理层的最终认可后,还必须进行预先测试。在没有进行预先测试前,不应当进行正式的询问调查。通过访问寻找问卷中存在的错误解释、不连贯的地方、不正确的跳跃模型。为封闭式问题寻找额外的选项以及应答者的一般反应。预先测试也应当以最终访问的相同形式进行。如果访问是入户调查,预先测试应当采取入户的方式。在预先测试完成后,任何需要改变的地方应当切实修改。在进行实地调查前应当再一次获得各方的认同,如果预先测试导致问卷产生较大的改动,应进行第二次测试。测试通常选择 20～100 人,样本数不宜太多,也不要太少。

(四)确定问卷的形式和布局

问题的间隔和位置也会对调查结果产生巨大的影响。以下几方面应当注意:

(1)最好将问题分成几个部分;
(2)每一部分的问题应该编号;
(3)尽量对每个问题的答案进行编码;
(4)问卷本身要有序号,这样便于对问卷的现场控制及编码和分析;

(5)注意选项的排列方式。

(五)问卷定稿

问卷的各项内容必须安排好,并经过校对,问卷可能进行特殊的折叠和装订。在整个问卷的设计中,要避免看上去杂乱,要对每一部分的问题进行区隔,力求排版整齐,有层次感,增强被调查者的良好心理感受。

另外,一份完整的问卷在使用前,要准备管理者说明、访问员说明、过滤性问题、记录纸和可视辅助材料等,以确保数据可以被正确、高效、合理地收集。

课堂活动

1.根据项目小组选择的调查主题,设计一份调查问卷。

2.利用专门在线调研系统(如问卷星)生成调研问卷并发布到网上搜集相关信息。

3.将调研问卷通过微信朋友圈、QQ好友、E-mail等方式将设计好的网络调查问卷发送给被调查者。

微课
问卷的组织与编排

项目小结

调查问卷在数据收集方面有不可替代的作用,问卷设计与编排的好坏直接关系到调查结论的客观性与科学性。一份完整的调查问卷通常包括标题、开头部分、甄别部分、主体部分、编码、背景部分、作业记录等内容。通过设计问题与答案,进行科学编排与组织之后,一份完整的市场调查问卷初稿就出现在了我们面前。为了达到我们的调查目标,还应该对问卷进行一系列的试用及修改,直至取得多方面的认可。这样一份问卷才能新鲜出炉,真正用于市场调查实践。

思考营地

1.简述问卷的基本结构。

2.在问卷设计的提问中应注意哪些问题?

3.为什么对严格按照程序设计好的问卷还要进行检测与修正?

案例分析

读者基本情况调查问卷

我们期待你填写的登记卡,你的回答将严格保密并进入读者数据库。届时,你可在邮购图书时得到优惠(不但可免邮寄费,更可享受书价九折优惠)。你对所购书籍有任何意见,请另附纸张一并寄给我们公司,我们将十分感谢!

请在你选中答案的方框内打"√",或将你的答案填在_____上:

1. 姓名_____
2. 性别：□男　□女
3. 年龄：_____岁
4. 你所在单位的行业：□制造业　□咨询业　□金融业　□服务业　□机关　□教育　□其他
5. 你的职位：□总经理　□营销总监　□部门经理　□职员　□教师　□公职人员　□学生　□其他
6. 你所在单位的员工数：□100人以下　□100~500人　□501~1 000人　□1 001~5 000人　□5 000人以上
7. 你的收入：每月_____元人民币
8. 文化程度：□高中　□大专　□本科　□硕士　□博士
9. 通信地址：_____
   邮政编码：_____
10. E-mail 地址：_____
11. 你所购买图书的书名是：_____
12. 你是怎样知道这本书的：□别人介绍　□在书店看到　□杂志介绍　□通过网络得知　□报纸介绍　□培训班购买　□其他
13. 你认为这本书的质量怎么样？□好　□中　□差
14. 请从以下几个角度予以评价：

	很好	好	一般	不太好	差
(1) 理论、专业水平的角度	5	4	3	2	1
(2) 实用、可操作性的角度	5	4	3	2	1
(3) 内容新颖、创新的角度	5	4	3	2	1
(4) 文笔、案例生动的角度	5	4	3	2	1
(5) 印刷、装帧质量的角度	5	4	3	2	1

阅读以上材料,讨论：

1. 问卷中问题的排序有无不当之处？
2. 问卷中一些问题的措辞有无不当的地方,怎样改正？

实战训练

实训操作 1：

某班级两个不同的研究小组 A、B 都选择了"如何利用音乐调节人的情绪"作为研究课题,在选择研究方法时也都确定了问卷调查为其中一项重要方法。两组同学经过认真设计,各自拿着打印好的调查问卷分别深入到同学中进行调查。可在收回问卷并整理分析后,两组的调查结果却产生了很大的差距,以至于最后研究成果的水平也相差很远。问题究竟出在哪里呢？

经过老师和同学的比较与分析发现:原因就出在两个小组设计的这两份不同的调查问卷上。下面请你仔细比较一下问卷A、B的区别,并从调查问卷的主要组成和遵循原则的角度,以小组合作的形式讨论:

1.你觉得哪份问卷设计得更好?好在哪里?

2.通过比较问卷A、B的差别,谈谈设计一份科学合理的调查问卷应该注意哪些问题?

(1)问卷A:

音乐对情绪的调节作用调查问卷

亲爱的同学:

你好!为了让大家能很好地利用音乐调节自己的情绪,更为了找到一把开启快乐之门的钥匙,让我们的生活更加和谐美好,我们小组设计了此次调查问卷。希望拿到这份问卷的同学用心填写,你的回答对我们的研究很有帮助。为感谢你对我们工作的支持,问卷填写完毕,我们将送上精美的小礼品。

1.当你情绪低落时会听什么音乐?

A.流行音乐　　　B.民族音乐　　　C.经典音乐　　　D.其他

2.当心情烦躁时会听什么音乐?

A.抒情的音乐　　B.劲爆的音乐　　C.欢快的音乐　　D.其他

3.你认为听自己喜欢的音乐能让情绪变得好一点吗?

A.可以　　　　　B.不一定　　　　C.没有效果

4.为了缓解内心的压力,排解压抑的情绪,你会听哪种类型的音乐?

A.轻音乐　　　　B.抒情音乐　　　C.流行音乐　　　D.其他

5.课余时间,你喜欢听哪种音乐来放松和娱乐?

A.爵士乐　　　　B.古典音乐　　　C.流行音乐　　　D.其他

6.你认为不同类型的音乐对人的心情有什么不同的影响?(简答题)

A项目研究小组

(2)问卷B:

音乐与情绪的调查问卷

你好!请配合填写此次调查问卷!谢谢!

1.你经常听音乐吗?

A.经常　　　B.有时　　　C.偶尔　　　D.极少　　　E.从不

2.你认为中学生听音乐的利弊关系是怎样的?

A.利大于弊　　　B.弊大于利　　　C.没关系

3.人开心的时候一定很喜欢听欢快的音乐吗?

A.是　　　　　　B.否

4.你喜欢的音乐方面的明星是哪个国家的?

A.中国　　　　B.日本　　　　C.韩国　　　　D.欧美

5.你经常是哪种情绪多一些？
A.喜　　　　　B.怒　　　　　C.哀　　　　　D.恐惧
6.你认为音乐与人的情绪有关系吗？
A.关系密切　　B.有点关系　　C.毫无关系　　D.不清楚
7.你认为情绪低落时人会喜欢听伤感的音乐吗？
A.是　　　　　B.否
8.请你准确地说出音乐的分类。_____
9.请你准确地说出人的情绪的分类。_____
10.你喜欢听什么类型的音乐？_____
11.你认为什么样的音乐对人的心情有什么样的影响？_____
12.请你对本次问卷调查做出评价。_____

B 项目研究小组

【实训目标】　掌握市场调查问卷设计方面的知识与技能，提高学生问卷设计的实际技能。

【实训要求】　要求学生掌握问卷设计的技巧和方法。

【实训组织】　各项目小组探讨问卷设计的类型、程序和原则，完成一份调查问卷。

【实训成果】　各项目小组完成的调查问卷。

实训操作2：

大学生应以学习为主，穿着方面朴实、大方……但是，现在的情况是否如此呢？有的大学生为了面子，不顾家人劝阻，硬要买一些昂贵的名牌服饰，还有的大学生随波逐流，见别人穿什么也想要什么，一心追求前卫的服饰。这难道就是新时代赋予我们的新时尚？试问：如此下去大学生应有的朴实的穿着、高尚的心灵、节俭的作风……将会被我们遗忘到哪里去？我们小组希望通过这次活动，大声向所有大学生呼吁：保持住我们这个年龄独有的那份纯真和质朴，追求真正属于我们身份的那份洒脱与时尚！

研究目的和意义：

1.了解目前大学生的衣着观念存在哪些认识上的误区；

2.让大学生明白我们现阶段的衣着应注重整洁、得体、协调和舒服，端正以前不正确的认识取向；

3.消除大学生从衣着反映出的攀比心理；

4.让大学生认识到不同性格、不同地域乃至不同国情造成了不同的着装风格，最主要的是寻找适合自己的衣着服饰；

5.通过我们的研究，让大学生更加明确自己对穿着的认识，更好地塑造大学生形象。

研究内容：

1.大学生应该有怎样的衣着形象；

2.大学生衣着攀比心理带来的危害；

3.大学生的衣着观念和状态；

4.现在流行的大学生穿着；

5.国外学生与国内学生衣着对比；

6.夸张的服饰对大学生的影响;

7.正确的大学生衣着观。

请根据以上内容设计调查问卷。

【实训目标】 掌握市场调查问卷设计的基本要求,提高学生的动手能力,培养学生浓厚的学习兴趣,强化理论与实际的结合、学习知识与开发智力的结合、动脑思考与动手操作的结合。

【实训要求】 要求学生掌握问卷设计的技巧和方法。

【实训组织】 各项目小组探讨问卷设计要求,设计符合市场调查问卷基本要求的问卷。

【实训成果】 实训结束后,各项目团队需完成一份规范的市场调查问卷。

项目六　市场调查活动的实施

知识目标

1. 掌握调查人员应具备的基本要求；
2. 识记调查人员培训的方法、调查人员培训的基本内容及要点；
3. 认识调查操作流程及技巧；
4. 掌握控制调查质量、进度、成本的方法及环节。

能力目标

1. 掌握培训市场调查人员的要点；
2. 学会选择、管理市场调查人员；
3. 能够顺利开展一定行业的市场调查。

任务分解

任务一　选择和培训调查人员
任务二　管理和控制市场调查

任务内容

进入数据收集阶段，需要组织调查人员深入实际，按照调查方案的要求和调查计划的安排，有组织、系统、细致地收集各种市场资料。通过本项目的学习，学习者需要完成以下任务：

1. 对调查人员进行选择、培训；
2. 对调查人员进行管理。

任务成果

1. 调查人员选择和调查实施方案；
2. 实地调查问卷、网络调查问卷若干份。

市场调查与预测

知识导图

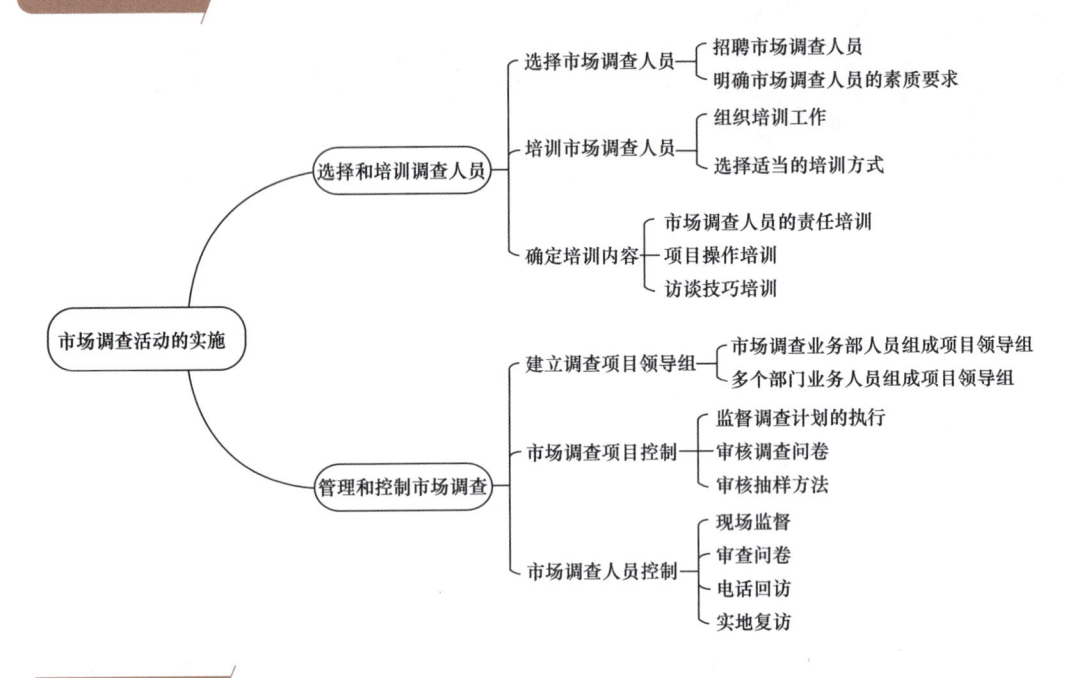

- 市场调查活动的实施
  - 选择和培训调查人员
    - 选择市场调查人员
      - 招聘市场调查人员
      - 明确市场调查人员的素质要求
    - 培训市场调查人员
      - 组织培训工作
      - 选择适当的培训方式
    - 确定培训内容
      - 市场调查人员的责任培训
      - 项目操作培训
      - 访谈技巧培训
  - 管理和控制市场调查
    - 建立调查项目领导组
      - 市场调查业务部人员组成项目领导组
      - 多个部门业务人员组成项目领导组
    - 市场调查项目控制
      - 监督调查计划的执行
      - 审核调查问卷
      - 审核抽样方法
    - 市场调查人员控制
      - 现场监督
      - 审查问卷
      - 电话回访
      - 实地复访

案例导入

错误的数据不如没有数据

一家企业设立了20多人的市场研究部门，开展了两组市场调查，用了同样的调研问卷，实施结构完全相同的抽样，但两组数据的结论却差异巨大。

调查问题：列举您会选择的产品。

其中一组的结论是：有15%的消费者选择本企业的产品；另一组得出的结论却是：36%的消费者表示本企业的产品将成为其购买的首选。巨大的差异让公司高层非常恼火，为什么完全相同的调查抽样，会有如此不同的结果呢？公司决定聘请专业的调研公司来进行调研诊断。

专业的调研公司很快提交了简短的诊断结论：第二组在调查执行过程中存在误导行为。首先，在调研期间，第二组的成员佩戴了公司统一发放的领带，而在领带上有本公司的标志，其标志足以让被访问者猜测出调研的主办方；其次，第二组在调查过程中，把选项的记录板（无提示问题）向被访问者出示，而本企业的名字处在候选答案的第一位。以上两个细节，向被访问者泄露了调研的主办方信息，影响了消费者的客观选择。

这家企业的老总训斥调研部门的主管："如果按照第二组的数据，我要增加一倍的生产计划，最后的损失恐怕不止千万。"

"错误的数据不如没有数据"，这句话包含了众多企业家对数据的恐慌和无奈。所以在市场调查过程中如何收集准确的数据显得非常重要。

讨论：你认为应该怎样组织实施本次市场调查？

> **任务明确**

制订好市场调查计划、选定了适当的调查方法、制作好调查问卷,就意味着市场调查资料的收集工作正式开始了。该阶段的主要任务是组织调查人员深入实际,按照调查方案的要求和调查计划的安排,系统、细致地收集各种市场资料。市场调查资料的收集需要大量的人力、财力做支撑,而且该阶段最容易出现调查误差。组织、管理、控制是该阶段工作成效的基本保障。本项目包含以下两个任务:

任务一　选择和培训调查人员
任务二　管理和控制市场调查

任务一　选择和培训调查人员

一、选择市场调查人员

调查人员的选择和使用决定着调查质量的高低和信息的真实完整性,对决策者能否做出正确的决策起着决定性作用。

(一)招聘市场调查人员

一个市场调研机构一般不可能拥有太多的专职市场调查人员,而兼职的市场调查人员队伍又不太稳定。因此,调查公司常常要进行招聘市场调查人员的工作。招聘市场调查人员,可以采取书面的形式,也可以采取面试的形式。

在招聘过程中,对市场调查人员主要考查的内容应该包括以下几点:

(1)责任感。责任感在市场调查中显得尤其重要。缺乏责任感的人,即使工作能力很强,专业水平很高,也很难把事情做好。

(2)普通话。普通话一般人都听得懂,所以在一般情况下,尽量选择普通话标准的人作为市场调查人员,同时也要具体情况具体分析,比如说我国各地的方言很多,许多地方平时习惯使用当地的方言,如果市场调查人员能够使用方言跟受访者交谈,容易得到受访者的认同,降低受访者的心理防御,提高访问的成功率。

(二)明确市场调查人员的素质要求

市场调查活动是一项科学细致的工作,作为一个优秀的调查人员,必须具有相应的知识和技能。

调查人员的素质要求如图 6-1 所示。

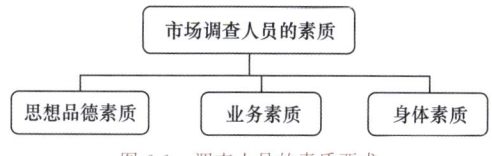

图 6-1　调查人员的素质要求

1. 思想品德素质

思想品德素质是决定调查人员成长方向的关键性因素,也是影响市场调查效果的一个重要因素;一个具有良好的思想品德素质的调查人员,应该能够做到以下几点:

(1)政治素质。熟悉国家有关的方针、政策、法规,具有强烈的社会责任感和事业心。

(2)道德修养。具有较高的职业道德修养,表现在调查工作中能够实事求是、公正无私,绝不能满足于完成任务而敷衍塞责,也不能迫于压力屈从或迎合委托单位和委托单位决策层的意志。

(3)敬业精神。要热爱市场调查工作,在调查工作中要认真、细致,要具有敏锐的观察力,不放过任何有价值的资料数据,也不错拿一些虚假的资料。

(4)谦虚谨慎、平易近人。调查人员最主要的工作是与人打交道。一些谦逊平和、时刻为对方着想的调查人员,往往容易得到被调查对象的配合,从而能够获得真实的信息,而那些脾气暴躁、盛气凌人、处处只想到自己的调查人员,容易遭到拒答或得到不真实的信息。

2. 业务素质

业务素质的高低是衡量市场调查员的首要条件。市场调查工作不仅需要一定的理论基础,还需要具备较强的实际经验。

(1)具有市场调查的一些基础知识。

由于访问员不是专业的研究人员,所以不要求他们具有高深的专业知识,但至少他们应该做到:了解调查工作中访问员的作用和他们对整个市场调查工作成效的影响;在访问中要保持中立;了解调查计划的有关信息;掌握访谈过程中的技巧;熟知询问问题的正确顺序;熟悉记录答案的方法。

(2)具有一定的业务素质。

访问员的业务能力从以下几个方面体现:

①阅读能力。理解问卷的意思,能够没有停顿地传达问卷中的提问项目和回答项目。

②表达能力。要求访问人员在调查过程中能够将要询问的问题表达清楚。

③观察能力。具有敏锐的观察能力,判断受访者回答的真实性。

④书写能力。能够准确、快速地将受访者的回答原原本本地记录下来。

⑤独立外出能力。访问员能够独自到达指定的地点,寻找指定的受访者,并进行访问。

⑥随机应变能力。在调查过程中遇到的是各种各样的人,所以访问员要能够随机应变,适应不同类型的人。

3. 身体素质

身体素质包括两个基本素质:体力和性格。市场调查是一个非常艰苦的工作,特别是入户访谈和拦截调查,对调查人员的体力要求较高。同时,市场调查人员的性格最好属于外向型,会交际、善谈吐、会倾听,善于提出问题、分析和解决问题,谨慎而又机敏。

在实际调查过程中,调查工作是通过一支良好的调查队伍来实现的。调查人员的思想道德素质是必需的,是前提条件。而调查人员的业务素质和身体素质则可以随着调查方法的不同而有所不同。

二、培训市场调查人员

(一)组织培训工作

1.进行理论与实践结合的培训

要想获得合格称职的调查人员并非易事,因此对调查人员的培训是非常重要的,这种培训必须把理论和实践相结合,从而使调查人员在调查过程中用理论来指导实际,并在实践中积累经验,充实理论。

2.进行有针对性的培训

培训工作应针对本次调查的某些特点或者针对某些方面的弱点,进行强化训练。对于从事督导或负责工作的人员,应当要求具有实际市场调查的经验,比如参加过"工商普查""人口普查""民意普查"等调查工作,这于市场调查工作的顺利展开同样是很重要的。

(二)选择适当的培训方式

对调查人员的培训主要包括两种形式:书面训练和口头训练。

1.书面训练

书面训练的基本要点在于要求调查人员牢记调查项目的重要性、目的、任务,并通过训练手册,熟悉各项任务要求,主要包括:

(1)熟悉市场调查项目的内容和目的;

(2)按计划选择被调查对象;

(3)选择恰当的时机、地点和访问对象的方法;

(4)获得访问对象合作的有关访问技巧;

(5)关于调查询问的技术。

2.口头训练

口头训练的目的是消除调查人员的恐惧和疑虑,使调查人员灵活运用口头访问技巧。为此,调查人员需要经常进行练习,而且要参加多次访问的演练,从而能够具备下列素质:

(1)访问态度和蔼、友好。

(2)提出的问题能抓住重点,简单明了,并给被调查对象充分的回答余地。

(3)善于选择访问时机。

(4)有较强的判断能力,善于明辨是非。

(5)善于完整、清楚地记录,忠实地反映被调查对象的本意。

三、确定培训内容

根据项目需要,对调查人员的培训一般包括以下内容。

(一)市场调查人员的责任培训

责任培训旨在让一个新招聘的调查人员明白一个合格的访问人员应具有哪些责任,使他们在今后的调查工作中能够更好地完成调查任务。市场调查人员的责任包含以下几个方面。

(1)接触调查对象。按照调查实施负责人的安排,在合适的时间接触抽样方案所要求的调查对象。如果被访问者拒绝回答,则按要求向上反映,或严格按要求寻找替代的调查对象。要切记的是,调查人员不能自作主张地访问另一个人来代替拒访者。

(2)保密。保密是市场调查人员应该具备的职业道德。调查人员不能将受访者的个人隐私透露给其他人员。同时,在调查过程中如果有邻居在场,应委婉地询问被调查人员是否要再找个时间。

(3)提问。每次调查访问之前,调查公司统一规定了向受访者提问的方式,所以调查人员一定要按要求去提问,不要太随意。

(4)记录被调查者的回答。要求记录准确、填写清楚、整洁,以免编码时出差错。提问和记录的有关问题在访谈技巧中还要详细说明。

(5)审查。在结束访问后,提问人员要检查整个问卷是否都准确完成,字迹、答案是否清楚等。

(6)发送礼品、礼金。如果对被访问人员有酬谢,要一一发送礼品或酬金,注意不要多发或少发。

小案例

调查人员的道德准则

为了维护在市场营销和民意调查中的道德准则,国际商会、欧洲民意和市场营销调查学会(ESOMAR)于1977年联合制定和颁发了有关准则,并于1986年做了修改,制定准则的主要目的是使被调查者的权利得到充分的保障。调查人员应了解并遵守国际准则和惯例,例如,承诺为被调查者保密的项目,一定要说到做到,不能言而无信。

(二)项目操作培训

不同的市场调查项目,在访问方式、内容上都是不同的。所以,在调查实施前的培训阶段,调查公司要对调查人员进行项目操作的指导和培训。

(1)向调查人员解释问卷问题。一般是让调查人员先看问卷和问卷须知,针对调查人员不清楚的地方给予解释。

(2)统一问卷填写方法。为了后续录入方便,规范作答的统一方式和方法。

(3)分派任务。指定每个调查人员调查的区域、时间和调查的对象。

(4)访问准备。告诉调查人员在调查前所需携带的各种东西,比如问卷、受访者名单、电话、答案卡片、介绍信、自己的身份证明、礼品等。

(5)向调查人员说明会有一定的监督措施来检查调查人员的调查质量。

(三)访谈技巧培训

根据调查方案的要求,访问者可能是入户访问,也可能是街上拦截访问。为了保证调查过程的质量,提高访问员的工作效率,对访问员进行培训是非常必要的。通常在入户访问调查中,训练有素的访问员,其入户成功率可达到90%左右,没有技巧的访问员则只能达到10%左右。

1.培训如何避免访谈开始就拒访

自我介绍要按规范的形式进行,这是访问员和被调查者的首次沟通,是能否顺利入户的一个关键环节。通常在问卷设计中已精心编写了开场白(自我介绍词)。

访问员自我介绍时,应该快乐、自信,如实表明访问目的,出示身份证明。有效的开场白可增强潜在的被调查者的信任感和参与意愿。

> **小案例**
>
> 访问员在首次面对被调查者时所使用的开场白
>
> 您好!我叫××,我是市场营销专业的学生,这是我的学生证。我们正在做一项有关市民网上购物习惯的调查。您正好是这次调查中经过科学抽样选中的被访者之一,您的观点对我们的研究非常重要,我们希望您能够回答下列几个问题。

2. 培训如何避免访谈中途拒访

选择适当的入户访问时间,可以减少或避免拒访的尴尬现象。

> **小案例**
>
> 访问员入户访问时间的选择
>
> 一般工作日,访问可选择在晚上7:00到9:00进行;双休日,可选择在上午9:00到晚上9:00进行,但应避开吃饭和午休时间。

被调查者如果要拒绝访问,通常会找出许多借口,访问员要想出不同的对策。

> **小案例**
>
> 访问员被拒时的对策
>
> 如果被调查者以"没有时间"拒访,访问员要主动提出更方便的时间,如傍晚6点,而不是问被调查者"什么时间合适"。
>
> 如果被调查者声称自己"不合格"或者"缺乏了解,说不出",访问员应该告诉被调查者"我们不是访问专家,调查的目的是让每个人有阐明自己看法的机会,所以您的看法对我们很重要"或"您把您知道的情况说出来就可以了"等,以鼓励被调查者。
>
> 如果被调查者因"不感兴趣"而拒访,访问员可以解释:"这是抽样调查,每一个被抽到的人的意见都很重要,请您协助一下,否则调查结果就会出现偏差。"

3. 培训如何合理控制环境

理想的访问应该在没有第二者的环境下进行,但访问员总会受到各种干扰,所以要培训其控制环境的技巧。

> **小案例**
>
> 访问员合理控制环境的技巧
>
> 如果访问时有其他人插话,应该有礼貌地说:"您的观点很对,我希望待会儿请教您。"
>
> 访问员应该尽力使访问在脱离其他家庭成员的情况下进行,如果访问时由于其他家庭成员的插话,访问员得不到被调查者自己的回答,则应该中止访问。
>
> 如果周围有收音机或电视机发出很大的噪声,访问员很难建议把声音关小,这时,访问员可以逐渐降低说话声音,被调查者注意到了噪声后,往往会主动关掉声音。

4.培训保持中立

访问员的惊奇表情、对某个回答的赞同态度,这些都会影响到被访者。

访问员在访问中,除了表示出礼节性兴趣外,不要做出任何其他反应。即使对方提问,访问员也不能说出自己的观点。要向被访者解释,他们的观点才是真正有用的。还要避免向被访者谈及自己的背景资料。访问员应该给出一个模糊的回答,并鼓励被访者谈他们自己的见解。

5.培训如何提问与追问

访问员在访问过程中应按问卷设计的问题排列顺序及提问措辞进行提问。

对于开放性的问题,一般要求充分追问。追问时,不能引导,也不要用新的词汇追问,要使被访者的回答尽可能具体。熟练的访问员能帮助被访者充分表达他们自己的意见。好的追问技巧不仅给调研提供充分的信息,而且使访问更加有趣。

在访问中,有时被访者不能很好地全面回答提问,也有时问卷本身就设定了追问问题,这时就需要运用追问技巧来达到预期的目的。

(1)重复问题

当调查对象保持完全沉默时,他(她)也许没有理解问题,或还没有决定怎样来回答,重复问题有助于被调查者理解问题,并会鼓励其应答。

(2)观望性停顿

若调查人员认为被调查者有更多的内容要说,可通过观望性停顿鼓励被调查者给出完整的回答。

(3)重复应答者的回答

调查人员可以逐字重复应答者的回答,这也许会刺激应答者扩展他(她)的回答。

小案例

访问员追问的技巧

"××指的是什么?请您具体说一下","您具体喜欢它的什么方面","您还有没有喜欢的呢","还有呢"等。

6.培训如何结束访问

当所有希望得到的信息都得到之后就要结束访问了。此时,可能被访者还有进一步的自发陈述,他们也可能有新的问题,访问员工作的原则是认真记录有关的内容,并认真回答被访者提出的有关问题。总之,应该给被访者留下一个良好的印象。最后,一定要对被访者表示诚挚的感谢,让被访者有良好的感觉。调查人员要感谢被访者抽出时间给予合作,并使被访者感受到自己对这项调查研究做出了贡献。

离开现场时,要表现得彬彬有礼,为被访者关好门并对被访者及其家人说再见。

课堂活动

1.角色扮演"招聘市场调查人员"。

2.从招聘对象中鉴别出那些你认为符合市场调查人员职业素养的人员。

3.和其他同学讨论你认为好的访问技巧。

任务二　管理和控制市场调查

在市场调查中,调查人员本身的素质、条件、责任心等都在很大程度上制约着市场调查作业的质量,影响着市场调查结果的准确性和客观性。因此,加强市场调查组织与实施是市场调查公司的一项重要工作。如果您有幸成为一个调查项目的负责人,您会怎样做呢?

一、建立调查项目领导组

不同的市场调查机构,其组织结构的形式可能不同,但是在接受委托单位的委托,开始按照委托方的要求,认真组织实施各个阶段的调查工作时,为了保证项目实施的顺利,需要在公司内部先建立项目领导小组,主要负责管理控制项目的实施,并及时向委托方反馈调查进程和调查工作的有关信息。

(一)市场调查业务部人员组成项目领导组

市场调查公司内部都会设置调查部,有的还设立了调查一部、调查二部等,这些部门的主要职责就是执行市场数据资料的收集工作。一般情况下,根据职责分工,专业调查公司会指派市场调查业务部人员组成项目领导组。

(二)多个部门业务人员组成项目领导组

如果受托项目规模较大,涉及多个方面的工作,这时就需要调查公司内部的研究开发部、调查部、统计部、资料室等多个部门指派相关人员,一起组成市场调查项目领导组,以保证调查工作的顺利实施。

二、市场调查项目控制

市场调查人员将方案付诸实施,就意味着市场调查资料的收集工作正式开始。该阶段的主要任务是设计调查问卷,组织调查人员深入实际,按照调查方案的要求和调查计划的安排,有组织、系统、细致地收集各种市场资料。

市场调查资料的收集需要大量的人力、财力做支撑,而且该阶段最容易出现调查误差。组织、管理、控制是该阶段工作成效的基本保障。您将怎样管理好这样一项工作和一支团队呢?

(一)监督调查计划的执行

调查工作计划是指为确保调查的顺利实施而拟定的具体工作安排,包括调查人员安排和培训、调查经费预算、调查进度日程等。调查工作计划直接关系调查作业的质量和效益。调查人员的工作能力、职业态度、技术水平等会对调查结果产生重要影响,所以调查人员应具有良好的沟通能力、创造力和想象力。调查经费因调查种类和收集资料精确度的不同而有很大差异。调查组织者应事先编制调查经费预算,制定出各项费用标准,力争以最少的费用取得最好的调查效果。调查进度日程指调查项目的期限和各阶段的工作安排，包括规定调查方案设计、抽样、人员培训、实地调查、数据录入、统计分析、报告撰写等工作的完成日期。为保证调查工作的顺利开展和按时完成，调查者可制定调查进度日程表，对调查任务加以具体规定和分配，并对调查进程随时进行检查和控制。

（二）审核调查问卷

在问卷的初稿完成后，调查者应该在小范围内进行试验性调查，了解问卷初稿中存在哪些问题，以便对问卷的内容和答案、问题的次序等进行检测和修正。试验性调查的具体方法可以是这样：选择一些有代表性的调查对象进行询问，将问卷中存在的问题尽可能表现出来，如问卷中的语言使用、问题的选项、问卷的长短等，然后依据试验性调查的结果，看调查对象是否乐意回答问卷中的所有问题，哪些问题是多余的，还有哪些不完善或遗漏的地方。发现问题，应该立即进行修改。如果预先测试导致问卷内容发生了较大的变动、调查者还可以进行第二轮测试，以使最后的定稿更加规范和完善。

（三）审核抽样方法

抽样方法的选择取决于调查研究的目的、调查问题的性质以及调研经费和允许花费的时间等客观条件。调研人员应该在掌握各种抽样方法的基础上，对拟选择的抽样方法进行验证。只有这样才能在各种环境特征和具体条件下选择最为合适的抽样方法，从而保证数据采集的科学性。

三、市场调查人员控制

市场调查人员所收集的被访者的问卷是研究者重要的信息来源。但是，在实际中，由于各种原因，调查人员的问卷来源不一定真实可靠，因此必须对调查人员进行适当的监控，以保证调查问卷的质量。

一般利用下列四种手段来判断调查人员访问的真实性，然后再根据每个调查人员的任务完成质量，从经济上给予相应的奖励或惩罚。

（一）现场监督

在调查人员进行现场调查时，有督导跟随，以便随时进行监督并对不符合规定的行为进行指正。这种方法对于电话访谈、拦截访问、整群抽样调查比较适合。

（二）审查问卷

对调查人员收集来的问卷进行检查，看问卷是否有质量问题，如是否有遗漏、答案之间是否有前后矛盾之处、笔迹是否一样等。

（三）电话回访

根据调查人员提供的电话号码，由督导或专职访问员进行电话回访。

（四）实地复访

如果电话回访找不到有关的被访者，根据调查人员提供的真实地址，由督导或专职访问员进行实地复访。这种方法比电话回访更真实可靠，但需要花很多的时间和精力。

在电话回访和实地复访过程中，通常要根据以下几个方面来判断调查人员访问的真实性：一是电话能否打通或地址能否找到；二是家中是否有人接受访问；三是受调查的问题是否跟该调查吻合；四是调查时间是否跟问卷记录时间相符；五是被访者所描述的访问员形象是否与该访问员相符;六是访问过程是否按规定的程序和要求执行。

课堂活动

你有没有遇到过调查人员的"掺水"行为？你认为应该如何预防这种行为？

项目小结

市场调查资料的收集需要大量的人力、财力做支撑，而且该阶段最容易出现调查误差。组织、管理、控制是该阶段工作成效的基本保障。

市场调查活动是一个团队活动，所以，组织控制包括两大方面：其一，活动过程本身；其二，市场调查人员。数据收集工作是调查工作的重中之重，数据收集的质量有赖于调查人员的素质高低和对他们的管理控制。

思考营地

1. 市场调查人员培训应该注意什么？
2. 书面培训与口头培训各有哪些侧重点？
3. 市场调查人员应该明确哪些责任？
4. 访谈阶段怎样运用技巧来达到活跃气氛的目的？

案例分析

公司的调查目标应该是什么？

20 世纪 80 年代初，虽然可口可乐在美国软饮料市场上仍处于领先地位，但百事可乐公司通过多年的促销攻势，并以口味试饮来证明消费者更喜欢较甜口味的百事可乐饮料，不断侵吞着可口可乐的市场。为此，可口可乐公司以改变可口可乐的口味来对付百事可乐对其市场的侵吞。

对于新口味可口可乐饮料的研究开发，可口可乐公司花费了两年多的时间，投入了 400 多万美元的资金，最终开发出了新口味可口可乐的配方。在新口味可口可乐配方开发过程中，可口可乐公司进行了近 20 万人次的口味试验，仅最终配方就进行了 3 万人次的试验。在试验中，研究人员在不加任何标识的情况下，对老口味可口可乐、新口味可口可乐和百事可乐进行了比较试验，试验结果是：在新、老口味可口可乐之间，60%的人选择新口味可口可乐；在新口味可口可乐和百事可乐之间，52%的人选择新口味可口可乐。从这个试验研究结果看，新口味可口可乐应是一个成功的产品。

1985 年 5 月，可口可乐公司将口味较甜的新口味可口可乐投放市场，同时放弃了原配方的可口可乐。在新口味可口可乐上市初期，市场销售不错，但不久就销售平平，并且公司开始每天从愤怒的消费者那里接到无数的电话和信件。一个自称原口味可口可乐饮用者的组织举行了抗议活动，并威胁除非恢复原口味的可口可乐或将配方公之于众，否则将提出集体诉讼。

迫于原口味可口可乐消费者的压力,在1985年7月中旬,即在新口味可口可乐推出的两个月后,可口可乐公司恢复了原口味的可口可乐,市场上新口味可口可乐与原口味可口可乐共存,但原口味可口可乐的销售量远大于新口味可口可乐的销售量。

阅读以上材料,讨论:

你认为新口味可口可乐配方的市场营销调研中存在的主要问题是什么。

实战训练

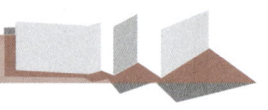

要求学生走出课堂,走向市场,以小组为单位选择合适的调查项目进行街头拦截(或入户访问)问卷调查,然后利用网络调查平台进行网络问卷调查。

【实训目标】 能够组织小规模的市场调查工作。

【实训要求】 要求每个学生做好问卷调查的准备工作,掌握好走访调查的方法与技巧,每个项目小组完成100份以上实地问卷调查任务及100份以上网络问卷调查任务。

【实训组织】 学生分组,制订调查控制实施方案,课外完成调查任务。

【实训成果】 各组展示调查成果,教师讲评。

项目七　市场调查资料的整理

知识目标

1. 认识市场调查资料整理的重要性；
2. 认识数据录入过程管理的意义；
3. 认识市场调查资料列示的意义。

能力目标

1. 能够根据项目要求确认数据资料；
2. 能够组织数据录入；
3. 能够有效列示市场调查资料。

任务分解

任务一　确认资料数据
任务二　编码与录入数据
任务三　列示市场调查资料

任务内容

各项目组根据所承担的调研项目,将收集的调研问卷进行整理。为了保证数据资料的整理有计划、有组织的完成,按照下列步骤进行：

1. 项目组共同商议,设计调查问卷资料的整理方案；
2. 项目组分工合作,对问卷进行审核,剔除无效问卷,填补缺失数据；
3. 项目组分工合作,对问卷问题和答案进行编码；
4. 项目组分工合作,利用 Excel 软件录入编码后的问卷调查数据,建立数据库；
5. 项目组对数据库进行审核确认。

任务成果

1. 整理完毕的调查问卷；

2.各项目组根据本项目的问卷特点,建立编码本;
3.根据编码本录入数据,采用 Excel 软件建立数据库。

知识导图

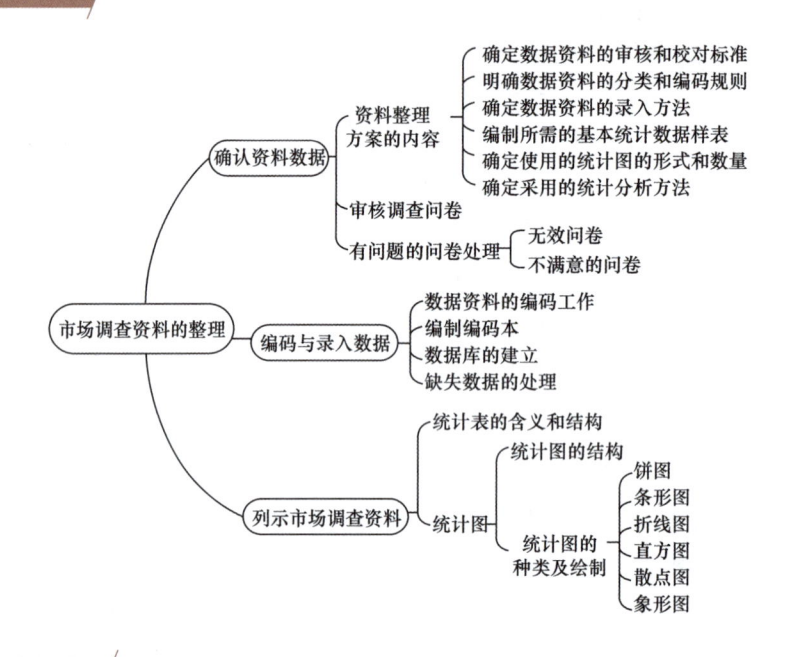

市场调查资料的整理
- 确认资料数据
  - 资料整理方案的内容
    - 确定数据资料的审核和校对标准
    - 明确数据资料的分类和编码规则
    - 确定数据资料的录入方法
    - 编制所需的基本统计数据样表
    - 确定使用的统计图的形式和数量
    - 确定采用的统计分析方法
  - 审核调查问卷
  - 有问题的问卷处理
    - 无效问卷
    - 不满意的问卷
- 编码与录入数据
  - 数据资料的编码工作
  - 编制编码本
  - 数据库的建立
  - 缺失数据的处理
- 列示市场调查资料
  - 统计表的含义和结构
  - 统计图
    - 统计图的结构
    - 统计图的种类及绘制
      - 饼图
      - 条形图
      - 折线图
      - 直方图
      - 散点图
      - 象形图

案例导入

回收的问卷如何处理

某校的一个调研项目小组,在该校的万名在校大学生群体中,随机发放"大学生消费问题调查问卷"500份,对大学生的月消费水平、支出类别及金额、生活资金及来源、社会兼职及目的、家庭收入、自我评价等问题,进行问卷调查。之后,对问卷进行了回收。

讨论:对于这些回收的问卷,这个项目小组应该怎样处理?

任务明确

市场调查实施阶段所获得的原始资料,还只是粗糙的、表面的和零碎的东西,需要经过审核和整理加工,才能进行分析研究并得出科学的结论。因此,调查资料的整理工作是调查过程中的一个必不可少的环节。本项目包含以下三个任务:

任务一 确认资料数据
任务二 编码与录入数据
任务三 列示市场调查资料

任务一　确认资料数据

一、资料整理方案的内容

各项目小组面对回收回来的大量问卷，该从哪里入手呢？能不能各自着手开始进行问卷整理呢？项目组长应该组织大家干什么呢？

什么是资料的整理？

资料的整理是指对通过各种方法收集到的资料加以整理、分析及统计运算，把庞大的、复杂的、零散的资料集中简化，使资料变成易于理解和解释的形式。简言之，资料整理就是通过一系列的操作将收集到的第一手资料或是第二手资料转变成数据结果，以便于研究者了解、揭示其中的含义，使之成为更适用、价值更高的信息，为下一阶段的统计分析做准备。

（一）确定数据资料的审核和校对标准

设计和编制资料整理方案是保证统计资料的整理有计划、有组织进行的重要一步。资料的整理往往不是整理一个或两个指标，而是整理多个有联系的指标所组成的指标体系。对原始资料进行审核是为了保证质量。

资料的审核必须遵守资料整理的一般要求，着重资料的真实性、准确性、完整性。资料的真实性要求调查资料来源必须是客观的，也就是调查资料本身的真实性问题，要辨别出资料的真伪，把那些违背常理的、前后矛盾的资料舍去。为了确保资料的准确性，要着重检查那些含糊不清的、笼统的以及互相矛盾的资料。为了确保资料的完整性，要审核调查资料总体的完整性以及每份调查资料的完整性。

在审核中，如发现问题可以分不同的情况予以处理。对于在调查中已发现并经过认真核实后确认的错误，可以由调查者代为更正；对于资料中可疑之处或有错误与出入的地方，应进行补充调查；无法进行补充调查的应坚决剔除那些有错误的资料，以保证资料的真实准确。

（二）明确数据资料的分类和编码规则

对文字资料的分类和对数字资料的分组包括确定分类或分组的标志、分组的具体方法、分布数列的编制等。即根据调查的目的和要求，按照一定标志将所研究的事物或现象区分为不同的类型或组，编制分布数列。

因此，项目小组成员还需要制定数据资料的分类和编码规则，确定分组标志、组距、编码的方法等，才能把问卷中的问题进行统一分类和编码。

（三）确定数据资料的录入方法

在数据录入阶段，对数据资料一般可能只用字母和数字来表示，这样便于资料的录入和处理。编码完毕后，需要选择分析软件录入数据，建立数据库。一般来说，常用的数据处理软件有 SPSS、SAS、Excel 等，SPSS 和 SAS 是专用的统计分析软件，而 Excel 软件属于常用的数据处理工具，使用比较便捷，容易掌握。

为了确保资料整理的统一，便于分析，项目小组成员需要对调查问卷得到的资料进行编码，并确定选用的分析软件，进行数据的录入。

（四）编制所需的基本统计数据样表

在市场调查中，向客户提供的最基本的统计数据样表一般是两部分，首先是反映总体分布情况的频数表，其次是反映被访者背景资料（如性别、年龄段、文化程度、收入段等）的变量与其他问题的交叉分析表。在资料审核与分类工作中，这是一项十分重要的工作，调研人员必须在方案中编制好所需的基本数据样表，才能使得调查的数据获得统一的分类与编制。

（五）确定使用的统计图的形式和数量

在最终呈交的报告中，最好多用直观的统计图来代替比较烦琐的统计表。常用的统计图主要有条形图（或称柱形图）、圆形图、曲线图、象形图等，统计图可以直观地表明事物总体结构及统计指标在不同条件下的对比关系、反映事物发展变化的过程和趋势、说明总体单位按某一标志的分布情况、显示现象之间的相互依存关系。一般在资料审核前，要明确哪些问题需要作图、作什么类型的图等，便于有针对性地整理资料。

项目小组在制订方案的时候，也应当确定调查结果的显示方式，如主要采用直方图、饼图和散点图进行描绘等。

（六）确定采用的统计分析方法

为了准确、客观地描述出所采集资料的特征，调研人员需要采用适当的统计分析方法。常用的统计分析方法有：频率分析、交叉频率分析、描述统计、t 检验、方差分析、相关分析、回归分析、时间序列分析等。

市场调查的问题基本上是单变量分析或是双变量分析。在单变量分析中，常常采用频率分析和单变量分析统计方法。双变量分析可采用相关分析、方差分析和回归分析等。

数据资料可以分为定性资料和定量资料。定性资料在统计方法的运用上比较受到局限，一般只能采用频率分析、非参数检验进行处理。定量资料几乎所有的统计方法（包括描述统计、相关分析、回归分析、方差分析、时间序列分析等）都可以加以运用。

项目小组在制订资料审核与校对方案的时候，需要确定拟采用的统计分析方法，这样可以使资料的整理与汇总更有针对性，便于数据资料的统计分析工作的顺利开展。

课堂活动

设计调查资料的整理方案

各项目小组根据所搜集的问卷情况设计调查资料的整理方案。根据课前的准备，确定各项目需要最终提供哪些信息，进而确定需要编制哪些统计表，绘制哪些统计图以及计算哪些统计指标。教师对各组提交的整理方案进行点评，最终确定合理的问卷整理方案。

二、审核调查问卷

调查资料是资料整理工作的基础,通过对原始资料进行审查核实,可以避免调查资料的遗漏、错误或重复,保证调查资料准确、真实、完整和一致,达到调查资料整理的目的和要求。调查资料审核具体包括完整性、准确性、时效性与一致性审核等方面。审核问卷一般由具有丰富经验的资深审核员进行。

(一)进行完整性审核

完整性审核包括检查应调查的总体单位是否齐全与调查项目(标志)的回答是否完整两个方面。调查问卷的所有问题都应有答案。答案缺失,可能是被调查者不能回答或不愿回答,也可能是调查人员遗忘所致。资料整理人员应决定是否接受该份问卷,如果接受就应马上向原来的被调查者询问,填补问卷的空白;或者询问调查人员有无遗漏,能否追忆被调查者的回答。否则,就应放弃该份问卷,以确保资料的可靠性。

在进行完整性审核时,应注意答案缺失有三种表现:其一是全部不回答;其二是部分不回答;其三是隐含不回答,例如对所有问题都选"A",或都回答"是"等。第一种和第二种容易发现,对第三种情况应仔细辨别、谨慎处理,一旦确认,就应放弃该份问卷。

(二)进行准确性审核

准确性审核可以通过逻辑检查、比较审查法和设置疑问框等方法进行。

(1)逻辑检查是分析标志、数据之间是否符合逻辑,有无矛盾及违背常理的地方,即进行合理性检查。

小案例

某调查问卷的准确性审核

一般情况下,在审核中发现少年儿童年龄段的被调查者的文化程度填写的是大学以上,即属于不合逻辑的情况。

(2)比较审查法是利用指标数据之间的关系及规律进行审查,如地区居民户数不可能大于地区居民人数,地区居民总人数应等于城镇居民人数与农村居民人数之和,产品全国的销售总额应等于其在各省、市、自治区的销售额之和等。

(3)设置疑问框审查则是利用指标之间存在一定的量值与比例关系,通过规定疑问框,审查数据是否有疑问。例如,规定某变量值不低于 0.3 且不高于 0.8,如果数据在此范围之外,即属于有疑问数据,应立即抽取出来并进行审查。操作中应注意疑问框的设置不能相距过大,否则会遗漏有差错的数据;但也不能过小,过小会使大量正确数据被检出来,增加审查的工作量。因此,疑问框的设计应由经验丰富的专家负责,才能取得良好的效果。

(三)进行时效性审核

检查各调查单位的资料在时间上是否符合本次调查的要求,其中包括接受的资料是否延迟,填写的资料是否为最新的资料等,从而避免将失效、过时的信息资料用作决策的依据。

(四)进行一致性审核

检查资料前后是否一致,避免自相矛盾。

小案例

某调查问卷的一致性审核

在某洗发水市场调查中,一名被调查者在某一问题中回答说自己最喜爱某品牌的洗发水,但在回答另一个问题时却说自己经常购买另一品牌的同类产品。显然该被调查者的答案是前后矛盾。对于这种情况,审核人员应决定是再向被调查者询问,还是将这份问卷作为无效问卷剔除。

课堂活动

调查问卷的审核

各项目小组首先根据问卷特点,确定有效问卷、无效问卷和有疑问问卷的判定标准,进而对所收集的问卷进行审核。根据判定标准各项目小组对每组的问卷进行交叉审核,每小组将审核结果进行通报,根据审核结果可以评定各组的调研质量。

三、有问题的问卷处理

通常检查人员会将问卷分成三类:满意的问卷、无效问卷、不满意问卷,以下简要介绍无效问卷和不满意问卷的处理。

(一)无效问卷

虽然有很多措施能够对现场信息搜集过程进行误差的控制,但最后还是有部分资料不能接收。出现以下情况的问卷被视为无效问卷。

1.回答不完全

如果一份问卷至少有三分之一的部分没有回答,这份问卷应视为无效问卷。

2.调查对象不符合要求

有的调查中规定某种类型的人员不能成为调查对象,如果问卷是由这一类人作答,就是无效问卷。

3.答案几乎没有什么变化

答案选择高度一致,即回答没有什么变化。例如,在用5级量表测量的一系列问答题中,只选择了第三个答案。

4.问卷是在事先规定的截止日期以后回收的

这些问卷其回答的可靠性很低,提供的极有可能是虚假信息。虚假信息的危害非常大,甚至比缺乏信息带来的危害还要大,所以这些问卷要全部作废。

(二)不满意问卷

1.检查不满意的答案

(1)字迹模糊。如果调查员记录做得不好,特别是当问卷中开放式问题比较多时,答案就可能字迹模糊。

(2)少量问题回答不完全。如果有些问题没有回答,答案就是不完全的。

(3)前后不一致。有些答案很容易发现是不一致的。

> **小案例**
>
> 某调查问卷的回答前后不一致
>
> 一个被访者回答其月收入为 3 000 元,其每月购置服装消费却为 5 000 元;或一个被访者回答不喜欢这个商场的服务,但其每周来逛这个商场的次数为 3 次等。

(4)模棱两可。一些开放式问题的答案可能是模棱两可的和难于清楚地解释的,可能用了缩写的字或意思不清楚的字。对于要求单一答案的封闭式问题,也可能选择了多个答案。校对人员必须对开放式问题的非标准答案做出判断,还必须判定对某一特定问题的回答中哪些方面有局限性以至毫无用处。如有可能,与被访者再次接触并再次提问那些答案未被认定有价值的问题。

(5)分叉错误。有些市场调查问卷可能有很多的分叉或排除条件。比如,根据对某一个关键问题的答案,要求被访者跳过某段内容,而被访者未按要求回答。

2.不满意问卷处理

找出这些不满意问卷后,我们需要对其进行适当的处理。将不满意的问卷检查出来后,主要采用以下三种办法进行处理:

(1)退回实施现场去获取正确和完整的数据;

(2)按缺失值处理;

> 什么是缺失值?
>
> 缺失值也称缺失数据,是由于被调查者对问题的回答含混不清、错误或未回答,以及由于访问人员的疏漏,未问问题或未做记录,造成数据出现奇异值或缺失。当缺失回答大于 10% 时,必须对其进行必要的处理。常用的方法有平均值替代、相关推测值替代和删除调查对象。例如,借助被调查者对其他问题的回答,推测正确的答案可能是什么。

(3)整个问卷作废。

把不满意的问卷退回实施现场,让调查员再次接触被访者。在商业性的市场调查中,有时候样本量是比较小的,而且被访者是比较容易识别的。不过由于访问时间和所采用的方法的变化,第二次得到的数据和第一次的可能会有些差别。

如果无法将问卷退回实施现场,校对人员就要把不满意的答案按缺失数据来处理。应该注意的是,不满意的问卷与满意的问卷之间一般都会有差异,而且将某份问卷指定为不满意的问卷也可能是主观的。按缺失值处理或将整个问卷作废,都可能会使数据产生偏差。如果研究者决定要作废不满意的问卷,应该向客户报告识别这些问卷的方法和作废的数量。

> **课堂活动**

数据资料的校对

各项目小组对有疑问的问卷进行校对,对有疑问的问卷中不满意的答案进行处理,并将处理结果进行通报。

任务二 编码与录入数据

对于调查得到的数据资料,在进行了审核与整理之后,调研人员就可以着手建立数据库了,数据库的建立是对调研资料进行统计分析,获得调研结论的前提。项目小组现在着手建立数据库的工作。

> **课堂活动**

编码的作用

讨论:为什么不能直接录入问卷答案,而要进行编码呢?

微课
调查数据的编码与录入

一、数据资料的编码工作

编 码

编码是把原始资料转化为符号或数字的资料标准化过程。问卷设计者在编写题目时,给予每个变量和备选答案一个符号或数字代码,称为事前编码。如果问题已经作答,给予每个变量和所选答案一个符号或数字代码,称为事后编码。编码,不但使资料能够被简单方便地输入计算机,更重要的是,合理编码使得不同信息易于分类、理解、计算,使统计计算和结果解释工作更方便。

1.事前编码

事前编码是针对结构性问题的一种编码方法,编码方法相对简单。因为问题事先都已规定备选答案,所以每个问题的每个答案都可以赋予编码,并对答案代码的含义和所在栏目予以说明。

> **小案例**

单项选择题事前编码

Q5:你家里有汽车吗?   1—有   2—没有

这是一道单项选择题,在 1 和 2 两个选项中只能选择一个答案。在这个问题中,代码 Q5 代表题号,代码 1 代表"有",代码 2 代表"没有"。

> 小案例

多项选择题事前编码

Q1：你喜欢的牙膏品牌是（可多选）：
①高露洁　②佳洁士　③中华　④冷酸灵　⑤黑妹　⑥其他

以上是多项选择题（答案可选两个及以上），回答的编码处理方式是将每个选项设为二分变量，即对每个选项给予"0""1"两个编码，选中的标"1"，未被选中的则标"0"。

2.事后编码

事后编码是指问卷调查及回收工作完成以后再进行编码设计。需要进行事后编码的问题主要有两类：封闭性问题的"其他"项；开放性问题或非结构性问题。由于以上两类问题的回答较为复杂，所以一般需要在资料收集完成后，再进行编码设计。事后编码一般需由专业的编码人员进行。

> 小案例

事后编码

回答问卷中"你为什么今后两年内不想购买燃气热水器"时，调查人员收集到以下回答：

1.我可在单位洗澡，没必要买。
2.它们外观不好看，影响卫生间布局。
3.价格高。
4.听说使用有安全隐患。
5.体积太大，厨房里不好安装。
6.燃气热水器使用不方便。
7.我不太了解。
8.安装和维修都比较麻烦，还是不买了。
9.我不喜欢它们的外观，颜色也太单调。

将上述答案合并和编码，见表7-1。

表7-1　　答案合并和编码

回答类别描述	答案序号	分配的数字编码
体积大，外观颜色差	2,5,9	1
价格贵	3	2
使用不方便	6,8	3
使用不安全	4	4
没需求	1	5
不知道	7	6

事后编码应注意以下事项。
(1)调查资料的编码要尽可能保持其内容的翔实性。
(2)编码应采取一一对应的原则，即每个答案对应一个编码，不应交叉重叠。
(3)一些重要项目即使未在问卷中出现，也应进行编码。

> **课堂活动**

事后编码的建立

回答问卷中开放式问题"为什么您喜欢喝这个牌子的啤酒"时,调查人员收集到以下回答:

(1)因为它口味好。

(2)我的所有朋友都喝它。

(3)它经常打折。

(4)喝了其他牌子的啤酒后人会头痛,而喝这个牌子的不会。

(5)我没有想过。

(6)我喜欢它的口味。

(7)它不像其他牌子的啤酒使我的胃不舒服。

(8)我不喜欢其他啤酒的口味。

(9)我总是选这个牌子。

(10)我已经喝了20多年了。

(11)它是大多数同事喝的品牌。

(12)它具有最好的味道。

(13)这是我妻子在食品店中购买的牌子。

(14)它最便宜。

(15)不知道。

(16)没有特别的原因。

根据这些回答,设计事后编码。

二、编制编码本

为了查找、录入以及分析的方便,编码人员要编写编码本,说明各英文字母、数码的意义。录入人员可根据编码本的说明来录入数据;研究人员或电脑程序员根据编码本编写统计分析程序;阅读统计分析结果时,若不清楚各种代码的意义,可以从编码本中查询。

一般来说,编码本不但是编码人员的工作指南,也提供了变量的必要信息。编码本一般包含以下几方面的信息:变量的顺序编号、变量的名称及变量的说明(变量及变量标识)等内容。

> **小案例**

某调查问卷的编码

××市移动公司希望针对高中生开展手机业务,需要了解高中生对手机的看法及使用情况。针对该市高中生设计了"××市高中生手机使用情况调查问卷"并进行了抽样调查,共回收调查问卷180份,其中有效问卷178份。本次调查问卷内容如下:

Q1:您是否拥有手机?

A.是（继续回答）　　　　B.否（结束调查,谢谢）

Q2：您购买的手机价格是多少？

A.300元以下　　　　B.300～500元　　　　C.501～800元

D.801～1 000元　　　E.1 000元以上

Q3：在手机的优点中,您认为最吸引您的位列前三位的分别是：

第一位（　　）　　　第二位（　　）　　　第三位（　　）

A.手机价格便宜　　　B.通话费用较低　　　C.绿色环保,对人体无害

D.款式美观大方　　　E.功能强大　　　　　F.售后服务完善

G.其他

……

Q8：您选购手机时经销商的介绍对您的影响程度是（请在相应位置上打"√"）：

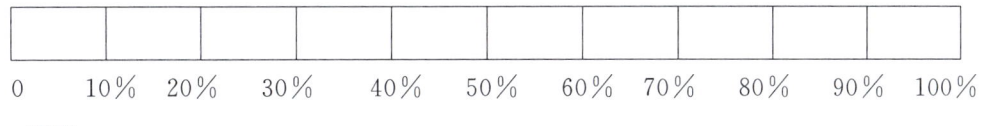

| 0 | 10% | 20% | 30% | 40% | 50% | 60% | 70% | 80% | 90% | 100% |

……

Q13：您的手机都有哪些业务（可多选）？

A.无线上网业务　　　B.短信服务　　　　　C.预付费业务

D.无应答呼叫转移　　E.其他

……

针对以上问题,设计编码表,见表7-2。

表 7-2　　　　　　　　　　编码表

变量序号	题号	变量含义	变量名称	编码说明	变量取值范围
1	—	问卷编号	WJBH	对有效问卷从1～178进行编号	[1,178]
2	Q1	是否拥有手机	Q1	1=有 2=没有	[1,2]
3	Q2	手机的价格	Q2	0=没有回答 1=300元以下 2=300～500元 3=501～800元 4=801～1 000元 5=1 000元以上	[0,5]
4	Q3	吸引力第一位	Q3-1	0=没有回答 1=手机价格便宜 2=通话费用较低 3=绿色环保,对人体无害 4=款式美观大方 5=功能强大 6=售后服务完善 7=其他	[0,7]
		吸引力第二位	Q3-2		
		吸引力第三位	Q3-3		
……	……	……	……	……	……

(续表)

变量序号	题号	变量含义	变量名称	编码说明	变量取值范围
9	Q8	选购手机时经销商介绍的影响程度	Q8	0＝没有回答 1＝0～10% 2＝10%～20% 3＝20%～30% …… 10＝90%～100%	[0,10]
……	……	……	……	……	……
14	Q13	无线上网业务	Q13-1	0＝没有选中 1＝选中	[0,1]
		短信服务	Q13-2		
		预付费业务	Q13-3		
		无应答呼叫转移	Q13-4		
		其他	Q13-5		
……	……	……	……	……	……

课堂活动

编码本的建立

各项目小组对各项目调查整理完的问卷进行编码,建立编码本,各小组将本组的数据编码结果进行通报,并进行交流,最后确定统一的编码本。注意多选题、排序题、开放性问题的编码。

三、数据库的建立

(一)设计数据库的格式

下面就项目小组实施的"××市高中生手机使用情况调查"的结果进行录入。首先要确定记录格式,也就是要设计数据库的格式。

根据编码的结果来设计数据库的结构,在工作区的第1行输入变量名称,第2行到第179行分别输入178份问卷的数据,如图7-1所示。

课堂活动

数据库的建立

各项目小组根据各项目问卷的编码,来设计数据库结构,确定数据库包括多少变量,每一个变量在第几列,每一行代表什么内容,注意多项选择题及排序题的格式。

	A	B	C	D	E	F	G	H	I	J	K	L	M	N
1	WJBH	Q1	Q2	Q3-1	Q3-2	Q3-3	……	Q8	……	Q13-1	Q13-2	Q13-3	Q13-4	Q13-5
2	1													
3	2													
4	3													
5	4													
6	5													
7	6													
8	7													
9	8													
10	9													
11	10													
12	11													
13	12													
14	13													
15	14													
16	15													
17	16													
18	17													
19	18													
20	19													
21	20													
22	21													
23	22													
24	23													

图 7-1　数据库结构

(二)确定数据录入

建立好数据库结构后,我们来进一步确定数据录入。假设问卷编号分别为1、2、3号的三份问卷的原始回答如下,见表7-3。

表 7-3　问卷原始回答

问卷编号题号	Q1	Q2	Q3	……	Q8	……	Q13	……
1	A	A	C、B、A	……	50%~60%	……	A、B、C、D、E	……
2	A	D	E、D、B	……	70%~80%	……	A、B、C	……
3	A	E	D、E、F	……	10%~20%	……	A、B、C、D	……

确定好数据录入格式后,我们准备录入数据,为了避免在数据录入时出现录入无效编码等错误,在录入数据前可以对单元格数据的有效性进行设置。

例如,对于问题Q1,其有效的答案对应的数字编码应该为1到2的整数,如果输入的不是1到2的整数,机器就应该提醒数据录入人员出现问题了。数据有效性的设置步骤如下:

第一步:用鼠标拖动选中的单元格区域B2到B179。

第二步:打开数据菜单,出现下拉菜单,在下拉菜单中单击子菜单"数据有效性",出现对话框,单击"设置"选项卡进行设置,单击"出错警告"选项卡进行出错警告设置,如图7-2~图7-4所示。

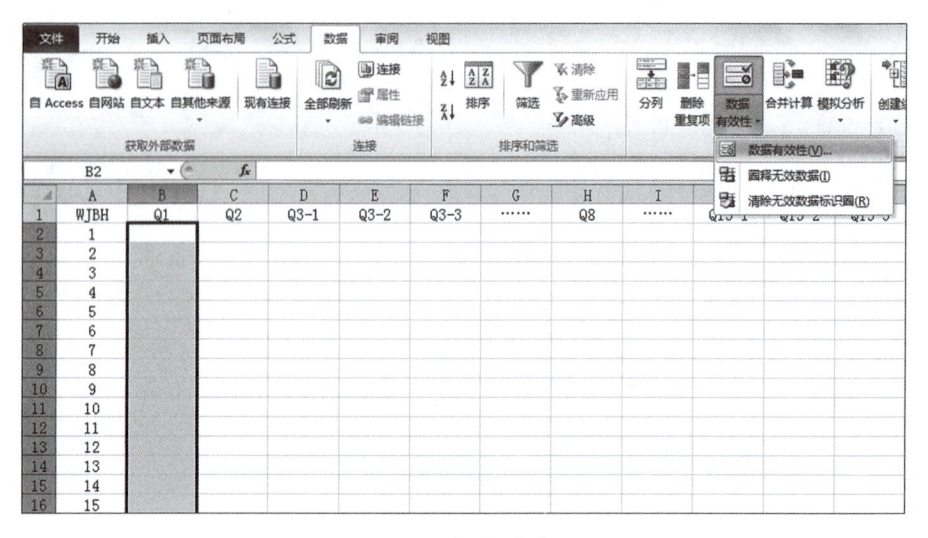

图 7-2　有效性菜单

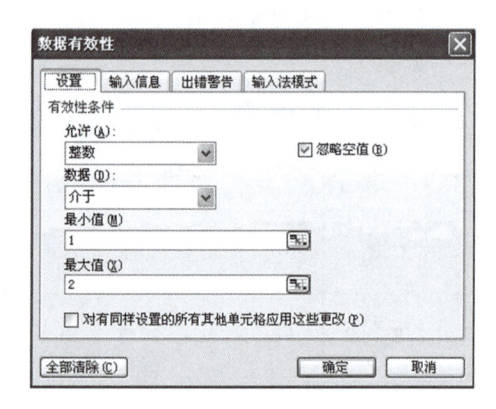

图 7-3　有效性设置

图 7-4　出错警告设置

第三步:输入数据,如果输入的数据不是 1 或 2,将出现警告,应进行修正,如图 7-5 所示。

图 7-5　出错提示

(三) 录入数据

我们对单元格进行了有效性设置后,可以大大降低数据录入过程中的错误。其他变量的有效性设置可以参照上面的步骤进行。将这些准备工作做好后,数据录入人员就可以进行数据录入了。建好的数据库如图 7-6 所示。

图 7-6　数据库

(四) 数据录入注意的问题

数据录入是指将信息从计算机不可识别的形式转换成为计算机能够识别的形式的过程。我们目前利用 Excel 软件来建立数据库,使用键盘录入数据,这样容易产生错误,为了将错误限制到最低水平,下面的几点提示应该是有用的:

(1) 提供给每个录入人员一份记录格式的说明文件;
(2) 开始录入前几份问卷时,研究人员必须在场;
(3) 决不能假定录入人员是懂得如何进行数据录入的;
(4) 如有可能,就对录入的数据进行全面的核查;
(5) 如果全面的核查不可行,就采取抽查的方式。

对录入人员也要进行培训,明确任务的具体要求及注意事项。如果录入的格式没有事先印刷在问卷上,就必须向录入人员提供一份"记录格式",用于明确每个记录包含的变量及其相对位置。在录入工作刚刚开始时,研究人员最好能在场,使录入人员得以提问题。

为了保证高度的准确性,有必要对录入的结果进行核查。全面核查要求每一份问卷都必须录入两次,采用一台核查机和两个录入人员。第二个录入人员将编码的问卷重新录入一遍。两个人录入的数据要进行逐个比较,稍有不同,录入的错误就会被检测出来。但是全面核查时间和费用都要加倍。因此,一般不采用这种全面核查的方式,除非是需要极高的精度。根据时间和费用的限制,以及有经验的录入人员其准确度一般都相当高的事实,通常只抽查 25% 或稍多一些就足够了。

四、缺失数据的处理

缺失数据是由于被调查者对问题的答案的表述含混不清、错误、未作回答,或者由于访问人员疏漏,既未问问题又未做记录,造成的数据奇异值或缺失。在许多情况下,小量的缺失回答是可以容忍的。但是如果缺失值的比例超过了10%,就可能出现严重的问题。处理缺失值主要有四种方法:用一个样本统计量的值代替缺失值;用统计模型计算值代替缺失值;剔除有缺失值的个案;保留有缺失值的个案。

1.用一个样本统计量的值代替缺失值

缺失值可以用一个样本统计量去代替,最典型的做法是使用变量的平均值。这样,由于该变量的平均值保持不变,其他统计量(例如标准差和相关系数等)也不会受很大影响。比如,一个被访者没有回答其收入,那么就用整个样本的平均收入或用该被访者所在的子样本的平均收入代替。不过从逻辑上说,这样做是有问题的,因为被访者如果回答了该问题的话,其答案可能是高于或低于该平均值的。

2.用统计模型计算值代替缺失值

另一种缺失值的处理方法就是利用某些统计模型计算出的比较合理的值来代替缺失值,例如回归模型、判别分析模型等。

3.剔除有缺失值的个案

剔除数据并不是市场调查人员所希望的,因为数据的收集是需要大量的经费和时间的。而且,有缺失回答的被访者与那些全部回答的被访者之间可能会有显著的差异。如果真是如此,这种整个删除的方法会导致严重的偏差。

4.保留有缺失值的个案

实践中这种方法常被研究人员采用,因为如果能满足以下三个条件,这种方法是妥当的:

(1)样本量很大;

(2)缺失值很少;

(3)变量之间不是高度相关的。

不同的缺失值处理方法可能产生不同的结果,特别是当回答的缺失不是随机的以及变量之间高度相关时。因此,应当使缺失数据保持在最低的水平。在选择一种处理缺失数据的方法之前,研究人员应该仔细地考虑各种方法可能产生的后果。如果对缺失数据进行了处理,应该有文件描述,并向客户报告。

任务三　列示市场调查资料

实地调查取得大量反映个体情况的原始资料,对这些原始资料进行科学的分类、汇总整理以后,则可得到反映总体综合情况的统计资料,这些资料数据必须通过有效的方式得以显示,其主要形式是统计表和统计图。

一、统计表的含义和结构

(一)统计表的含义

什么是统计表？

统计表是表现统计资料的一种形式。把经过大量调查得来的统计资料,经过汇总整理以后,按照一定的规定和要求填写在相应的表格内,就形成了一定的统计表。

统计表是以纵横交叉的线条所绘制的表格来表现统计资料的一种形式。广义的统计表包括统计工作各个阶段所用的一切表格。本任务侧重介绍统计整理结果所用的统计表。

用表格的形式来表达数据,比用文字表达更清晰、更简明,便于显示数字之间的联系,有利于进行比较和分析研究。

(二)统计表的结构

统计表的结构从形式上看,是由总标题、横行标题、纵栏标题、数字资料四部分构成的,如图7-7所示。

某大学学生人数统计表

按学历层次分组	数量/人	比例/%
研究生	2 718	12.18
本科生	16 208	72.61
专科生	3 395	15.21
合　计	22 321	100.00

图7-7　统计表的结构

(1)总标题是表的名称,用以概括统计表中全部统计资料的内容,一般写在表的上端中部。

(2)横行标题或称横标目,它说明横行内容,在统计表中通常用来表示各组的名称。它代表统计表所要说明的对象,一般写在表的左侧。

(3)纵栏标题或称纵标目,在统计表中通常用来表示指标的名称,一般写在表的上方。

(4)数字资料是说明总体特征的综合指标数值,列在横行标题与纵栏标题的交叉处。统计表中任何一个数字的内容由横行标题和纵栏标题所限定。

此外,有些统计表还需增列补充资料、注解、附记、资料来源、某些指标的计算方法、填表单位、填表人员以及填表日期等。

(三)统计表的种类

统计表按其主词分组情况不同,可分为简单表、简单分组表和复合分组表。

(1)简单表,是指主词未经任何分组,仅列出总体各单位数的名称或按时间先后顺序简单排列的统计表。

(2)简单分组表,是指主词只按一个标识进行分组的统计表,见表7-4。

表7-4　某地区170家企业利润额分布情况

利润额/万元	数量/家
200~300	29
300~400	40
400~500	52
>500	49
合计	170

(3)复合分组表,是指按两个或两个以上标志进行层叠分组而形成的统计表,见表7-5。

表7-5　某商业大厦三个商场职工的性别和年龄构成　　单位:人

商场类别	职工数量	性别 男	性别 女	年龄 18岁以下	年龄 18~45岁	年龄 46~60岁	年龄 60岁以上
副食品	300	250	50	20	180	90	10
百货	350	200	150	50	240	50	10
五金	280	180	100	30	190	60	0
合计	930	630	300	100	610	200	20

课堂活动

设计统计表

某地区2016—2020年的财政收入依次如下:7 000万元、7 010万元、8 100万元、8 900万元、9 050万元。试根据资料编制一张统计表。

二、统计图

数据资料的统计显示主要通过统计表与统计图来实现,也就是说在进行统计时,除了需要编制统计表,还经常要制作统计图,统计图可以用点、线、面等几何图形直观形象地表达和描述数据或结果。

(一)统计图的结构

统计图示法与统计表等其他方法相比较,具有鲜明直观、形象生动、通俗易懂、一目了然等优点,便于阅读和记忆,给人以明确而深刻的印象,因此,在社会、经济生活中得到广泛应用。

统计图由标题、标目、刻度、图例等部分组成。

(1)标题的作用及要求与统计表的标题相同,其位置在图的下方,若同一篇报告中有两个及以上统计图时,则标题前应有序号。

(2)标目分为纵标目与横标目,分别表示纵轴与横轴数字刻度的意义,一般有度量衡单位。按中文排版习惯,纵标目由上而下,横标目由左向右。如果横轴的分组标志十分明确,也可省略横标目。

(3)刻度指在纵轴或横轴上的坐标。按从小到大的顺序,纵轴刻度数值由下向上排列,横轴刻度数值从左到右排列。常用的刻度有算术尺度和对数尺度两种。为了图形美观,图形的长宽比例习惯上为7∶5或5∶7。

(4)设置图例的目的是使读者能区分统计图中各种图形的意义,图例通常在横标目与标题之间,如果图中有较多空间(如线图),也可放在图中。

(二)统计图的种类及绘制

1.饼图

饼图是最常用的统计图,简单而直观。饼图只适用于单选问题,整张圆饼总计100%,每个部分的面积都表示着该变量对应取值的百分比。饼图可以是平面的,也可以是立体的。

小案例

饼图的制作

第一步,先选定制作饼图的数据源。在Excel工作表中选定数据单元格区域,单击"插入",选择"饼图"工具按钮,将出现对话框,如图7-8所示。

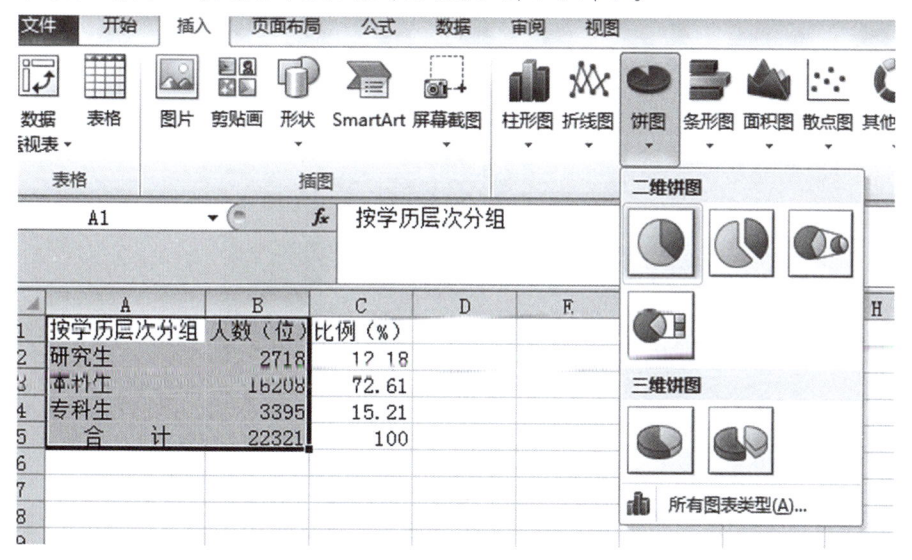

图7-8 选定制作饼图的数据源

第二步,选择合适的饼图类型,制作出一个饼图,然后在饼图图例上单击鼠标右键,选择"设置图表区域格式",如图7-9所示。

第三步,进行系列选项、填充、边框样式及颜色等属性的设置。

市场调查与预测

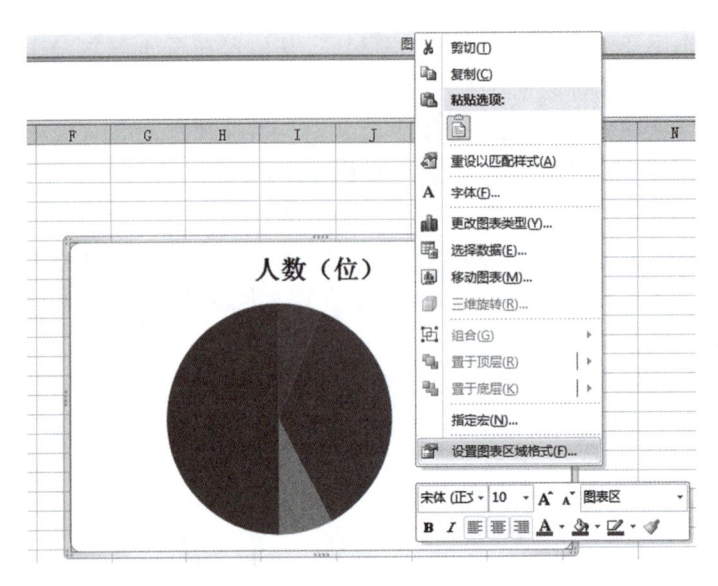

图 7-9　设置图表区域格式

第四步，单击"布局"选项卡，选择"数据标签"，单击"其他数据标签选项"，如图 7-10 所示。根据绘图需要，进行数据标签设置。

图 7-10　设置数据标签格式

第五步，对饼图进行修饰，同样的方法可以制作其他问题的饼图。

2.条形图

条形图是以宽度相等的条形的长度或高度来反映统计资料的。它所表示的统计指标可以是绝对数，也可以是相对数和平均数；可以是不同地区、单位之间的同类现象，也可以是不同时间的同类现象。根据图形的排列方式，条形图可以分为纵式条形图（柱状图）和横式条形图（带形图）；根据图形的内容区分，有单式条形图（图 7-11）、复式条形图、分段条形图等。

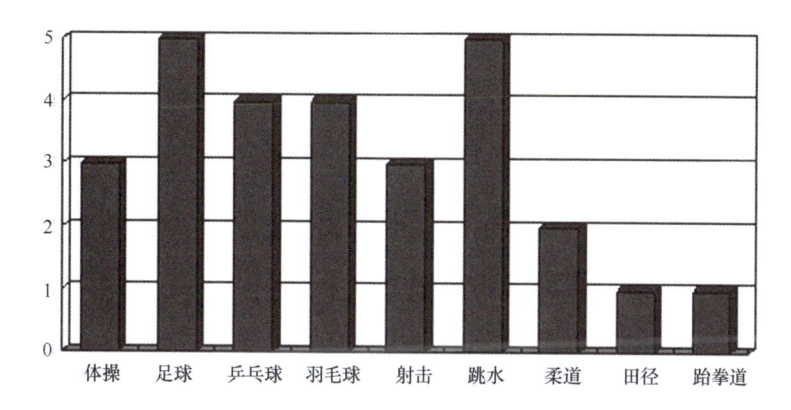

图 7-11　某地区人们对体育运动项目的爱好程度条形图

3.折线图

折线图是用直线段将各数据点连接起来而组成的图形,以折线方式显示数据的变化趋势,如图 7-12 所示。

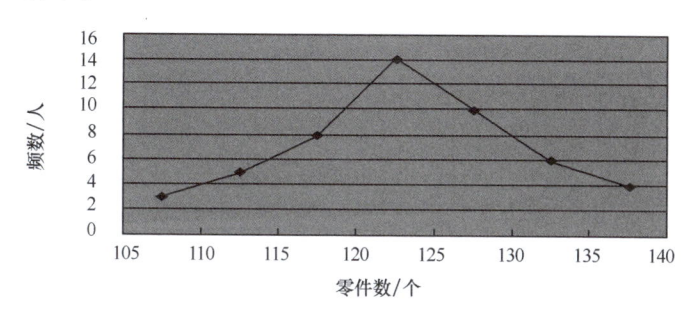

图 7-12　某生产车间 50 名工人日加工零件频数分布折线图

在折线图中,数据是递增还是递减、增减的速率、增减的规律(周期性、螺旋性等)、峰值等特征都可以清晰地反映出来。所以,折线图常用来分析数据的变化趋势,也可用来分析多组数据随时间变化的相互作用和相互影响。

4.直方图

直方图也是最常用的统计图,简单而直观。直方图可以是水平的或垂直的;其长度可以是绝对数,也可以是相对数;根据直观明了的目的,图中项目的排列可以按照问答题中的顺序,也可以按照大小的顺序;直方图可以只表达一个变量的频数或百分比,也可以表达两个变量关系的交叉表的数据结果;直方图适用于单选问题,也可以用于多选问题。

在 Excel 中我们还可以利用"直方图"分析工具来制作直方图。该工具可以同时生成频数统计表和直方图,就不需要我们提前将频数统计表制作好,只要有数据就可以了。

小案例

直方图的制作

某班 50 名学生的市场调查与预测考试成绩数据见表 7-6。

表 7-6 　　　　　　　　　　　考试成绩数据

79	88	78	50	70	90	54	72	58	71
72	80	91	95	91	81	72	61	73	82
97	83	74	61	62	63	74	74	99	84
84	64	75	65	75	66	75	85	67	68
69	75	86	59	76	88	69	77	87	51

直方图的具体制作步骤如下：

第一步，打开 Excel，输入 50 名学生的市场调查与预测考试成绩数据。

第二步，单击"数据分析"（"数据分析"的具体安装方法见项目四），出现对话框，选直方图，单击"确定"按钮，如图 7-13 所示。

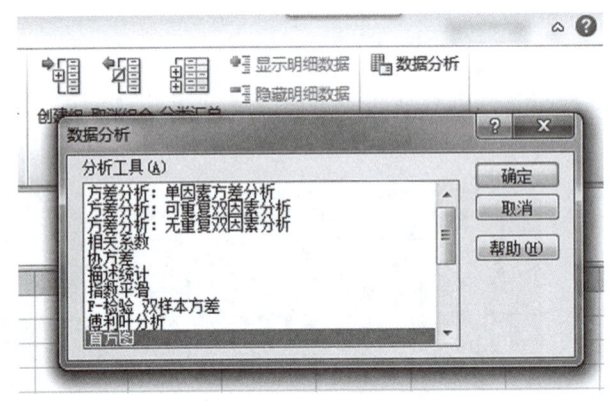

图 7-13　"数据分析"对话框

第三步，选择直方图，选中输入区域，在此输入待分析数据区域的单元格范围；选中接收区域，输入接收区域的单元格范围，如图 7-14 所示。本例中，按照成绩划分为不及格、及格、中等、良好、优秀，所有数据分成 5 组（实际操作中，可以根据数据资料的特点，决定组数、组距和组限），把各组的上限输入接收区域内。

图 7-14　"直方图"对话框

第四步，在"输出选项"中指定要输出的图标位置（本例中，输出区域在同一工作表中显示），选择"累积百分率""图表输出"，单击"确定"按钮，就可得到结果，如图 7-15 所示。

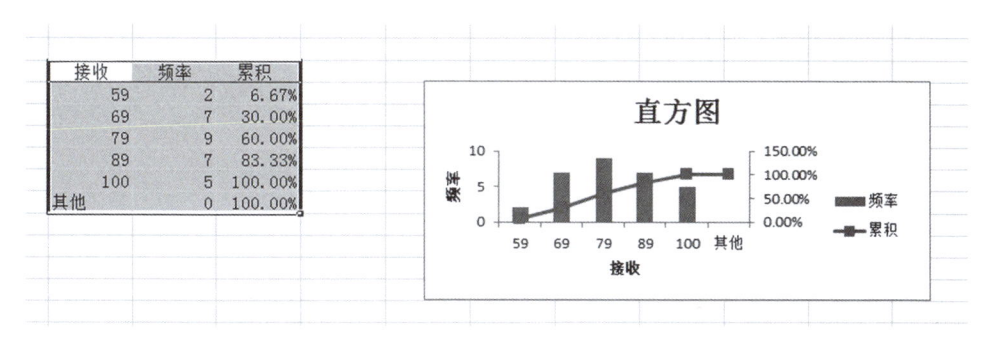

图 7-15　直方图结果

第五步,对结果进行美化(本例中将接收数据"59"更改为"不及格","69"更改为"及格",后续数据类推),及选择"设置数据系列格式"对直方图进行调整,修饰后的图表如图 7-16 所示。

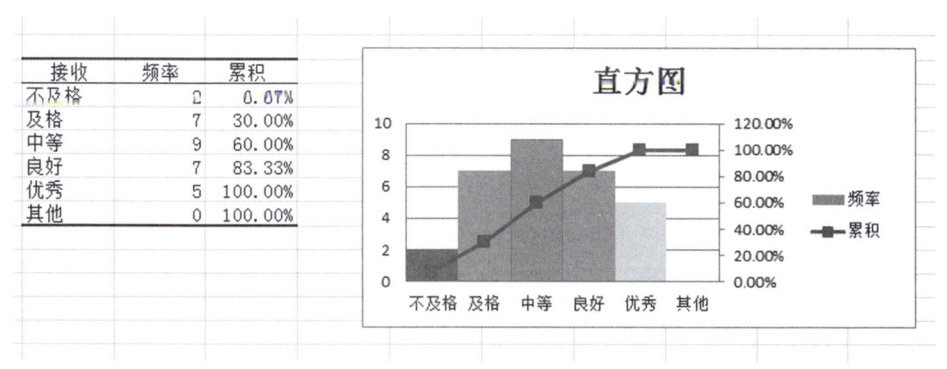

图 7-16　修饰后的图表

5.散点图

散点图与折线图类似,它不仅可以用线段,而且可以用一系列的点来描述数据。散点图除了可以显示数据的变化趋势以外,更多地用来描述数据之间的关系。例如,几组数据之间是否相关,是正相关还是负相关,以及数据之间的集中程度和离散程度如何等,如图 7-17 所示。

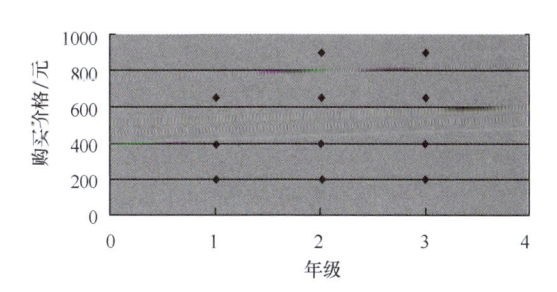

图 7-17　学生年级和购买手机价格关系的散点图

6.象形图

象形图是用人或各种实物的形象来反映统计资料,如用人形符号来反映人口数或劳动力数量,用小电话符号来反映电话的产量或拥有量,用农产品的图片反映其产量或交易量等,一般使用一系列大小相同的象形符号代表一定比例的数据资料。这种方法在各种非专业的宣传资料中运用较多,主要用于不同时间、不同地区(单位)或不同条件下的统计指标的对比,特点是具体形象、鲜明生动,给人印象深刻。

课堂活动

上机实训:统计图的绘制

项目小组根据各项目的调查要求,讨论确定本次调查需要哪些统计图,根据已经建立的数据库,编制所需的统计图。

项目小结

调查问卷回收上来以后,要进行审核编辑、资料分类、数据编码和数据录入等工作。这一过程首先要做的就是确认每份问卷是否有效,这不仅需要对问卷本身进行审核,还需要对一定比例的被访者进行回访。市场调查资料通过编码,录入到计算机中,建立数据库。进行科学的分类、汇总整理以后,则可得到反映总体综合情况的统计资料,这些资料数据必须通过有效的方式得以展示,其主要形式是统计表和统计图。

思考营地

1. 如何理解市场调查资料整理与分析在整个调查工作中的作用?
2. 为什么要进行问卷审核,如何对问卷进行审核?
3. 在实践调查活动中,如果审核中发现了一些有问题的问卷,该怎样处理?
4. 统计图有哪几种类型,常用的有哪些?

案例分析

杜邦公司的"市场瞭望哨"

美国杜邦公司创办于1802年,是世界上著名的大企业之一。经过近200多年的发展,杜邦公司今天所经营的产品包括:化纤、医药、石油、汽车制造、煤矿开采、工业化学制品、油漆、炸药、印刷设备,近年来又涉足电子行业,其销售产品达1 800种之多,多年的研究开发经费达10亿美元以上,研究出1 000种以上的新奇化合物,而且每个月至少从新开发的众多产品中选出一种产品使之商业化。

杜邦公司兴盛200多年的一个重要原因,就是围绕市场开发产品,并且在世界上最早设立了市场环境"瞭望哨"——经济研究室。成立于1935年的杜邦公司经济研究室,由受过专门培训的经济学家组成,以研究全国性和世界性的经济发展现状、结构特点及发展趋势为重点,注重调查、分析、预测与本公司产品有关的经济、政治、科技、文化等市场动向。

除了向总公司领导及有关业务部门做专题报告、口头报告及解答问题外,经济研究室还每月整理出版两份刊物：一份发给公司的主要供应厂家和客户，报道有关信息和资料；另一份内部发行，根据内部经营全貌分析存在的问题，提出解决措施，研究短期和长期的战略规划、市场需求量以及同竞争对手之间的比较。另外每季度还会整理出版一期《经济展望》供总公司领导机构和各部门经理在进行经营决策时参考。

阅读以上材料，讨论：

1. 企业该如何着手对各类资料进行整理和初步分析，才能有益于市场拓展？
2. 我们应该怎样做才能确保资料的有效性？

实战训练

实训操作1：

根据以下的调查问卷分配编制编码表。

Q1：您了解银行信用卡吗？（　　）

A.了解（继续答题）　　B.不了解（仅回答7、8、9、10题即可）

Q2：您对银行信用卡的了解程度如何？（按照了解程度标出顺序号，最了解的标"1"，以此类推）（　　）

　A.中国工商银行牡丹卡　　B.中国农业银行金穗卡　　C.中国银行长城卡

　D.中国建设银行龙卡　　　E.交通银行太平洋卡　　　F.光大银行炎黄卡

　G.中国民生银行民生卡　　H.中信银行中信卡　　　　I.其他

Q3：阻碍您办理信用卡的因素有哪些？（最多选三个）（　　）

　A.申请的途径不方便或是手续麻烦

　B.附近可使用信用卡的消费场所有限，不方便

　C.担心刷卡引起过度消费，造成经济困难

　D.对信用卡不熟悉

　E.其他

……

Q10：您认为自己每月的收支平衡情况为：（　　）

　A.收入＞支出　　B.收入＜支出　　C.收入＝支出　　D.不确定

【实训目标】　通过实训，掌握编码的技巧。

【实训要求】　要求学生能够进一步熟悉常见题型的编码方法。

【实训组织】　学生以个人为单位，进行编码练习；教师针对学生编码过程中出现的具有代表性的问题进行讲评。

【实训成果】　编码表。

实训操作2：

(1) 下面是新星书店2020年第一季度售书情况记录单：

1月售出：文艺书1 620册，科技书2 087册，工具书153册。

2月售出：文艺书4 763册，科技书4 262册，工具书425册。

3月售出：文艺书2 835册，科技书2 247册，工具书363册。

要求：①根据上述资料编制一张统计表。
②根据统计表中的资料把 2020 年第一季度各月的售书情况绘制成条形图。

(2)某新产品上市后 40 天的日销售量资料如下(单位：件)

80,90,63,97,105,52,69,78,109,7,98,92,83,83,70,76,94,81,85,100,70,88,73,8,64,88,61,81,98,89,96,75,88,108,82,67,85,95,58

要求：①试编制等距数列，并计算各组频率。
②绘制次数分布直方图和折线图。

【实训目标】　通过实训，能够进行数据汇总整理并能用适当的图形加以描述。

【实训要求】　要求学生能够进一步熟悉常见的饼图、条形图、折线图、直方图的制作。

【实训组织】　学生以个人为单位，制作图表。

【实训成果】　各类市场调查资料的图、表。

项目八　市场调查资料的分析

知识目标

1. 认识定性分析方法；
2. 认识定量分析方法；
3. 认识市场调查资料分析的意义。

能力目标

1. 根据项目要求定性分析数据资料；
2. 根据项目要求定量分析数据资料；
3. 能够组织市场调查资料分析工作。

任务分解

任务一　数据定性分析
任务二　数据定量分析

任务内容

各项目小组根据所承担的调研项目，将收集的调研问卷进行分析。
1. 选择相关统计指标；
2. 利用 Excel 软件的统计分析功能进行分析。

任务成果

团队通过汇总分析数据库，得出初步的统计分析结论。

市场调查与预测

知识导图

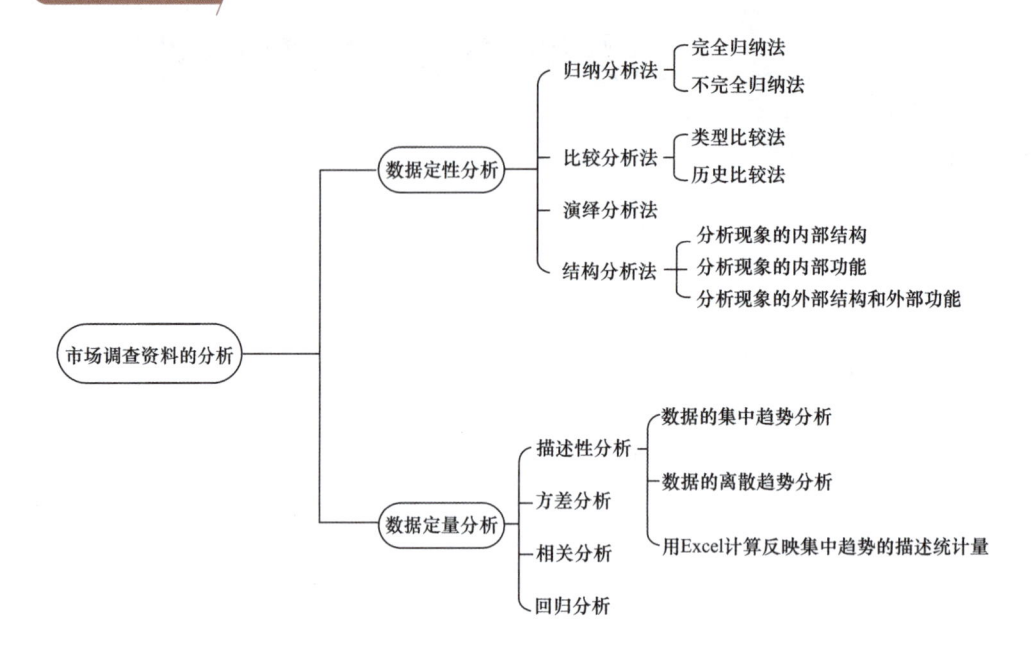

```
                              ┌─ 归纳分析法 ─┬─ 完全归纳法
                              │              └─ 不完全归纳法
                              │
                              │─ 比较分析法 ─┬─ 类型比较法
              ┌─ 数据定性分析 ─┤              └─ 历史比较法
              │               │
              │               │─ 演绎分析法
              │               │
              │               └─ 结构分析法 ─┬─ 分析现象的内部结构
              │                              ├─ 分析现象的内部功能
市场调查资料的分析                            └─ 分析现象的外部结构和外部功能
              │
              │               ┌─ 描述性分析 ─┬─ 数据的集中趋势分析
              │               │              ├─ 数据的离散趋势分析
              │               │              └─ 用Excel计算反映集中趋势的描述统计量
              └─ 数据定量分析 ─┤
                              │─ 方差分析
                              │─ 相关分析
                              └─ 回归分析
```

案例导入

啤酒与尿布

世界零售连锁企业巨头沃尔玛拥有世界上最大的数据仓库系统之一,里面存放了各个门店的详细交易信息。为了能够准确了解顾客的购买习惯,沃尔玛对顾客的购物行为进行了购物篮分析,想知道顾客经常一起购买的商品有哪些,结果有了意外的发现:"跟尿布一起购买最多的商品竟是啤酒!"

这是数据挖掘技术对历史数据进行分析的结果,它符合现实情况吗?是不是一个有用的知识?是否有利用价值?

于是,沃尔玛派出市场调查人员和分析师对这一挖掘结果进行调查分析。经过大量实际调查和分析,揭示了隐藏在"尿布与啤酒"背后的美国人的一种行为模式:一些年轻的父亲下班后经常要到超市去买婴儿尿布,而他们中有30%~40%的人同时也为自己买一些啤酒。产生这一现象的原因是:美国的太太们常叮嘱她们的丈夫下班后为小孩买尿布,而丈夫们在买尿布后又随手带回了他们喜欢的啤酒。

既然尿布与啤酒一起被购买的机会很多,于是沃尔玛就将尿布与啤酒并排摆放在一起,结果是尿布与啤酒的销售量双双增长。

按常规思维,尿布与啤酒风马牛不相及,若不是借助数据挖掘技术对大量交易数据进行挖掘分析,沃尔玛是不可能发现数据中这一有价值的规律的。

讨论:如何从浩如烟海却又杂乱无章的数据中,发现啤酒和尿布销售之间的联系呢?这给我们什么样的启示?

任务明确

整理调查资料,确保数据的有效性。对市场调查活动收集到的数据资料进行了初步的图表化处理后,为了使这些资料服务于调查结论的提出,还必须对其进行具体、深入的分析,才能使这些资料说明一定问题,有实际意义,最终应用于市场调查活动实际。本项目包含以下两个任务:

任务一　数据定性分析
任务二　数据定量分析

任务一　数据定性分析

"定性",顾名思义,就是确定问题的性质。定性分析就是要确定数据资料的性质,是对构成事物"质"的有关因素进行理论分析和科学阐述的一种方法。

什么是定性分析?

定性分析是指人们根据事实,运用经验、判断能力、逻辑思维方法、哲学方法和相关专业理论,对现象进行判断、归纳、演绎和概括,得出对事物的本质和规律性的认识和方法体系。

定性调查常用来确定市场的发展态势与市场发展的性质,主要用于市场探究性分析。定性调查是市场调查和分析的前提和基础,没有正确的定性分析,就不能对市场做出科学和合理的描述,也不能建立起正确的理论假设,定量调查也就因此失去了理论指导。

常见的定性分析方法有归纳分析法、比较分析法、演绎分析法、结构分析法等。

一、归纳分析法

归纳分析法分为完全归纳法和不完全归纳法两类。

(一)完全归纳法

根据调查问题中的每个对象的某种特征属性,概括出该类问题的全部对象整体所拥有的本质属性。应用完全归纳法要求分析者准确掌握某类问题全部对象的具体数量,而且还要调查每个对象,了解它们是否具有所调查的特征。但在实际应用之中,调查者往往很难满足这些条件,因此完全归纳法的使用范围受到一定的限制。

(二)不完全归纳法

1.简单枚举法

简单枚举法是根据目前调查所掌握的某类问题一些对象具有的特征,并且没有个别不同的情况,来归纳出该类问题整体所具有的该种特征。这种方法是建立在应用人员经验的基础上的,操作简单易行。但简单枚举法的归纳可能会出现偶然性,要提高结论的可靠性,则分析考察的对象就应该尽量多一些。

2.科学归纳法

科学归纳法是根据某类事物中的部分对象与某种属性之间的必然联系,推论出该类事物的所有对象都具有某种属性的归纳方法。

> **小案例**
>
> **国产手机的市场占有率**
>
> 某调查公司针对手机使用的调查表明,所调查的1 000名消费者中有860名使用国产手机品牌。根据这一调查结果,得出这样的结论:国产品牌手机市场占有率达86%。

二、比较分析法

比较分析法也称为对比分析法,是通过对各种现象或事物的比较,找出其异同点,从而分清事物和现象的特征及其相互联系的思维方法。

在市场调查中,就是把两个或两类问题的调查资料相对比,确定它们之间的相同点和不同点。市场调查的对象不是孤立存在的,而是和其他事物存在着或多或少的联系,并且相互影响,而比较分析有助于找出调查事物的本质属性和非本质属性。

在运用比较分析法时要注意:比较分析可以在同类对象间进行,也可以在异类对象间进行;比较分析对象应具有可比性;比较分析应该是多层次的。常见的比较分析法有类型比较法和历史比较法。

(一)类型比较法

类型比较法是对各种类型进行比较的方法。这种方法有两个作用:一是由点到面,由个别到一般,逐步地建立类型,由此上升到对整体的一般性认识;二是抽象出事物的本质特征,以便比较和认识表面上差异极大或表面上很相似的现象。

(二)历史比较法

历史比较法是对不同时期现象的异同点进行比较和分析,由此揭示现象的发展趋势和发展规律的方法。

> **小案例**
>
> **宠物市场发展趋势分析**
>
> 某市场咨询服务公司通过调查得到以下数据:中国宠物市场规模在2018年达到1 780亿元,2019年达到2 212亿元,2020年达到2 953亿元,年复合增长率达到20%。该市场咨询服务公司认为,随着宠物饲养观念的广泛普及和宠物行业延伸服务的挖掘,中国宠物市场空间将进一步扩大。

三、演绎分析法

市场调查中的演绎分析法,就是把调查资料的整体分解为各个因素、各个方面,形成分类资料,并通过对这些分类资料进行研究,分别把握其特征和本质,然后将这些通过分类研究得到的认识联结起来,形成对调查资料整体和综合性认识的逻辑方法。使用时需要注意,演绎的前提要正确,推理的过程要合理,而且要有创造性思维。

> **小案例**

日本丰田公司对低油耗车型需求的演绎

20 世纪 60 年代,日本丰田公司就对世界上主要汽车生产国生产的汽车型号、能源消耗的情况进行过市场调查。结果,调查发现各国生产的汽车油耗普遍较高,而石油资源是不可再生资源。于是意识到:一旦发生能源危机,小排量、低油耗汽车一定畅销。于是其很快在调查的基础上做出决策,上马低油耗车型的生产项目。结果,1973 年石油危机爆发,丰田公司生产的低油耗车型大举进入美国市场,占据了很大市场份额。

四、结构分析法

任何事物都可以分解成若干部分、方面和因素,构成事物的这些部分之间都有一种相对稳定的联系,称为结构。各部分通过相互联系、相互影响对其本身事物或外部其他事物产生作用和影响。结构分析法就是通过分析某现象的结构和各组成部分的功能,从而进一步认识这一现象本质的方法。

(一)分析现象的内部结构

主要分析各部分之间的比例以及所起的作用大小,分析哪些作用是主要的,哪些作用是次要的。通过分析加深对这一事物的认识并确定对其施加影响的切入点。

> **小案例**

学历与旅游

根据对 1 000 名被调查者的调查,受过大学及以上教育程度的 250 人中,32% 的人每年至少旅游 1 次;低于大学教育程度的 750 人中,只有 10% 的人每年旅游至少 1 次。因此,可得出结论:受过大学及以上教育程度的人群中旅游的比例是低于大学教育程度的人群中旅游的比例的 3 倍多。

结构分析法是从结构分析导出定性结论。

(二)分析现象的内部功能

分析现象的内部功能包括确定功能关系的性质,研究功能存在的必要条件,揭示满足功能的机制,即促使各因素之间发生相互影响和作用的手段和方法。

(三)分析现象的外部结构和外部功能

主要分析研究对象在整个特定系统或宏观环境中的地位和作用,分析其与其他现象的相互关系和相互作用,它与外部环境(如制度、政策、市场、社会风气等方面)之间的相互影响。

任务二　数据定量分析

定量分析方法是指从事物的数量方面入手，运用一定的统计分析或数学分析方法进行数量对比研究，从而挖掘出事物的数量中所包含的事物本身的特征和规律性的分析方法，即从数据的对比研究中得出分析研究的结论和启示。常见的定量分析方法有描述性分析、方差分析、相关分析、回归分析等。

一、描述性分析

描述性分析是一种非常有效的概括大规模数据特征的方法，在统计研究中有着广泛的应用。市场调查分析中最常用的描述性分析主要包括数据的集中趋势和离散趋势分析，如图 8-1 所示。

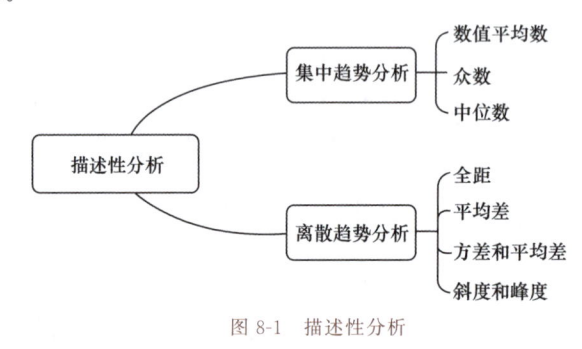

图 8-1　描述性分析

什么是描述性分析？
　　描述性分析属定量分析，是指对调查数据做相应的整理、加工和概括，用来描述总体特征的一种统计分析方法。

（一）数据的集中趋势分析

数据的集中趋势分析在于揭示被调查者回答的集中程度，通常用最大频数或最大频率对应的类别选项来衡量。数据的集中趋势是指大部分变量值趋向于某一点，将这点作为数据分布的中心，数据分布的中心可以作为整个数据的代表值，也是准确描述总体数量特征的重要内容。

总体各单位的数据分布既有差异性，又有集中性。它反映了社会经济状况的特性，即总体的社会经济数量特征存在着差异，但客观上还存在着一个具有实际经济意义的、能够反映总体中各单位数量一般水平的数值。描述性分析就是用来找出这个数值的。描述数据分布中心的统计量，常用的有数值平均数、众数、中位数等。

1.数值平均数

数值平均数是同质总体内的个体在一定时间、地点、条件下所达到的一般水平，是反映现象总体综合数量特征的重要指标，又称为平均指标。

小案例

计算平均数

某个生产小组有10名工人,由于是计件取酬的,所以他们的工资各不相同,分别是1 000元、1 480元、1 540元、1 600元、1 650元、1 650元、1 740元、1 800元、1 900元、2 500元。要说明这10名工人的工资的一般水平,显然不能用某一个工人的工资作代表,而应该计算他们的平均工资,用其作为代表值。

$$平均工资 = \frac{1\,000 + 1\,480 + 1\,540 + \cdots + 1\,900 + 2\,500}{10} = 1\,686(元)$$

这个1 686元是在这组10名工人的工资基础上计算出来的,彼此之间工资上的差异在计算过程中被抽象化了,结果得到的就是这10名工人工资的一般水平,即找到了一个代表值。

数值平均数有三种形式:算术平均数、调和平均数和几何平均数。

(1)算术平均数

算术平均数是个体的某个数量标志的总和与个体总数的比值,一般用符号 $\bar{x}$ 表示。算术平均数是集中趋势中最主要的测度值。它的基本公式是

$$算术平均数 = \frac{某数量标志的总和}{对应的个体总数}$$

由于所掌握的资料形式不同,算术平均数可以分成简单算术平均数和加权算术平均数。

①简单算术平均数

简单算术平均数是根据未经分组整理的原始数据计算的算术平均数。设一组数据为 $x_1, x_2, \cdots, x_n$,则其简单算术平均数是

$$\bar{x} = \frac{x_1 + x_2 + \cdots + x_n}{n} = \frac{\sum_{i=1}^{n} x_i}{n} \tag{8-1}$$

小案例

计算简单算术平均数

5名学生的身高分别为1.65米、1.69米、1.70米、1.71米和1.75米,求他们的平均身高。

解 $\bar{x} = \dfrac{\sum_{i=1}^{n} x_i}{n} = \dfrac{\sum_{i=1}^{5} x_i}{5} = \dfrac{1.65 + 1.69 + 1.70 + 1.71 + 1.75}{5} = 1.70(米)$

简单算术平均数之所以简单,就是因为各项变量值出现的次数均相同,比如每个变量值出现的次数都是1。因此,只要把各项变量值简单相加再用项数去除就可求出平均数。

②加权算术平均数

加权算术平均数是根据分组整理的数据计算的平均数。设原始数据被分成 n 组,各

组的变量值分别为 $x_1, x_2, \cdots, x_n$,各组变量值出现的次数分别为 $f_1, f_2, \cdots, f_n$,则其加权算术平均数是

$$\overline{x} = \frac{x_1 f_1 + x_2 f_2 + \cdots + x_n f_n}{f_1 + f_2 + \cdots + f_n} = \frac{\sum\limits_{i=1}^{n} x_i f_i}{\sum\limits_{i=1}^{n} f_i} \tag{8-2}$$

计算加权算术平均数运用的变量数列资料有两种:单项变量数列和组距变量数列。单项变量数列直接对各组变量值进行加权平均计算;组距变量数列需要先求出各组变量值的组中值,然后,对组中值进行加权平均计算。

小案例

计算加权算术平均数

根据某车间职工加工零件的资料,计算平均每个工人的零件生产量,资料见表8-1。

表 8-1　　　　　某车间职工加工零件平均数计算表

按零件数分组/个	职工人数 f/人	人数比重	组中值 x/个	xf/个
40~50	20	0.10	45	900
51~60	40	0.20	55	2 200
61~70	80	0.40	65	5 200
71~80	50	0.25	75	3 750
81~90	10	0.05	85	850
合计	200	1.00	—	12 900

解 根据公式(8-2),得

$$\overline{x} = \frac{\sum\limits_{i=1}^{n} x_i f_i}{\sum\limits_{i=1}^{n} f_i} = \frac{12\,900}{200} = 64.5(\text{个})$$

从以上计算过程可以看出,次数 f 的作用是:当变量值比较大的次数多时,平均数就接近于变量值大的一方;当变量值比较小的次数多时,平均数就接近于变量值小的一方。可见,次数对变量值在平均数中的影响起着某种权衡轻重的作用,因此又被称为权数。

但是,如果各组的次数(权数)均相同,即 $f_1 = f_2 = \cdots = f_n$ 时,则权数权衡轻重的作用也就消失了。这时,加权算术平均数会变成简单算术平均数,即

$$\overline{x} = \frac{\sum\limits_{i=1}^{n} x_i f_i}{\sum\limits_{i=1}^{n} f_i} = \frac{f \sum\limits_{i=1}^{n} x_i}{fn} = \frac{\sum\limits_{i=1}^{n} x_i}{n} \tag{8-3}$$

可见,简单算术平均数实质上是加权算术平均数在权数相等条件下的一个特例。

简单算术平均数其数值的大小只与变量值的大小有关。加权算术平均数其数值的大小不仅受各组变量值大小的影响,而且还受各组变量值出现的次数(权数)大小的影响。

(2)调和平均数

在统计分析中,有时会由于种种原因没有频数的资料,只有每组的变量值和相应的标志总量。这种情况下就不能直接运用算术平均的方法来计算了,而需要以迂回的形式,即用每组的标志总量除以该组的变量值推算出各组的单位数,才能计算出平均数,我们可以用调和平均的方法完成这个计算。

调和平均数是各变量值倒数的算术平均数的倒数。由于它是根据变量值倒数计算的,所以又称作倒数平均数,通常用 $\overline{x}_H$ 表示。根据掌握的资料不同,调和平均数可分为简单调和平均数和加权调和平均数两种。

①简单调和平均数

简单调和平均数是根据未经分组的资料计算的平均数。我们先来看一个最简单的例子。

小案例

计算简单调和平均数

某种蔬菜在早、中、晚的价格分别为每千克 0.5 元、0.4 元、0.2 元,若早、中、晚各买 1 千克,其平均价格用简单算术平均数计算,结果是 0.37 元。但若早、中、晚各买 1 元钱的量,其平均价格是多少?

提示:先把总重量计算出来,然后再将总金额除以总重量。

解
$$\text{平均价格} = \frac{\text{总金额}}{\text{总重量}} = \frac{1+1+1}{\frac{1}{0.5}+\frac{1}{0.4}+\frac{1}{0.2}} = \frac{3}{9.5} \approx 0.32(\text{元})$$

用公式表达即

$$\overline{x}_H = \frac{n}{\frac{1}{x_1}+\frac{1}{x_2}+\cdots+\frac{1}{x_n}} = \frac{n}{\sum_{i=1}^{n}\frac{1}{x_i}} \tag{8-4}$$

事实上简单调和平均数是权数均相等条件下的加权调和平均数的特例。当权数不等时,就需要进行加权了。

②加权调和平均数

设 m 为加权调和平均数的权数,加权调和平均数的计算公式为

$$\overline{x}_H = \frac{m_1+m_2+\cdots+m_n}{\frac{m_1}{x_1}+\frac{m_2}{x_2}+\cdots+\frac{m_n}{x_n}} = \frac{\sum_{i=1}^{n}m_i}{\sum_{i=1}^{n}\frac{m_i}{x_i}} \tag{8-5}$$

小案例

加权调和平均数

仍以计算蔬菜的平均价格为例,如果现在早、中、晚所花钱数不再是 1 元钱,而分别是 4 元、3 元、2 元(见表 8-2),求购进的该种蔬菜的平均价格。

表 8-2　　　　　　　　　蔬菜的平均价格计算表

时间	单价 x（元/千克）	所花钱数 m（元）	购买量 m/x（千克）
早	0.5	4	8
中	0.4	3	7.5
晚	0.2	2	10
合计	—	9	25.5

解　平均价格 $\overline{x}_H = \dfrac{\sum\limits_{i=1}^{n} m_i}{\sum\limits_{i=1}^{n} \dfrac{m_i}{x_i}} = \dfrac{9}{25.5} \approx 0.35$（元）

（3）几何平均数

几何平均数是 n 个变量值连乘积的 n 次方根。几何平均数是计算平均比率和平均速度最适用的一种方法,通常用 $\overline{x}_G$ 表示。根据掌握的数据资料不同,几何平均数可分为简单几何平均数和加权几何平均数两种。

①简单几何平均数是根据未经分组的资料计算平均数。几何平均数的计算公式如下

$$\overline{x}_G = \sqrt[n]{x_1 \cdot x_2 \cdot \cdots \cdot x_n} = \sqrt[n]{\prod_{i=1}^{n} x_i} \tag{8-6}$$

小案例

计算简单几何平均数

某产品的生产需要经过六道工序,每道工序的合格率分别为 98％、91％、93％、98％、98％、91％,求这六道工序的平均合格率。

解　因为成品的合格率等于各道工序产品合格率的连乘积,所以要用几何平均数来计算这六道工序的平均合格率,即

$$\overline{x}_G = \sqrt[6]{98\% \times 91\% \times 93\% \times 98\% \times 98\% \times 91\%} \approx 94.78\%$$

②加权几何平均数

当掌握的数据资料为分组资料,且各个变量值出现的次数不相同时,要用加权方法计算几何平均数。加权几何平均数的公式为

$$\overline{x}_G = \sqrt[f_1+f_2+\cdots+f_n]{x_1^{f_1} \cdot x_2^{f_2} \cdot \cdots \cdot x_n^{f_n}} = \sqrt[\sum\limits_{i=1}^{n} f_i]{\prod_{i=1}^{n} x_i^{f_i}} \tag{8-7}$$

小案例

计算加权几何平均数

某市自 2007 年以来的 14 年,各年的工业增加值的增长率资料见表 8-3,计算这 14 年的平均增长率。

表 8-3　　　　　几何平均数计算表

时　间	年数	工业增加值的增长率(%)
2007—2010 年	4	10.2
2011—2015 年	5	8.7
2016—2020 年	5	9.6
合　计	14	—

解　(1)根据公式(8-7)计算平均发展速度

$$\overline{x}_G = \sqrt[f1+f2+\cdots+fn]{x_1^{f1} \cdot x_2^{f2} \cdot \cdots \cdot x_n^{fn}} = \sqrt[4+5+5]{110.2\%^4 \times 108.7\%^5 \times 109.6\%^5}$$
$$\approx 109.45\%$$

(2)还原成平均增长率

平均增长率=平均发展速度－100%＝109.45%－100%＝9.45%

2.众数

众数是数据中出现次数最多的变量值,也是测定数据集中趋势的一种方法,它克服了平均数指标会受数据中极端值影响的缺陷。在市场调查得到的统计数据中,众数能够反映大多数数据的代表值,可以使我们在实际工作当中抓住事物的主要问题,有针对性地解决问题。要注意的是,由于众数只依赖于变量出现的次数,所以对于一组数据,可能会出现两个或两个以上的众数,也可能没有众数。同时,众数虽然可以用于各种类型的变量,但是对于定序和定距的变量,用众数描述数据的分布中心会损失很多有用的信息,所以一般只用众数描述定类变量的分布中心。

在调查实践中,有时没有必要计算算术平均数,只需掌握最普遍、最常见的标志值就能说明社会经济现象的某一水平,这时就可以采用众数。

小案例

众数

在市场调查数据资料分析中,众数就是列出的所给数据中出现次数最多的那个,比其他数据出现的频率都高。如果数据出现的个数一样,或者每个数据都只出现一次,那么,这组数据中,众数可以不止一个或者没有。

甲组数据:2、2、3、3、4 的众数是多少?(2,3)

乙组数据:1、2、3、4 的众数是多少?(没有)

3.中位数

中位数是将数据按某一顺序(从大到小或从小到大)排列后,处在中间位置的数值。

小案例

中位数

某企业委托市场调查公司对顾客在某一时间段内购买其生产的日用品次数进行调查。15 个顾客的调查结果按次数排序是:

市场调查与预测

$$0、0、0、0、1、1、1、1、1、2、2、2、3、7、9$$

则它们的中位数为1。

在这次调查中,中位数为1说明被调查人群中在本店购买行为的常态为1次。

计算中位数很简单,对于 N 个数据,若 N 为奇数,则排序之后的第 $(N+1)/2$ 位置的数据就是中位数;若 N 是偶数,则排序后的第 $N/2$ 位置的数据与 $N/2+1$ 位置的数据的平均值就是中位数。在中位数的应用中,因为先进行了排序,所以对于定序变量的分布中心,中位数是一个很好的统计量。但是,在这里中位数不适用于定类变量,因为定类变量无法排序。

另外,中位数是将定序数据分成了两等份,我们如果将其划分为相等的四部分,就可以得到三个分位点,这三个分位点由大到小依次称为第一四分位点、第二四分位点和第三四分位点。在将来的应用当中,我们可能会根据不同的需要对数据进行更多的划分,但具体原理和过程都是不变的。

数值平均数、众数和中位数都是反映总体一般水平的平均指标,彼此之间存在着一定的关系,但其各自含义不同,确定方法各异,适用范围也不一样。在实际应用中,应注意对这几个指标的特征进行细致的把握,根据不同的调查数据类型,采用不同的指标进行分析,以期能够把被调查总体数据的集中趋势最准确地描述出来。

课堂讨论

1. 众数、中位数一定存在吗?
2. 平均数、众数、中位数应用场合是什么?

(二) 数据的离散趋势分析

如果需要用一个数值来概括变量的特征,那么集中趋势的统计就是最合适的。所谓集中趋势,就是一组数据向一个代表值集中的情况。

但仅有集中趋势的统计还不能完全准确地描述各个变量,这是因为它没有考虑到变量的离散趋势。所谓离散趋势,是指一组数据之间的离散程度。其最常用的统计量是标准差,它是一组数据中各数值与算术平均数相减之差的平方和的算术平均数的平方根。

在描述性分析中,集中趋势的统计量包括数值平均数、众数、中位数,离散趋势则包括全距、平均差、方差和标准差。集中趋势体现了数据的相似性、同质性,离散趋势体现了数据的差异性、异质性。

什么是数据的离散程度分析?

数据的离散程度分析是指数据在集中分布趋势状态下,同时存在的偏离数值分布中心的趋势。离散程度分析是用来反映数据之间的差异程度的。

1. 全距

全距是所有数据中最大数值和最小数值之差,即

全距＝最大值－最小值

小案例

全距

某公司 2020 年每月销售记录见表 8-4。

表 8-4　　　　　　　某公司 2012 年每月销售记录　　　　　单位：万元

1月	2月	3月	4月	5月	6月	7月	8月	9月	10月	11月	12月
83	91	79	88	89	90	83	85	87	88	89	90

全距就为 91－79＝12(万元)。

因为全距是数据中两个极端值的差值，不能反映中间数据变化的影响，只受最大值和最小值的影响，所以它是一个粗略的测量离散程度的指标，在实际调查中，主要用于离散程度比较稳定的调查数据。同时，全距可以一般性地检验平均值的代表性大小，全距越大，平均值的代表性越小；反之，平均值的代表性越大。

2. 平均差

平均差即平均离差，通常用 M_D 表示，是总体各单位标志值与其算术平均数离差绝对值的算术平均数。它也可以反映平均数代表性的大小，由于平均差的计算涉及了总体中所有的数据，因而能够更加综合地反映总体数据的离散程度。其计算公式为

$$M_D = \frac{\sum_{i=1}^{n}|x-\overline{x}|}{n} \tag{8-8}$$

式中：$|x-\overline{x}|$ 代表离差，即每一个标志值与平均指标之间的差数；n 为离差的项数。可以看到，平均差受数据的离散程度和总体的平均指标两个因素的共同影响。所以，当需要对比两个总体变量的离散程度时，如果它们的平均指标水平不同，就不能简单地直接用两个平均差来对比。另外，平均差具有和平均指标相同的计量单位，所以，若计量单位不同，平均差也不能直接比较。这里，可以引入平均差系数的方法。

平均差系数就是将平均差除以相对应的平均指标得到的数值。因为平均差系数计算出来的结果是一个相对数，所以就解决了以上平均差的局限，可以应用于比较两个平均指标水平不同的总体。

3. 方差和标准差

标准差反映的是每一个个案的分值与平均的分值之间的差距，简单来说，就是平均差异有多大。标准差越大表示差异越大。方差和标准差之间是平方的关系。这两个指标都是反映总体中所有单位标志值对平均数的离差关系，是测定数据离散程度最重要的指标，其数值的大小与平均数代表性的大小是反方向变化的。

样本的方差是所有观测值与均值的偏差平方和除以样本量减 1，具体计算公式是

$$s^2 = \frac{1}{n-1}\sum_{i=1}^{n}(x_i-\overline{x})^2 = \frac{1}{n-1}\left[\sum_{i=1}^{n}x_i^2 - n\overline{x}^2\right] \tag{8-9}$$

我们可以看到，计算方差时用到了所有的数据。方差越小，数据的离散程度越小。

样本的标准差是方差的平方根，公式为

$$s = \sqrt{\frac{\sum_{i=1}^{n}(x_i - \overline{x})^2}{n-1}} \tag{8-10}$$

我们应该注意的是，方差的单位是观测数据单位的平方，即标准差的单位与观测数据的单位相同。

4.斜度和峰度

斜度和峰度用于描述调查数据的分布与正态分布之间的差异程度。

斜度又称偏度，表示分布的不对称程度和方向。如果分布是对称的，斜度为0；如果偏向左边，斜度为正；如果偏向右边，斜度为负。不对称的程度越厉害，斜度与零的偏离就越大。

峰度表示分布与正态分布曲线相比的冒尖程度或扁平程度。如果分布与正态曲线的形状相同，峰度为0；如果比正态曲线瘦高，峰度是正的；如果比正态曲线扁平，峰度是负的。

（三）用Excel计算反映集中趋势的描述统计量

1.Excel软件提供的分析工具

对于一组数据，要想获得它们的一些常用统计量，可以使用Excel软件提供的统计函数来实现。例如AVERAGE(平均值)、STDEV(样本标准差)、VAR(样本方差)、KURT(峰度系数)、SKEW(偏度系数)、MEDIAN(中位数，即在一组数据中居于中间的数)、MODE(众数，即在一组数据中出现频率最高的数值)等。

2.Excel软件计算统计指标的方法

Excel提供的数据分析工具"描述统计"，可以让我们一次性获得常用的描述统计量。Excel软件计算的步骤如下：

(1)打开文件或者键入数据，准备好需要计算的数据；

(2)打开"数据分析"对话框；

(3)选择其中的"描述统计"，打开对话框，如图8-1所示；

(4)正确填写完相关信息后，单击"确定"按钮，结果将放置在定义的输出区域中。

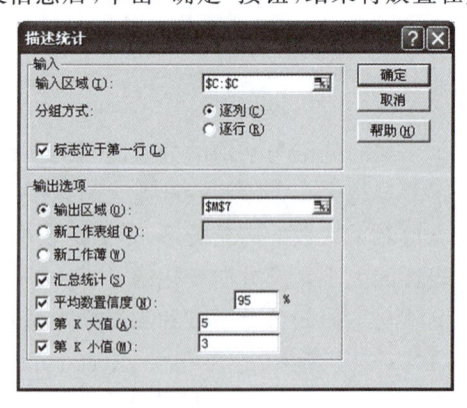

图8-1 "描述统计"对话框

小案例

用 Excel 软件计算统计指标

某问卷"您购买的手机价格是多少"的统计数据已经整理完毕并建好数据库,利用描述统计工具对购买价格进行基本统计分析。具体操作步骤如下:

第一步,将所有的购买价格数据输入工作表中,如存放在 A2 到 A47 的区域中。

第二步,选择"数据分析"命令,这时将弹出"数据分析"对话框,如图 8-2 所示。在"分析工具"列表中,选择"描述统计"工具,单击"确定"按钮,这时将弹出"描述统计"对话框,如图 8-3 所示。

图 8-2 "数据分析"对话框

图 8-3 弹出"描述统计"对话框

第三步,在输入框内指定输入数据的有关参数。

(1)输入区域:指定要分析的数据所在的单元格区域,本例输入＄A＄1:＄A＄47。

(2)分组方式:指定输入数据是以行还是以列方式排列的。这里选定逐列,因为给定的购买价格是按列排列的。

(3)标志位于第一行复选框:若输入区域包括标志行,则必须选中此复选框。否则,不能选中该复选框,此时 Excel 自动以列1、列2、列3……作为数据的列标志。本例选中此复选框。

(4)在输出选项内指定有关输出选项。

(5)指定存放结果的位置:根据需要可以指定输出到当前工作表的某个单元格区域,

这时需在输出区域框键入输出单元格区域的左上角单元格地址;也可以指定输出到新工作表组,这时需要输入工作表名称;还可以指定输出到新工作簿。本例选中将结果输出到输出区域,并输入左上角单元格地址＄C＄1。

(6)汇总统计复选框:若选中,则显示描述统计结果,否则不显示结果。本例选中汇总统计复选框。

(7)平均数置信度复选框:如果需要输出包含均值的置信度,则选中此复选框,并输入所要使用的置信度。本例键入95%,表明要计算在显著性水平为5%时的平均数置信度。

(8)第K大值复选框:根据需要指定要输出数据中的第几个最大值。本例选中第K大值复选框,并输入2,表示要求输出第2大的数值。

(9)第K小值复选框:根据需要指定要输出数据中的第几个最小值。本例选中第K小值复选框,并输入2,表示要求输出第2小的数值。

第四步,单击确定按钮。这时Excel软件将描述统计结果存放在当前工作表的C1:D18区域中,如图8-4所示。

	A	B	C	D
1	购买价格		购买价格	
2	200			
3	400		平均	393.4782609
4	200		标准误差	26.31143355
5	200		中位数	400
6	200		众数	400
7	200		标准差	178.4528247
8	200		方差	31845.41063
9	200		峰度	1.227368637
10	400		偏度	1.062092779
11	400		区域	700
12	900		最小值	200
13	900		最大值	900
14	200		求和	18100
15	200		观测数	46
16	400		最大(2)	900
17	400		最小(2)	200
18	400		置信度(95.0%)	52.9939467

图8-4 描述统计结果

从分析结果可以看出:购买价格的平均值约为393.48、方差约为31 845.41、中位数为400(这组数据中居于中间的数)、众数为400(这组数据中出现频率最高的数)、最小值为200、最大值为900,偏度约为1.06,峰度约为1.23。

课堂活动

上机实训:描述性分析

各项目小组根据所提供的资料,使用描述性工具进行计算,并解释相关结论。教师对各组判定的结论进行点评。

二、方差分析

什么是方差分析？

方差分析也叫变异数分析，是一种常见的统计数据分析方法。它的用途是分析市场调查和实验数据中不同来源的变异对总变异的影响大小，从而了解数据中自变量是否对因变量有重要的影响。

因素是一个独立的变量，也是方差分析研究的对象。因素中的内容称为水平。在具体应用中，如果方差分析的是一个因素对于调查结果的影响，就称作单因素方差分析。

小案例

方差分析

对 A、B、C 三种不同型号的产品在五家超市的销售情况进行调查，来确定产品的型号是否对销售量产生影响。销售情况见表 8-5。

表 8-5　A、B、C 三种不同型号的产品在五家超市的销售情况

超市	A	B	C
超市 1	10	15	10
超市 2	14	20	12
超市 3	12	17	6
超市 4	8	8	12
超市 5	11	15	10

第一步：单击"数据分析"按钮，选择"方差分析：单因素方差分析"，单击"确定"按钮，出现如图 8-5 所示的对话框。

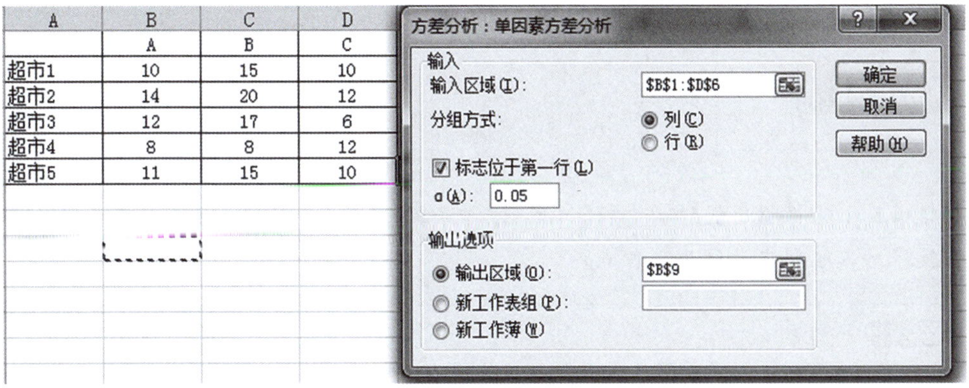

图 8-5　出现"方差分析：单因素方差分析"对话框

输入区域：选择分析数据所在区域，本例输入待分析数据区域的单元格引用 B1：D6。

分组方式：提供列与行的选择，当同一水平的数据位于同一行时选择行，位于同一列时选择列，本例复选框单击"列"。

标志位于第一行/列：如果输入区域的第一行中包含标志项，请选中"标志位于第一行"复选框；如果输入区域的第一列中包含标志项，请选中"标志位于第一列"复选框；如果输入区域没有标志项，则该复选框不会被选中，Excel 将在输出表中生成适宜的数据标志。本例中选中此项。

α：显著性水平，一般输入显著性水平 0.05，即 95% 的置信度。

输出区域：按需求选择适当的分析结果存储位置，本例为 B9。

第二步：单击"确定"按钮，在指定位置出现如图 8-6 的示意图。

方差分析：单因素方差分析

SUMMARY

组	观测数	求和	平均	方差
A	5	55	11	5
B	5	75	15	19.5
C	5	50	10	6

方差分析

差异源	SS	df	MS	F	P-value	F crit
组间	70	2	35	3.442623	0.065819	3.885294
组内	122	12	10.16667			
总计	192	14				

图 8-6　方差分析：单因素方差分析的结果图

给出的计算结果中，SS 表示离差平方和，df 表示自由度，MS 表示均方差，P-value 即 P 值，F crit 表示临界值。本例的 F 统计量值等于 3.442 623，小于临界值 3.885 294，说明产品的型号对销售量不产生影响或产生的影响不大。如果用 P 值判断，由于 P-value 等于 0.065 819 大于 0.05，因此可得出相同的结论。

方差分析的总体思想就是要分析这些数据之间为什么有差异，通过对总的差异（总变异）的分解，最终分析出级别之间或级别之内是否有统计学差异。

课堂活动

上机实训：方差分析

各项目小组根据所提供的资料，运用"方差分析"工具进行计算，并判断变量间的差异性。教师对各组判定的结论进行点评。

三、相关分析

（一）确定相关变量

1. 分析方法概述

大家都知道，商品的销售量与商品的价格、商品的质量以及消费者的收入水平等因素有关；树的产量受施肥量、降雨量、气温等因素的影响。因此，要研究某种经济行为就应从事物变化的因果关系出发,寻找它与其他因素之间的内在联系,这就是因果关系分析法。回归分析法是因果关系分析法中最常用的方法之一。回归分析法是从各种经济现象之间的相互关系出发,通过对与预测对象有联系的现象的变动趋势进行分析,推算预测对象未来的状态表现的一种分析方法。

相关分析可以用相关系数反映经济变量之间变动的联系程度和联系方向。正确确定相关关系对回归分析具有决定性作用。

2.确定自变量

自变量是影响和制约分析目标(因变量)的因素。确定自变量,既要对历史资料和现实调查资料进行分析,又要充分运用分析人员的经验和知识,进行科学的定性分析。要充分注意事物之间联系的复杂性,用系统思维的方式对复杂的关系进行系统分析,确定那些主要的影响因素。

(二)确定变量间的相关类型

1.相关关系的类型

相关指两个或两个以上变量间相互关系的程度或强度,相关关系按强度分为以下四种:

(1)完全相关,变量间存在函数关系;

(2)强相关,变量间近似存在函数关系;

(3)弱相关,变量间有关系但不明显;

(4)零相关,变量间不存在任何关系。

相关关系按变量个数分为以下两种:

(1)简单相关,即两个变量间相关。

(2)复相关,又称为多重相关和偏相关,是指三个或三个以上变量间相关。

2.确定相关关系的方法

确定变量之间相关的类型一般可通过绘制相关图直观地看出。相关图是将自变量和因变量的数值对应地描绘在直角坐标系中形成的图形,也称为散点图或散布图。根据散点图的形状,大致可以认识变量之间是否相关,是正相关还是负相关,是线性相关还是非线性相关。

3.相关分析的主要内容

相关分析的主要内容包括确定现象之间有无相关关系,确定相关关系的表现形式,确定相关关系的密切程度,选择合适的数学模型,测定变量估计值的可靠程度,对计算出的相关系数进行显著检验。

(三)计算相关系数

1.变量密切程度的界定

确定变量之间线性相关的密切程度,通常可通过计算相关系数来衡量。相关系数 r 具有以下特性:

(1)相关系数的取值范围为 $-1 \leqslant r \leqslant 1$,或 $|r| \leqslant 1$。

(2)相关系数 r 的符号反映变量间的相关方向。当 $r>0$ 时,变量间的线性相关关系为正相关，这时 y 随着 x 增加而线性增加；当 $r<0$ 时，变量间的线性相关关系为负相关，这时 y 随着 x 增加而线性减少。

（3）相关系数 $|r|$ 愈接近 1，两个变量间的线性相关程度愈高；相关系数 $|r|$ 愈接近 0，两个变量间的线性相关程度愈低。当 $r=0$ 时，变量间无线性相关关系，但可能存在其他非线性关系；当 $|r|=1$ 时，变量之间存在完全确定的线性相关关系。

也就是说，当 $0<|r|<1$ 时，两个变量间存在一定的线性相关关系，其线性相关的密切程度由 $|r|$ 的大小说明。一般 $|r|>0.7$ 为高度线性相关；$0.3<|r|\leqslant 0.7$ 为中度线性相关；$|r|\leqslant 0.3$ 为低度线性相关。

2. 相关系数的计算

对于两个变量 x 与 y，如果它们的样本值分别为 x_i 与 y_i ($i=1,2,\cdots,n$)，它们之间的相关系数为

$$r_{xy}=\frac{\sum_{i=1}^{n}(x_i-\overline{x})(y_i-\overline{y})}{\sqrt{\sum_{i=1}^{n}(x_i-\overline{x})^2}\sqrt{\sum_{i=1}^{n}(y_i-\overline{y})^2}} \tag{8-11}$$

其中

$$\overline{x}=\frac{1}{n}\sum_{i=1}^{n}x_i, \quad \overline{y}=\frac{1}{n}\sum_{i=1}^{n}y_i$$

小案例

相关分析

某连锁超市的 10 家分店的人均销售额和利润率的相应数据见表 8-6，分析它们之间的相关关系。

表 8-6 某连锁超市的 10 家分店的人均销售额和利润率

人均销售额 x（万元）	利润率 y（%）
6	12.6
5	10.9
8	18.5
1	3
4	8.1
7	16.3
6	12.3
3	6.2
3	6.6
7	16.6

第一步：单击"数据分析"按钮，选择"相关分析"，单击"确定"按钮，出现"相关系数"对话框，如图 8-7 所示。

人均销售额（万元）x	利润率（%）y
6	12.6
5	10.9
8	18.5
1	3
4	8.1
7	16.3
6	12.3
3	6.2
3	6.6
7	16.6

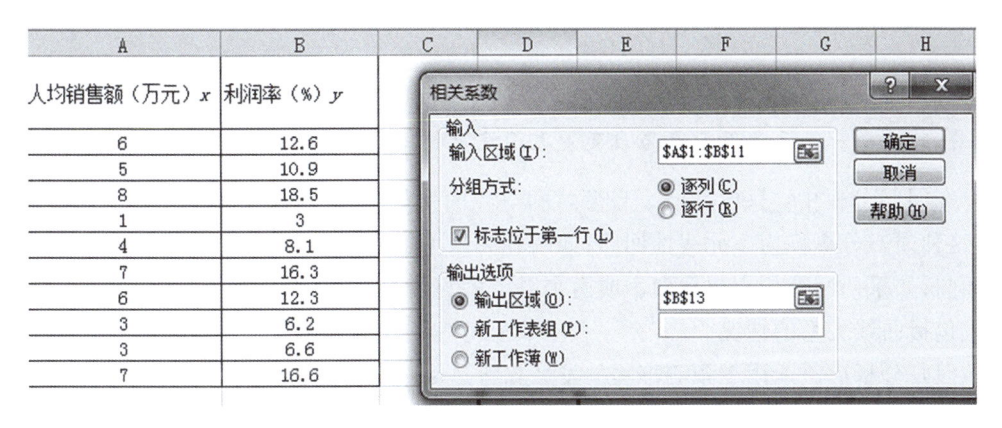

图 8-7　出现"相关系数"对话框

输入区域：选择分析数据所在区域，本例输入＄A＄1：＄B＄11。

分组方式：提供列与行的选择，当同一变量的数据位于同一行时选择行，位于同一列时选择列，本例复选框单击"逐列"。

标志位于第一行：如果输入区域的第一行中包含标志项，请选中"标志位于第一行"复选框；如果输入区域的第一列中包含标志项，请选中"标志位于第一列"复选框；如果输入区域没有标志项，则该复选框不会被选中，Excel将在输出表中生成适宜的数据标志。本例选中"标志位于第一行"。

输出区域：按需求选择适当的分析结果存储位置，本例为＄B＄13。

第二步：单击"确定"按钮，在指定位置出现相关系数结果图，如图8-8所示。

	人均销售额（万元）x	利润率（%）y
人均销售额（万元）x	1	
利润率（%）y	0.989077608	1

图 8-8　相关系数结果图

我们得到相关系数为0.989，这说明连锁分店的人均销售额和利润率之间有很强的正相关关系。

这里应该注意的是，相关系数有一个很明显的缺点，就是它接近于1的程度与数据组数 n 相关，这很容易造成误导。当 n 较小时，相关系数的波动和差异比较大，有些样本相关系数的绝对值容易接近1；当 n 较大时，相关系数的绝对值容易偏小。特殊情况下，当 $n=2$ 时，相关系数的绝对值总为1。因此，当样本容积 n 较小时，我们根据相关系数接近于1而认为变量 x 与 y 之间有密切的线性关系，是非常不谨慎的。

四、回归分析

对于存在线性相关的变量，调查人员需要进一步研究变量之间的因果关系，把其中一些因素作为控制变量，把另一些因素作为因变量，利用适当的数学模型描述它们的关系。

> **什么是回归分析?**
>
> 回归分析是对具有相关关系的两个或两个以上变量之间数量变化的一般关系进行测定,归纳出一个反映因变量与自变量之间统计数据关系的经验公式。

在回归分析中,只包括一个自变量和一个因变量,且两者关系可用一条直线近似表示,这种回归分析称为一元线性回归;如两者关系不能用一条直线近似表示,则称为非线性回归;如果回归分析中包括两个或两个以上的自变量,那么就称作多元回归分析,当然它也包括曲线关系的情况。

回归分析广泛地用于预测事物的发展趋势。回归分析法具体的应用将在后续章节中详细介绍。

课堂活动

上机实训:相关分析

各项目小组根据所提供的资料,利用 Excel 软件生成散点图,通过"相关系数"工具计算相关系数,并判断变量间的相关性。教师对各组判定的结论进行点评。

项目小结

分析市场调查资料将为提出市场调查报告奠定重要基础。调查资料分析的方法主要包括集中趋势分析、离散程度分析和变量的相关关系分析。反映数据集中趋势分析的指标主要有数值平均数、众数和中位数。反映数据离散程度的指标主要有全距、平均差、方差和标准差等。变量的相关关系分析主要有方差分析和相关分析等。

思考营地

1. 资料分析的意义有哪些?
2. 为什么要进行描述性分析?
3. 什么是集中趋势?众数、中位数和数值平均数哪个更具代表性?
4. 什么是离散趋势?平均差、标准差的计算方法是什么?

案例分析

广州本田公司的邮政媒体营销

一、背景

具有丰富的传统媒体广告经验的广州本田公司,在与邮政合作的早期,仅是简单的邮件交寄。为了与广州本田公司更深入地合作,广州市邮政局针对其市场部、销售推广部及售后服务部三个部门的不同职责,结合其差异性产品的市场定位,为广州本田公司提出了全面开创数据营销新时空的整合营销策划方案。

二、服务过程

1.售前服务

采取收件人邮资总付的创新形式,提高了调查问卷的回函率,给企业的新产品研发提供了来自用户终端的第一手资料。

2.售中服务

(1)细分市场

针对"奥德赛MPV新锐出击""新雅阁大气入市""动感飞度轻盈下线""畅想思迪精彩登台"等产品的不同特点进行目标顾客细分。

(2)推荐数据

根据对广州本田公司产品的市场细分,推荐了四大类数据,即企业数据、高收入个人数据、高档楼盘数据、高消费会员及喜爱旅游人士数据。

(3)广告策划

针对奥德赛、雅阁和飞度三个固有品牌,为客户推荐了常年邮寄的、庄重高雅的邮资信封和收件人总付邮资的邮件等形式,同时建议其举办抽奖送车模等活动,以吸引更多人的参与。

3.售后服务

通过设计精美的邮资信封邮寄调查问卷,直接给车主一种专享服务的强烈感受。同时将电话调查整理的客户数据反馈给售后部,作为客户资料维护的准确材料。通过退信整理、外呼更改等方式为广州本田公司整理了一批品质精良的数据,同时,为其收集回函,回函率高达9%。

三、客户收益

通过采用函件业务,广州本田公司圆满完成了既定的销售目标,创造了可观的经济效益,公司对此表示满意。

阅读以上材料,讨论:

1.数据分析对于企业经营决策的意义是什么?

2.市场调查的数据都是可信的吗,为什么?

实战训练

市场调查资料分析

选择一种大学生常用学习用品或器具,进行消费情况的校内调查。收集到相关数据资料后,试着进行分析。

【实训目标】 调查数据资料分析方法演练。

【实训组织】 学生分组,可以从不同角度去确定分析思路。

【实训提示】 结合材料,教师也可以设定其他一些大型项目。

【实训成果】 各组展示分析结果,教师讲评。

项目九　市场发展趋势的预测

知识目标

1. 理解市场预测的含义、作用；
2. 掌握市场预测的基本程序；
3. 掌握定性预测的主要方法；
4. 掌握定量预测的主要方法。

能力目标

1. 熟悉定性预测中常用的计算公式；
2. 掌握定性预测方法中每种方法的步骤和可操作性并能将所学的方法熟练应用于实际中；
3. 根据研究目的和掌握的资料，选用适当的指标和方法分析现象发展的趋势和规律。

任务分解

任务一　市场预测概述
任务二　定性预测
任务三　定量预测

任务内容

各项目小组根据所承接的调查项目，利用 Excel 软件进行定性和定量的市场预测分析。

任务成果

市场预测分析结果。

知识导图

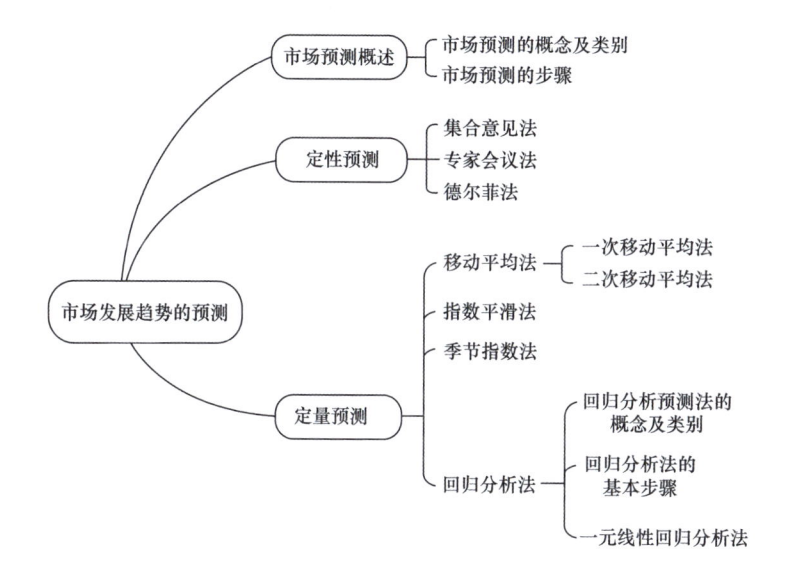

- 市场发展趋势的预测
  - 市场预测概述
    - 市场预测的概念及类别
    - 市场预测的步骤
  - 定性预测
    - 集合意见法
    - 专家会议法
    - 德尔菲法
  - 定量预测
    - 移动平均法
      - 一次移动平均法
      - 二次移动平均法
    - 指数平滑法
    - 季节指数法
    - 回归分析法
      - 回归分析预测法的概念及类别
      - 回归分析法的基本步骤
      - 一元线性回归分析法

案例导入

内华达职业健康诊所火灾损失的预测

内华达职业健康诊所是一家私人医疗诊所,它位于内华达州的 Spark 市。这个诊所专攻工业医疗,并且在该地区经营已经超过 15 年,可是一场大火烧毁了诊所的主要建筑物。

诊所的保险单包括实物财产和设备,也包括由于正常商业经营中断而引起的收入损失。确定实物财产和设备在火灾中的损失额,由保险公司进行赔偿,这是一个相对简单的事情。但确定在进行重建诊所的 7 个月中收入的损失额则是一个很复杂的事情,它涉及业主和保险公司之间的讨价还价。如果没有发生火灾,诊所的收入"将会有什么变化",对此保险公司并没有预先制定的规则。为了估计失去的收入,诊所只能预测在 7 个月的停业期间将要实现的营业增长。诊所在火灾前的收入资料,为建立线性趋势和季节成分的预测模型提供了基础数据。这个预测模型使诊所的收入损失有了一个准确的估计值,这个估计值最终被保险公司所接受。

讨论:案例中诊所利用预测模型来预测未来的收入,这对你有何启发?

任务明确

通过广泛的市场调查,我们获得了各种资料,包括第一手资料和第二手资料。在对这些资料进行整理分析后,我们对市场的历史和现状有了较清晰的认识。但在很多情况下,

还需要对市场的未来趋势进行估计,这时候就要运用到市场预测的各种方法。本项目包含以下三个任务:

任务一　市场预测概述
任务二　定性预测
任务三　定量预测

任务一　市场预测概述

市场预测与市场调查的区别在于,前者是人们对市场未来的认识,后者是人们对市场的过去和现状的认识。市场预测能帮助经营者制订适应市场的行动方案,使自己在市场竞争中处于主动地位。

一、市场预测的概念及类别

(一)市场预测的概念

什么是市场预测?

市场预测是根人们对已有的各种市场信息和资料进行分析研究,采取一定的科学方法,对商品生产、流通、销售的未来变化趋势或状态进行科学推测与判断。

市场预测是企业制定营销战略和营销策略的依据,企业要想在市场竞争中占据有利地位,必须在产品、价格、分销渠道、促销方式等方面制定有效的营销策略。但有效的营销策略的制定取决于相关方面的准确预测,即只有通过准确预测,企业才能把握市场机会,确定目标市场和相应的价格策略、销售渠道策略、促销策略等,进而促进产品销售和效益的提高。

微课
认识市场预测

(二)市场需求预测的类别

(1)按预测方法的性质划分,市场需求预测可分为定性预测和定量预测。定性预测是指预测者根据自己掌握的实际情况、实践经验、业务水平对市场需求做出的判断。定量预测是以历史和现时的资料为依据,运用统计方法和数学模型,对市场需求做出的预测。

(2)按预测的时间长短划分,市场需求预测可分为短期预测、中期预测和长期预测。短期预测是1年之内的预测,中期预测是1~5年的预测,长期预测是5年以上的预测。

(3)按预测的范围大小划分,市场需求预测可划分为宏观预测和微观预测。宏观预测是对整个市场的预测,而微观预测是对某一局部市场的预测。

二、市场预测的步骤

市场预测的步骤如图9-1所示。

```
明确预测目标 → 搜集与分析数据资料 → 选择预测方法，建立预测模型 → 确定预测结果
```

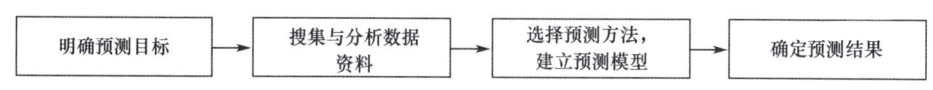

图 9-1　市场预测的步骤

1. 明确预测目标

明确通过预测要解决什么问题，进而规定预测目标、预测期限等。预测目标要避免空泛，要明确具体，如确定是对某一种产品或几种产品销售量的预测等。

2. 搜集与分析数据资料

数据资料是指市场调查中获得的直接情报信息和间接情报信息。资料的搜集一定要注意广泛性、适用性和可靠性。资料搜集得不全面、不系统，将会严重影响预测质量。

3. 选择预测方法，建立预测模型

在进行预测时，应根据预测目标和占有的信息资料，选择适当的预测方法和模型进行预测。预测方法不同，其预测结果也会不一致。此外，预测方法和预测模型的选择，还要考虑预测费用的多少和对预测精度的要求。

4. 确定预测结果

将预测中发现的与过去不同的新因素（内部和外部的），尽量转化为数量概念，并分析这些因素的影响范围和影响程度；同时，分析出预测与实际可能产生的误差、误差的大小及其原因。

任务二　定性预测

定性预测主要依赖于预测人员丰富的经验和知识及综合分析能力，对预测对象的未来发展前景做出性质和程度上的估计和推测。

什么是定性预测？

定性预测是指预测者通过对市场的调查研究，了解实际情况，凭自己的实践经验和理论水平、业务水平，对市场发展前景的性质、方向和程度做出判断、预测的方法，也称为判断预测或调研预测。

定性预测不用或很少用数学模型，预测结果并没有经过量化或定量分析，所以具有不确定性。定性预测适合预测那些模糊的、无法计量的社会经济现象，并通常由预测者集体来进行。集体预测是定性预测的重要内容，能集中多数人的智慧，克服个人的主观片面性。

定性预测比较简便、易于掌握，而且时间快、费用省，因此得到广泛采用。但是，定性预测缺乏数量分析，主观因素的作用较大，预测的准确度难免受到影响。因此，在采用定性预测时，应尽可能地结合定量分析方法，使预测过程更科学，预测结果更准确。

定性预测方法的具体形式较多，使用频率较高的方法有集合意见法、专家会议法、德尔菲法等。

一、集合意见法

什么是集合意见法？

集合意见法，是指各方人士（可以是企业内部经营管理人员、业务人员，也可以是企业外部的业务人员或用户）凭自己的经验判断，对市场未来需求趋势提出个人预测意见，再集合大家的意见做出市场预测的方法。

集合意见法简便易行，可靠实用，注重发挥集体智慧，在一定程度上克服了个人直观判断的局限性和片面性，有利于提高市场预测的质量。

集合意见法的主要操作步骤如下。

第一步，预测组织者根据企业经营管理的要求，向参加预测的有关人员提出预测项目和预测期限的要求，并尽可能提供有关背景资料。

第二步，预测。有关人员根据预测要求及掌握的背景资料，凭个人经验和分析判断能力，提出各自的预测方案。在此过程中，预测人员应进行必要的定性分析和定量分析。定性分析主要分析历史生产销售资料、目前市场状态、产品适销对路的情况，商品资源、流通渠道的情况及变化，消费心理变化、顾客流动态势等。定量分析主要确定未来市场需求的几种可能状态（如市场销路好或市场销路差的状态），估计各种可能状态出现的主观概率，以及每种可能状态下的具体销售值。

第三步，预测组织者计算有关人员预测方案的期望值。方案期望值等于各种可能状态的主观概率与状态值乘积之和。

小案例

用集合意见法预测销售额

某机械厂为了预测明年的产品销售额，要求经理和业务科、计划科、财务科及营销人员做出年度销售预测。

运用集合意见法预测的具体步骤如下：

第一步：经理、科室负责人和营销人员分别提出各自的预测方案意见，见表9-1至表9-3。

表9-1　经理预测方案　　　　　　　　　　　　　　单位：万元

经理	销售估计值						期望值	权数
	销售好	概率	销售一般	概率	销售差	概率		
甲	500	0.3	420	0.5	380	0.2	436	0.6
乙	550	0.4	480	0.4	360	0.2	484	0.4

表9-2　科室负责人预测方案　　　　　　　　　　　单位：万元

科室负责人	销售估计值						期望值	权数
	销售好	概率	销售一般	概率	销售差	概率		
业务科	600	0.5	400	0.2	360	0.3	488	0.3
计划科	540	0.4	480	0.3	340	0.3	462	0.3
财务科	580	0.3	440	0.3	320	0.4	434	0.4

表 9-3 营销人员预测方案　　　　　　　　　　　　　　　　单位：万元

营销人员	销售好	概率	销售一般	概率	销售差	概率	期望值	权数
A	480	0.3	400	0.5	300	0.2	404	0.4
B	520	0.3	440	0.4	360	0.3	440	0.3
C	540	0.2	420	0.5	380	0.3	432	0.3

在表 9-1 至表 9-3 中，未来的市场销售前景有三种可能性：销售好、销售一般、销售差，每一种可能性发生的机会，称为概率。如销售好的概率为 0.3，即指"销售好"发生的可能性为 30%。销售好、销售一般、销售差三种可能性的概率之和等于 1。

对于表 9-1 至表 9-3 中的权数，不同人员由于在企业中的地位不同，权威性不同，其预测意见的影响力也不同，如经理甲是正经理，经理乙是副经理，显然经理甲的权威性大于经理乙的权威性，因此，经理甲的权数应大于经理乙的权数。本例中，经理甲的权数为 0.6，经理乙的权数为 0.4，实际操作中权数一般由预测人员主观确定。其他人员的权数确定也一样，权威性大的人员，其权数就大。

第二步：计算各预测人员的方案期望值。

方案期望值等于各种可能状态的销售值与对应的概率乘积的和。

如经理甲的方案期望值为

$$500 \times 0.3 + 420 \times 0.5 + 380 \times 0.2 = 436 (万元)$$

业务科负责人的方案期望值为

$$600 \times 0.5 + 400 \times 0.2 + 360 \times 0.3 = 488 (万元)$$

营销人员 A 的方案期望值为

$$480 \times 0.3 + 400 \times 0.5 + 300 \times 0.2 = 404 (万元)$$

其他人员的方案期望值都以此类推。

第三步：计算各类人员的综合预测值。

分别求出经理、科室负责人、营销人员的综合预测值。

某类人员综合预测值的计算公式为

$$\bar{x} = \frac{\sum_{i=1}^{n} x_i w_i}{\sum_{i=1}^{n} w_i}$$

式中　$\bar{x}$——某类人员的综合预测值；

　　　x_i——某类各人员的方案期望值；

　　　w_i——某类各人员的方案期望值权数。

经理类综合预测值为 $\dfrac{436 \times 0.6 + 484 \times 0.4}{0.6 + 0.4} = 455.2$（万元）

科室负责人类综合预测值为 $\dfrac{488 \times 0.3 + 462 \times 0.3 + 434 \times 0.4}{0.3 + 0.3 + 0.4} = 458.6$（万元）

营销人员类综合预测值为 $\dfrac{404 \times 0.4 + 440 \times 0.3 + 432 \times 0.3}{0.4 + 0.3 + 0.3} = 423.2$（万元）

第四步:确定最后预测值。

对三类人员的综合预测值采用加权平均法再加以综合。由于三类人员综合预测值的重要程度不同,所以应当给予三类人员综合预测值不同的权数。现假定:

经理类权数为 4

科室负责人类权数为 3

营销人员类权数为 2

(权数可以是小数,也可以是正整数)

最后预测值为 $\frac{455.2 \times 4 + 458.6 \times 3 + 423.2 \times 2}{4+3+2} \approx 449.2$(万元)

从预测的结果来看,综合预测值低于经理和科室负责人的预测值,高于营销人员的预测值,这说明集合意见法本身是个人的主观判断,上述三类人员的预测也是分别从各自的角度进行的,难免出现过于保守或过于乐观的情况。这就要求在最终确定预测值之前,要对综合预测值进行必要的调整,通过召开会议,互相交流看法,互相补充,从而克服主观上的局限性,在充分讨论和综合各方意见的基础上,由预测组织者确定最终的预测值。

二、专家会议法

什么是专家会议法?

专家会议法即通过组织一个具有相关知识的专家参与的专家会议,运用专家各方面的专业知识和经验,相互启发,集思广益,对市场未来发展趋势或企业某个产品的发展前景做出判断的一种预测方法。

专家会议法分析市场发展趋势应进行以下操作。

(一)选择专家

专家会议法预测能否取得成功,在很大程度上取决于专家的选择。专家选择应依据以下要求:

(1)专家要有丰富经验和广博知识。专家一般应具有较高学历,有丰富的与预测课题相关的工作经验,思维判断能力敏锐,语言表达能力较强。

(2)专家要有代表性。要有各个方面的专家,如市场营销专家、管理专家、财务专家、生产技术专家等,不能只局限于某一个部门。

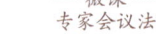

(3)专家要有一定的市场调查和市场预测方面的知识和经验。

(二)专家会议法的实施程序

1. 做好会议的准备工作

确定会议的主题和合适的主持人,选好会议的场所、时间和次数,准备会议的记录、分析工具。主持人的选择对于会议的成功与否起着非常重要的作用,主持人应具有丰富的调查经验,掌握与讨论内容相关的知识,并能左右或引导会议的进程和方向。

2. 邀请专家参加会议

邀请出席会议的专家人数不宜太多,一般以 8~12 人为好,要尽量包括各个方面的专家。被邀请的专家必须能独立思考,不受某个权威意见所左右。

3. 控制好会议的进程

会议主持人提出预测题目,要求大家充分发表意见,提出各种各样的方案。在这一步中,需要强调的是会议上不要批评别人的方案,要打开思路、畅所欲言,方案多多益善,气氛民主热烈。同时,要做好会议的记录工作。可以由主持人边提问边记录,也可以由助手进行记录,还可以通过录音、录像的方式记录。

4. 确定预测方案

在会议结束后,主持人再对各种方案进行比较、评价、归类,最后确定出预测方案。

(三)专家会议法的特点

专家会议法可以在较短的时间里,充分利用专家群体的创造性思维和专业特长,对预测对象进行评估和推算,及时掌握第一手预测信息。预测工作实践发现,专家会议法既有突出的优点,也存在明显的局限性。

1. 优点

优点一,与会专家能自由发表意见,各种观点能互相启发、互相借鉴,可以达到集思广益、互相补充的目的;优点二,专家会议法节省费用和时间,应用灵活方便。

2. 局限性

局限性主要体现在三个方面:一是由于会议人数有限,有时会使预测意见缺少代表性及全面性;二是会议上权威性专家的意见有时会左右会场,多数人的意见有可能使少数人的意见受到压制;三是专家会议法的预测结果,极易受组织者和与会专家双方心理状态的影响。会议上的气氛很容易影响各位专家发表自己的意见,预测组织者的个人倾向也会影响预测值的准确性。

尽管专家会议法存在一定局限性,但只要在应用这种方法时充分注意,尽量扬长避短,这种方法还是行之有效的。尤其是对于缺少历史资料和时效性要求较高的市场预测,这种方法的适用性显得尤其突出。

三、德尔菲法

德尔菲法也叫专家小组法,由美国兰德公司在 20 世纪 40 年代末首创,最先用于科技预测,20 世纪 60 年代以来在市场预测中也得到广泛应用。德尔菲(Delphi)是阿波罗神殿所在地的希腊古城之名,传说阿波罗是预言神,众神每年集会于德尔菲以预测未来。因此,以专家小组的形式进行预测的方法被称为德尔菲法。

什么是德尔菲法?

所谓德尔菲法,是采用背对背的通信方式征询专家小组成员的预测意见,经过几轮征询,使专家小组的预测意见趋于集中,最后做出符合市场未来发展趋势的预测结论。德尔菲法是为了克服专家会议法的缺点而产生的一种专家预测方法。在预测过程中,专家彼此互不相知、互不往来,这就克服了在专家会议法中经常发生的专家们不能充分发表意见、权威人物的意见左右其他人的意见等弊病。各位专家能真正充分地发表自己的预测意见。

德尔菲法是专家会议法的改进和发展,是为避免集体讨论存在的屈从于权威或盲目服从多数的缺陷而提出的一种专家预测方法。在预测过程中,各专家不通过会议形式交换意见和进行讨论,而是在互相保密的情况下,用书面形式独立地回答预测者提出的问题,并反复多次修改各自的意见,最后由预测者综合确定市场预测的结论。

(一)德尔菲法的实施程序

德尔菲法的实施程序如图 9-2 所示。

确定预测题目,选定专家小组成员 → 设计调查表,准备相关材料 → 专家进行预测 → 对专家意见进行汇总 → 意见反馈 → 确定最后预测值

图 9-2　德尔菲法的实施程序

1. 确定预测题目,选定专家小组成员

确定预测题目即明确预测目的和对象;选定专家小组成员则是决定向谁做有关的调查。这两点是有机地联系在一起的,即被选定的专家,必须是对确定的预测对象具有丰富知识的人,既包括理论方面的专家,也包括具有丰富实际工作经验的专家,这样组成的专家小组,才能对预测对象提出可信的预测值。

2. 设计调查表,准备相关材料

预测组织者要将预测对象的调查项目,按次序排列绘制成调查表,准备向有关专家发送;同时还应将填写要求、说明一并设计好,使各专家能够按统一要求做出预测。

除设计调查表,预测组织者还应准备与预测有关的资料,以便专家在预测时参考。这是因为,各位专家虽对预测对象有所了解,但对全面情况的了解有时不够,或对某一方面的情况了解不多,这都需要预测组织者事先准备好尽可能详尽的材料。

3. 专家进行预测

各个专家根据他们所收到的材料,提出自己的预测意见,并说明自己是怎样利用这些材料给出预测值的。

4. 对专家意见进行汇总

将各位专家第一次判断的意见进行汇总,列成图表,进行对比,再分发给各位专家,让专家比较自己同他人的不同意见,修改自己的意见和判断;也可以把各位专家的意见加以整理,或请身份更高的其他专家加以评论,然后把这些意见再分送给各位专家,以便他们参考后修改自己的意见。

5. 意见反馈

将所有专家的修改意见收集起来、汇总,再次分发给各位专家,以便做第二次修改。逐轮收集意见,并为专家反馈信息是德尔菲法的主要环节。收集意见和信息反馈通常要经过三四轮。在向专家进行反馈的时候,只给出各种意见,但并不说明发表各种意见的专家的具体姓名。这一过程重复进行,直到每一个专家不再改变自己的意见为止。

6. 确定最后预测值

预测组织者运用统计分析方法对专家最后一轮的预测意见加以处理,给出预测结论。

(二)德尔菲法专家意见的统计处理

1.对数量和时间答案的统计处理

当专家回答的是一系列可供比较大小的数据(如对销售量的预测)时,统计调查结果可用平均数或中位数来处理,用以求出调查结果的期望值。

(1)平均数法,就是用专家所有预测值的平均数作为综合的预测值。

(2)中位数法,是用所有预测值的中位数作为最终的预测值。具体做法是:将最后一轮专家的预测值从小到大排列,碰到重复的数值舍去,那么中位数就是预测值。

2.对等级比较答案的统计处理

在征询专家对某些调查项目做重要程度的排序时,通常采用总分比重法进行统计。

(三)德尔菲法的特点

1.匿名性

背靠背地分头向各位专家征询意见是德尔菲法的特点。一般参加预测小组的专家互不见面,姓名保密,只保持同预测组织者单独联系。专家们背靠背地给出各自的预测意见,有利于他们打消顾虑,进行独立思考判断,既依靠了专家,又克服了专家会议的缺点。

2.反馈性

轮番向专家征询意见,每次向专家征询意见,预测组织者都应将上一轮意见统计归纳的结果反馈给各位专家,各位专家在了解各种不同意见及其理由、掌握全局情况的基础上,开拓思路,提出独立的新见解。

3.统计性

每次收集到各位专家的意见,都应对每个问题进行定量统计归纳。通常用专家意见的中位数或平均数反映专家的集体意见。

与专家会议法相比较,德尔菲法的优点是:参与预测的专家能独立思考,各抒己见,能充分表达个人的预测判断,不受权威人物的影响;可以参考别的专家的看法,避免主观片面性,提高预测质量。其主要缺点是:轮番函询专家需花费较长的时间;预测主要凭专家主观判断,缺乏一定的客观标准。

小案例

某手机经销商用德尔菲法预测销售额

某手机经销商对产品明年的销售量难以确定,因而聘请10位专家,用德尔菲法进行预测,具体数据见表9-4。

表9-4 专家预测统计表 单位:万台

专家	1	2	3	4	5	6	7	8	9	10
第一轮	70	80	75	52	75	45	50	60	54	63
第二轮	70	75	73	55	65	47	54	65	60	63
第三轮	70	73	70	62	72	55	58	60	63	65

从表9-4中不难看出,专家们在发表第二轮预测意见时,大部分专家都修改了自己的

第一轮预测意见,只有编号为 1 和编号为 10 的专家坚持自己第一轮的预测意见。专家们发表第三轮预测意见时只有编号为 1 的专家坚持自己之前的预测意见。经过三轮征询后,专家们预测值的差距在逐步缩小,在第一轮征询中,专家的最大预测值 80 万台与最小预测值 45 万台相差 35 万台;第二轮征询中,专家的最大预测值 75 万台与最小预测值 47 万台相差 28 万台;第三轮征询中,专家的最大预测值 73 万台与最小预测值 55 万台仅相差 18 万台。

(1) 用平均数法确定最终预测值

$$y = \frac{\sum_{i=1}^{n} x_i}{n} = \frac{70+73+70+62+72+55+58+60+63+65}{10} = 64.8(万台)$$

即预测产品明年销售量为 64.8 万台。

(2) 用中位数法确定最终预测值

首先,将表 9-4 中的专家第三轮预测值,按其数值从小到大排列:55,58,60,62,63,65,70,72,73(有两个 70,舍去 1 个)。

其次,确定中位数所在的位置,即 $\frac{n+1}{2} = \frac{9+1}{2} = 5$。

那么,第 5 个数据为中位数。

因此,预测产品明年的销售量为 63 万台。

任务三 定量预测

定量预测,是指在占有充分数据资料的基础上,运用数学方法,有时还要结合计算机技术,对事物未来的发展趋势进行数量方面的估计与推测。

定量预测方法有两个明显的特点:一是依靠实际观察数据,重视数据的作用和定量分析;二是建立数学模型作为定量预测的工具。随着统计方法、数学模型和计算机技术日益为更多的人所掌握,定量预测的运用会越来越广。

定量预测方法的具体形式较多,常用的定量预测方法有移动平均法、指数平滑法、季节指数法和回归分析法等。

一、移动平均法

移动平均法是取预测对象最近的一组观察数据(或历史数据)的平均值作为预测值的方法。所谓"移动",是指参与平均的数据随着观察期的推移而不断更新。所谓"平均值",是指算术平均值。当一个新的数据进入平均值时,要剔除平均值中最陈旧的一个数据,并且每一次参与平均的数据都有相同的个数。

移动平均法又可分为简单算术移动平均法和加权移动平均法两种。本书限于篇幅,只介绍简单算术移动平均法。简单算术移动平均法又可分为一次移动平均法和二次移动平均法。

(一)一次移动平均法

一次移动平均法是直接以本期移动的平均值作为下期预测值的方法。

其计算公式为

$$M_t^{(1)} = \frac{x_t + x_{t-1} + x_{t-2} + \cdots + x_{t-n+1}}{n} \tag{9-3}$$

式中　$M_t^{(1)}$——第 t 期的一次移动平均值,也是第 $t+1$ 期的移动平均预测值;

　　　n——期数(每一移动平均数的跨越期);

　　　x_t——前第 1 期观察值;

　　　x_{t-1}——前第 2 期观察值;

　　　x_{t-n+1}——前第 n 期观察值。

小案例

某商场采用一次移动平均法预测销售额

某商场某年的各月销售额资料见表 9-5,试计算 $n=3$ 和 $n=4$ 时的一次移动平均预测值。

表 9-5　采用一次移动平均法的某商场销售额预测计算表(万元)

月份	实际销售额	3 个月移动平均预测值	4 个月移动平均预测值
1	3 068	—	—
2	2 865	—	—
3	2 698	—	—
4	2 941	2 877	—
5	2 875	2 834.7	2 893
6	2 736	2 838	2 844.8
7	2 806	2 850.7	2 812.5
8	2 759	2 805.7	2 839.5
9	2 690	2 767	2 794
10	2 796	2 751.7	2 747.8
11	2 708	2 748.3	2 762.8
12	3 091	2 731.3	2 738.3

其中,当 $n=3$ 时,5 月的预测值为

$$M_4^{(1)} = \frac{x_4 + x_3 + x_2}{3} = \frac{2\ 941 + 2\ 698 + 2\ 865}{3} = 2\ 834.7(万元)$$

当 $n=4$ 时,7 月的预测值为

$$M_6^{(1)} = \frac{x_6 + x_5 + x_4 + x_3}{4} = \frac{2\ 736 + 2\ 875 + 2\ 941 + 2\ 698}{4} = 2\ 812.5(万元)$$

其余预测值可以此逐一计算。必须指出的是,表 9-5 中的 1、2、3 期平均数 2 877 万

元作为下一期的预测值,列在第 4 期第一栏上,故 $M_3^{(1)}$ 与 $t=4$ 是同一期。同理 $M_4^{(1)}$ 与 $t=5$ 也是同一期。其余各期以此类推。

(二)二次移动平均法

二次移动平均法的思路是在一次移动平均法的基础上加上一个趋势调整值,以弥补一次移动平均后损失的趋势。

二次移动平均数的计算公式为

$$M_t^{(2)} = \frac{M_t^{(1)} + M_{t-1}^{(1)} + M_{t-2}^{(1)} + \cdots + M_{t-n+1}^{(1)}}{n} \tag{9-4}$$

式中 $M_t^{(1)}$——第 t 期的一次移动平均数;

$M_t^{(2)}$——第 t 期的二次移动平均数;

n——移动平均数的跨越期。

其计算方法与一次移动平均法完全相同。

小案例

某商场采用二次移动平均法预测销售额

每月实际销售额与表 9-4 的数据相同,仍设 $n=3$,则二次移动的平均数见表 9-6。

表 9-6 采用二次移动平均法的某商场销售额预测计算表(万元)

月份	实际销售额	$M_t^{(1)}$	$M_t^{(2)}$
1	3 068	—	—
2	2 865	—	—
3	2 698	—	—
4	2 941	2 877	—
5	2 875	2 834.7	—
6	2 736	2 838	—
7	2 806	2 850.7	2 849.9
8	2 759	2 805.7	2 841.1
9	2 690	2 767	2 831.5
10	2 796	2 751.7	2 807.8
11	2 708	2 748.3	2 774.8
12	3 091	2 731.3	2 755.7

二次移动平均法不能独立进行预测,只能与一次移动平均法配合,求得移动系数,建立预测模型。所以,要进一步解决滞后偏差的问题,前提条件是时间序列的数据必须具有线性趋势。

用二次移动平均法所建立起来的直线方程式,只适宜于做短期预测,对于中长期预测就不太适宜,其原因在于无法适时调整直线方程式的移动系数值,从而预测值可能脱离实际。

二、指数平滑法

指数平滑法是在移动平均法基础上发展起来的一种方法,实质上是一种特殊的加权移动平均法,该方法既重视远期数据,又重视近期数据,它对各期数据赋予的权数,由近及远按指数规律递减。这种方法给出了确定权数的基本规则,使其在调整权数、处理资料时更为方便,因而在市场预测中被广泛应用。

指数平滑法按平滑次数的不同又分为一次指数平滑法、二次指数平滑法和多次指数平滑法。本任务主要阐述一次指数平滑法。

一次指数平滑法是以预测对象的本期实际值和本期预测值为资料,用平滑系数来确定两者的权数,求得本期的平滑值,作为下一期的预测值。其计算公式为

$$S_{t+1}^{(1)} = \alpha x_t + (1-\alpha) S_t^{(1)} \tag{9-5}$$

式中 $S_{t+1}^{(1)}$ ——下一期的预测值;

x_t——本期实际观测值(本期实际发生值);

$S_t^{(1)}$——本期预测值;

α——平滑系数,其取值范围为 $0 \leqslant \alpha \leqslant 1$。

在应用指数平滑法进行预测时,平滑系数 α 的选择非常重要。在实际应用中,若是跟踪近期变化,则 α 取值宜较大;若是需要消除随机波动,揭示长期变化趋势与规律,α 取值宜较小;也可以通过用几个不同的 α 值试算预测值,比较预测值与实际值之间的平均绝对误差 MAD,择其最小值来确定。

此外,由指数平滑法公式可知,要计算 $S_{t+1}^{(1)}$ 就需要知道 $S_t^{(1)}$。以此类推,要计算 $S_1^{(1)}$ 就要知道 $S_0^{(1)}$,而 $S_0^{(1)}$ 是没有办法计算出来的,只能估算。当资料项数较多(如 $n \geqslant 10$)时,初始值 $S_0^{(1)}$ 对预测结果影响较小,可以选择第一期的实际值作为初始值;当资料项数较少时,初始值对预测结果影响较大,可选择前几期(一般是前3期)数据的平均值作为初始值。

小案例

某日化企业采用一次指数平滑法预测销售额

某日化企业近10个月销售牙膏的资料见表9-7。请用一次指数平滑法预测11月的牙膏销售量。

表9-7　　某日化企业近10个月销售牙膏的资料

月份 t	销售量 x_t/万支	$S_t^{(1)}(\alpha=0.7)$/万支
1	64	64
2	66	64
3	71	65.4
4	76	69.3

(续表)

月份 t	销售量 x_t/万支	$S_t^{(1)}(\alpha=0.7)$/万支
5	59	74
6	68	63.5
7	63	66.7
8	70	64.1
9	72	68.2
10	70	70.9
11	—	70.3

【分析】 具体步骤如下：

第一步：确定平滑系数 α，本实例中 $\alpha=0.7$。

第二步：确定初始平滑值 $S_1^{(1)}$。本例 $n=10$，故 $S_1^{(1)}=x_1=64$（万支）。

第三步：依次计算一次指数平滑值。

当 $\alpha=0.7$ 时，

$$S_2^{(1)}=0.7\times 64+0.3\times 64=64（万支）$$
$$S_3^{(1)}=0.7\times 66+0.3\times 64=65.4（万支）$$
$$\cdots\cdots$$
$$S_{10}^{(1)}=0.7\times 72+0.3\times 68.2\approx 70.9（万支）$$

第四步：计算下一季度预测值，即

$$S_{11}^{(1)}=\alpha x_{10}+(1-\alpha)S_{10}^{(1)}=0.7\times 70+0.3\times 70.9\approx 70.3（万支）$$

从上述计算过程中，可以发现，一次指数平滑法在计算每一个平滑值时，只需用一个实际观察值和一个上期的平滑值即可，它解决了需要储存数据过多带来的不便，且计算过程简便，计算工作量较小。但一次指数平滑法也存在一定的缺陷，它只能向未来预测一期市场现象的表现，这在很多情况下造成了预测的局限性，不能满足市场预测者的需要。

此外，一次指数平滑预测模型中的第一个平滑值 $S_1^{(1)}$ 和平滑系数 α，在被确定时只是根据经验，尚无严格的数学理论加以证明。一次指数平滑法对无明显趋势变动的市场现象进行预测是适合的，但对于有趋势变动的市场现象则不适合。当市场现象存在明显趋势时，不论值取多大，其一次指数平滑值都会滞后于实际观察值。

三、季节指数法

（一）季节指数法概述

商品的供应与消费由于受生产条件、气候条件、人们生活消费习惯的变化以及商品生产和生活消费的时间间隔的影响往往表现出季节性规律，例如，瓜果、蔬菜等产品是季节生产、季节消费，粮、油、茶、糖等产品是季节生产、常年消费，背心、羽绒衣等产品是常年生产、季节消费等，使得这些产品出现季节性变动。掌握了季节性变动规律，就可以利用它来对季节性的商品进行市场需求量预测。

季节指数法,是一种周期预测技术,是时间序列预测的重要组成部分。它是根据预测目标各年(月或季)的时间数列资料,运用统计方法计算出季节指数,并利用季节指数进行预测。

(二)季节指数法操作步骤

季节指数法操作步骤如下:

(1)搜集历年(通常需要3年以上)各月或各季度的统计资料(观察值)。

(2)求出各年同月或同季度观察值的平均数(用 A 表示)。

(3)求出历年所有月份或季度的平均值(用 B 表示)。

(4)计算各月或各季度的季节指数,即 $S=A/B$。

(5)计算预测期趋势值。趋势值是不考虑季节变动影响的市场趋势估计值。

(6)用预测期趋势值乘以相应季节指数,即得出未来年度内各月和各季度包含季节变动的预测值。

小案例

某咨询公司利用季节指数法预测茶类饮料销售额

一家咨询公司受某茶类饮料企业委托,为其所在地区的茶类饮料消费市场进行分析和预测。该咨询公司分别走访了省市统计局等相关部门,并搜集到了该地区2018—2020年的茶类饮料销售额数据,见表9-8。用季节指数法,预测该地区2021年各季度的茶类饮料销售额。

表9-8　　　　　　　茶类饮料销售额数据　　　　　单位:百万元

季度	2018年	2019年	2020年
第一季度	56	62	68
第二季度	72	76	82
第三季度	82	89	93
第四季度	62	68	74

分析:

1.计算各年同季度销售平均值

各年同季度销售平均值=各年同季度销售额总和/年数

其中,第一季度销售平均值为(56+62+68)/3=62(百万元)。以此类推,第二季度销售平均值为76.7(百万元);第三季度销售平均值为88(百万元);第四季度销售平均值为68(百万元)。

2.计算历年的季度平均值

2018年的季度平均值为

$$(56+72+82+62)/4=68(百万元)$$

2019年的季度平均值为

$$(62+76+89+68)/4≈73.8(百万元)$$

2020 年的季度平均值为

$$(68＋82＋93＋74)/4≈79.3(百万元)$$

所以这 3 年的季节销售平均值为

$$(68＋73.8＋79.3)/3＝73.7(百万元)$$

3.计算各季度的季节指数

$$季节指数＝各年同季度销售平均值/历年季度销售平均值$$

其中,第一季度季节指数＝62/73.7≈0.84;其他季度的季节指数以此类推。

4.预测 2021 年各季度的销售额

各季度预测值＝最近年份的平均值×季节指数

本题中最近年份的平均值为 79.3。则第一季度预测值为 79.3×0.84＝66.61;其他季度的预测值可以此类推。

各步骤的具体计算数值见表 9-9。

表 9-9　　　　　　　　　茶类饮料销售预测表　　　　　　　单位:百万元

季度	2018 年	2019 年	2020 年	各年同季度销售平均值	季节指数	预测值
第一季度	56	62	68	62	0.84	66.61
第二季度	72	76	82	76.7	1.04	82.47
第三季度	82	89	93	88	1.19	94.37
第四季度	62	68	74	68	0.92	72.96
季度销售平均值	68	73.8	79.3	73.7	—	—

四、回归分析法

(一)回归分析法的概念及类别

什么是回归分析法?

回归分析法,是通过对预测对象和影响因素的统计整理和分析,找出它们之间的变化规律,将变化规律用数学模型表示出来,并利用数学模型进行预测的一种分析方法。

建立变量之间有效的回归方程,是回归分析法的重要工作。当我们对市场现象未来发展状况和水平进行预测时,如果能将影响市场预测对象的主要因素找到,并取得其数据资料,就可以采用回归分析法进行预测。它是一种具体的、行之有效的、实用价值很高的常用市场预测方法。

回归分析法有多种类型。依据相关关系中自变量的个数不同分类,可分为只有一个自变量的一元回归分析法和有两个以上自变量的多元回归分析法。依据自变量和因变量之间的相关关系,又可分为线性回归和非线性回归。

（二）回归分析法的基本步骤

回归分析法的基本步骤如图9-3所示。

根据预测目标，确定自变量和因变量 → 进行相关分析 → 建立预测模型 → 预测模型的检验及预测误差的计算 → 计算并确定预测值

图9-3 回归分析法

1.根据预测目标，确定自变量和因变量

明确了预测的具体目标，也就明确了因变量。如果预测具体目标是下一年度的销售量，那么销售量就是因变量。通过市场调查和查阅资料，寻找预测目标的影响因素，即自变量，并从中选出主要的影响因素。

2.进行相关分析

回归分析法是对具有因果关系的影响因素（自变量）和预测对象（因变量）进行的数理统计分析处理。只有当自变量与因变量确实存在某种关系时，拟合出的回归方程才有意义。自变量与因变量的相关程度，影响到预测值有效性的大小。因此，自变量与因变量之间存在着显著的相关性是应用回归分析法的基础。

3.建立预测模型

根据对自变量和因变量分析的结果，利用它们在观察期的资料，建立适当的回归方程，以此来描述现象之间相关关系的发展变化规律，即预测模型。

4.预测模型的检验及预测误差的计算

预测模型是否可用于实际预测，取决于对预测模型的检验和对预测误差的计算。回归方程只有通过各种检验，且预测误差较小，才能将回归方程作为预测模型进行预测。

5.计算并确定预测值

回归分析法的最后一个步骤就是依据经过分析和检验后的预测模型，进行实际预测，并对预测的结果进行综合分析。利用预测模型确定预测值，是预测者的最终目标。预测值可以用一个点表示，但更多的情况下是根据需要求出预测值的区间估计值。区间估计值更能反映预测值的实际含义，在使用时具有充分的余地。

上述五个预测步骤仅仅是回归分析法建立预测模型和进行预测值确定的基本步骤。在实际的市场预测中，由于市场现象复杂，还必须结合预测者的经验和分析判断能力，对预测模型合理调整后才能应用。

（三）一元线性回归分析法

本任务主要介绍最基本的回归分析预测模型，即一元线性回归分析预测模型。

1.一元线性回归分析法的基本原理

将一个变量（因变量）与另一个变量（自变量）的变化看成线性关系，并通过统计数据来定量分析自变量变化而导致作为预测值的因变量的变化。若通过对大量统计数据的分析，发现两个变量的数据分布有近似的线性关系，则可以表示为

$$y_t = a + bx_t + e \tag{9-6}$$

式中　y_t——t期的因变量，是要预测的目标量；

　　　x_t——t期的自变量，是所选定预测目标（因变量）的相关量；

a——回归系数,是 y 轴上的截距;

b——回归系数,是回归直线的斜率;

e——随机误差。

一元线性回归分析法,就是通过对 y_t、x_t 大量的数据进行统计分析,寻找出线性分析规律,即确定 a、b、e;并根据 $y_t = a + bx_t + e$ 的线性关系式,在已知 x_t 时对 y_t 进行预测。

2.一元线性回归分析法的应用

小案例

用一元线性回归预测法预测某企业的销售额

据经验,企业的商品销售额与广告费用支出之间具有相关关系。某企业 2011—2020 年的商品销售额和广告费用支出资料见表 9-10。该企业预计 2021 年的广告费支出为 35 万元,要求在 95% 的确信度下,通过分析所掌握的数据,预测下年商品销售额。

表 9-10 某企业商品销售额与广告费支出

年份	广告费 x_i/万元	商品销售额 y_i/百万元
2011	4	7
2012	7	12
2013	9	17
2014	12	20
2015	14	23
2016	17	26
2017	20	29
2018	22	32
2019	25	35
2020	27	40
合计	157	241

分析:

第一,进行相关分析。

坐标系下将广告费支出和商品销售额的数据标出,画出散点图,可以发现呈直线趋势。可以判定二者为一元线性关系。

第二,建立回归方程。

回归方程为 $\hat{y} = a + bx$,其中关键是求回归系数 a 与 b 的值。

$$b = \frac{n\sum_{i=1}^{n} x_i y_i - \sum_{i=1}^{n} x_i \sum_{i=1}^{n} y_i}{n\sum_{i=1}^{n} x_i^2 - (\sum_{i=1}^{n} x_i)^2} = \frac{10 \times 4\,508 - 157 \times 241}{10 \times 3013 - (157)^2} \approx 1.321$$

$$a = \frac{\sum_{i=1}^{n} y_i}{n} - \frac{b\sum_{i=1}^{n} x_i}{n} = \frac{241}{10} - \frac{1.321 \times 157}{10} \approx 3.360$$

所求回归方程为 $y = 3.360 + 1.321x$。

第三,进行检验。检验相关系数计算,即

$$r = \frac{n\sum_{i=1}^{n}x_iy_i - \sum_{i=1}^{n}x_i\sum_{i=1}^{n}y_i}{\sqrt{n\sum_{i=1}^{n}x_i^2 - (\sum_{i=1}^{n}x_i)^2}\sqrt{n\sum_{i=1}^{n}y_i^2 - (\sum_{i=1}^{n}y_i)^2}}$$

$$= \frac{10 \times 4\,508 - 157 \times 241}{\sqrt{10 \times 3\,013 - (157)^2}\sqrt{10 \times 6\,777 - (241)^2}}$$

$$\approx 0.999\,4$$

取得显著性水平 $\alpha = 0.05$,参数为 $n-2 = 10-2 = 8$。查相关系数临界值表得:$r_{0.05(8)} = 0.632$ 因为 $r > r_0$,说明广告费与商品销售额存在很强的正相关关系。

第四,进行预测。先进行点预测,2020年的广告费预计支出35万元。将其代入方程,有 $y = 3.360 + 1.321 \times 35 = 49.595$(百万元)。

即 2020 年的商品销售额可达到 49.595 百万元。

第五,进行区间预测,利用公式 $S = \sqrt{\dfrac{\sum_{i=1}^{n}(y_i - \hat{y}_i)^2}{n-2}}$ 计算标准误差,查 t 分布表,最后可得商品销售额的预测区间为:$(49.595-3.731, 49.595+3.731)$(百万元),即若以95%的把握预测,当广告费支出为35万元时,商品的销售额为$(45.864, 53.326)$(百万元)。

即当2021年投入广告费35万元后,在显著性水平 $\alpha = 0.05$ 下,其销售额预测区间为$(45.864, 53.326)$(百万元)。

在实际预测中,预测人员有必要在定量分析基础上,根据经验、环境或其他因素的综合分析,得出一个更有把握的预测区间范围,或使某一预测值对决策更具实用性。此外,一元回归分析建立的一元回归模型不是永恒不变的,要根据事物随时间的发展变化,不断收集新的资料以重新确立新的模型。

上述预测置信区间是从统计意义上的定量分析推断的,不能将统计上的有效性与客观的有用性完全等同。比如,置信区间太宽,几乎会使它失去作为预测模型的现实意义。

因此,在实际预测中,预测人员有必要在定量分析基础上,根据经验、环境或其他因素的综合分析,得出一个更有把握的预测区间范围,或使某一预测值对决策更具实用性。此外,一元线性回归分析建立的预测模型不是永恒不变的,要根据事物产生的变化,不断收集新的资料以重新确立新的模型。

项目小结

本项目对市场预测技术中的重要组成部分——定性预测与定量预测的各种方法的原理及其应用进行了介绍。

定性预测方法,本项目主要介绍了集合意见法、专家会议法和德尔菲法。

集合意见法,是指各方人士(可以是企业内部经营管理人员、业务人员,也可以是企业外部的业务人员或用户)凭自己的经验判断,对市场未来需求趋势提出个人预测意见,再集合大家意见做出市场预测的方法。

专家会议法即通过组织一个具有相关知识的专家参与的专家会议,运用专家各方面的专业知识和经验,相互启发,集思广益,对市场未来发展趋势或企业某个产品的发展前景做出判断的一种预测方法。

德尔菲法是专家会议法的改进和发展,是为避免集体讨论存在的屈从于权威或盲目服从多数的缺陷而提出的一种专家预测方法。在预测过程中,各专家不通过会议形式交换意见和进行讨论,而是在互相保密的情况下,用书面形式独立地回答预测者提出的问题,并反复多次修改各自的意见,最后由预测者综合确定市场预测的结论。

定量预测方法的具体形式较多,本项目主要介绍了较常用的几种方法,比如移动平均法、指数平滑法、季节指数法和回归分析法等。

移动平均法是取预测对象最近的一组观察期的数据(或历史数据)的平均值作为预测值的方法。

指数平滑法是在移动平均法基础上发展起来的一种方法,实质上是一种特殊的加权移动平均法,该方法既重视远期数据,又重视近期数据,它对各期数据赋予的权数,由近及远按指数规律递减。

季节指数法,是一种周期预测技术,是时间序列预测的重要组成部分。它是根据预测目标各年(月或季)编制的时间数列资料,以统计方法测定出反映变动规律的季节指数,并利用季节指数进行预测的预测方法。

回归分析法是以遵循市场预测的因果性原理为前提,从分析事物变化的因果联系入手,通过统计分析,建立预测模型,揭示预测目标与其他有关经济变量之间的数量变化关系,据此对预测目标进行预测的方法。

思考营地

1. 市场预测应遵循什么原则?
2. 预测人员应具备什么样的特点?
3. 市场预测中定性预测技术的方法有哪些?
4. 集体经验判断预测法的操作程序是什么?
5. 专家预测法的形式有哪些?举例说明。
6. 定量预测法的内容有哪些?

案例分析

几种药材的市场预测分析

甘草、白芍、丹参、柴胡、远志是社会需求量很大、易于种植管理的常用中药材,其价格受种植面积、生长周期、社会需求量、国家政策的影响较大。目前,上述几种药材的价格,有的处在低谷,如白芍;有的处在巅峰,如柴胡、远志。今后几年这几种药材的种植和市场会有什么变化呢?

(1)柴胡、远志

柴胡和远志都是多年生草本植物,以根入药。目前,这两种药材的市场价格都很高,并呈上升趋势。原因之一是社会需求量的不断增长;原因之二是野生资源的日益匮乏,而人工种植的产品短期内没有大的应市量。柴胡和远志的生长周期一般为2年,产量分别为每亩180千克和120千克,若按现在的市场价格35元/千克和50元/千克计算,效益是非常可观的。柴胡人工种植已有十几年的历史,因柴胡发芽对温度要求较严格等因素的影响,一直没有形成大面积种植。远志人工种植近几年才获成功,要满足市场需求,还有待于进一步宣传、发动,扩大种植面积。所以,应该大力发展柴胡和远志的种植,以满足市场需求。

(2)甘草

甘草是多年生草本植物,以根和根状茎入药,市场需求极大。据亳州市统计,近5年来,该市年销量都在1 000吨左右。除亳州外,国内还有安国、清平、玉林、舜王城、荷花池等十几处大型交易市场,这些市场甘草的年销量共计2 000多吨,全国年销量在3 000吨以上,人工种植的甘草占不到其中的10%。市场呈供不应求之势。

甘草年销量居高不下的原因有三:一是药用量的稳定增长;二是出口量的逐年增加;三是非医药行业对甘草的开发利用,如卷烟业、食品业等。社会需求的迅速增长和甘草应市量的供不应求,必然拉动市场价格的不断攀升。目前野生甘草资源已濒临枯竭,而人工种植甘草近几年才小有规模,主要分布在河北、山东、河南等地。人工种植甘草生长周期较长,安徽、苏北需2年才能收获,山东、河北需2~3年才能收获,内蒙古、东北地区需4年以上才能收获。

(3)白芍

白芍为多年生草本,以肉质根入药,多为人工栽培;主产区在安徽亳州、涡阳等地,全国大多数地区都可栽培。生长周期为3~4年,最长可达6年。全国年销量10 000余吨,出口500~800吨。其价格受生长周期等因素的影响,上下波动很大,呈周期性变化。

(4)丹参

丹参为多年生草本,以肉质根入药,是世界公认的治疗心脑血管病的首选药物。应市丹参为人工栽培,生长周期为1年。近几年,社会需求量都在15 000吨左右。其价格主要受种植面积和气候条件的影响,上下变化很大。

阅读以上材料,讨论:

1.你认为本项预测采用了哪类预测方法?有何特点?
2.预测的分析和论证是否充分、中肯,预测的依据是什么?

实战训练

1.某企业2020年各月销售额见表9-13。试用简单平均法、三个月绝对移动平均法以及三个月加权移动平均法(取$f_1=0.1, f_2=0.3, f_3=0.6$),分别逐月预测下月的销售额,

并预测 2021 年 1 月的销售额。

表 9-13　　　　　　　某企业 2020 年各月销售额　　　　　　　单位：万元

月　份	1	2	3	4	5	6	7	8	9	10	11	12
实际销售额	45	47	46	54	45	46	44	39	38	36	38	47

2. 根据表 9-13 的资料，取平滑系数 $\alpha=0.7$ 及 $\alpha=0.3$，运用一次指数平滑法分别对各月以及 2021 年 1 月的销售额进行预测，并对预测结果进行比较。

3. 某商场 2013—2020 年的销售额资料见表 9-14。

表 9-14　　　　　某商场 2013—2020 年的销售额　　　　　　　单位：万元

年　份	2013	2014	2015	2016	2017	2018	2019	2020
销售额	80	94	88	101	110	121	134	142

试用二次移动平均法($n=3$)预测 2021—2023 年的销售额。

4. 某商场 2018—2020 年的空调销售量资料见表 9-15。

表 9-15　　　　某商场 2018—2020 年的空调销售量　　　　　　单位：万台

月　份		1	2	3	4	5	6	7	8	9	10	11	12
销售量	2018 年	2	4	8	22	64	110	90	81	52	12	5	1
	2019 年	3	5	12	20	80	122	95	97	62	18	4	2
	2020 年	5	8	12	24	85	136	98	94	68	18	6	4

试用季节指数法预测 2021 年各月空调销售量。

5. 表 9-16 列出了某商店 1 至 10 月的销售额，取 $n=3$，试用移动平均法预测 11 月和来年 2 月的销售额。

表 9-16　　　　　　　某商店 1 至 10 月的销售额　　　　　　　单位：万元

月　份	1	2	3	4	5	6	7	8	9	10
销售额	350	400	360	450	400	460	500	550	520	600

【实训目标】　通过运用 Excel 工具进行趋势预测。

【实训要求】　用 Excel 工具进行预测模型的制作与检验分析，符合 Excel 工具分析预测模型制作与检验分析的基本要求。

【实训组织】　学生以个人为单位，教师提供相关数据。

【实训成果】　学生展示数据分析结果，教师讲评。

项目十　撰写调查报告

知识目标

1. 掌握市场调查报告的基本结构；
2. 掌握市场调查报告的写作技巧。

能力目标

1. 编写调查报告；
2. 对调查结果进行解释。

任务分解

任务一　分析市场调查报告的结构及内容
任务二　掌握市场调查报告的写作技巧
任务三　市场调查报告的提交

任务内容

各项目小组根据本组的调查项目，完成以下任务内容：
1. 项目组成员梳理前期调查工作，确定市场调查报告的主题，构思提纲；
2. 项目组成员了解市场调查与分析报告撰写技巧，完成报告撰写工作；
3. 整理调查成果、打印调查报告等，做好沟通准备工作；
4. 汇报调查情况及分析结论；
5. 接受合理化建议，完善调查工作并提交报告。

任务成果

1. 撰写一份课程学习过程中实施的市场调查项目报告；
2. 制作PPT演示文稿。

市场调查与预测

知识导图

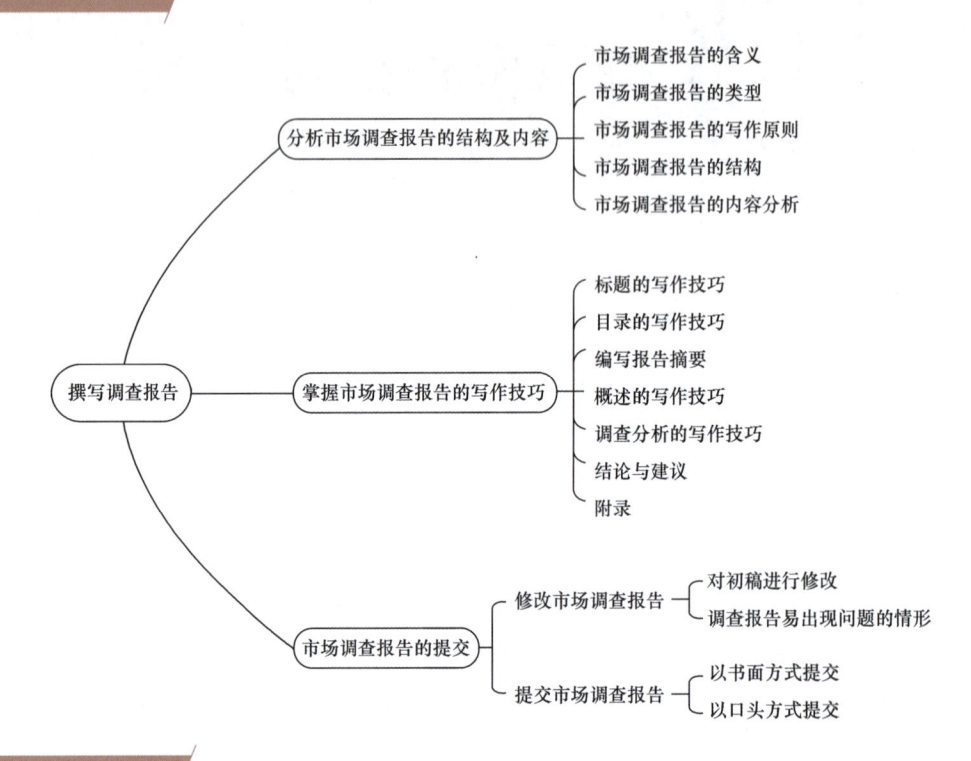

- 撰写调查报告
  - 分析市场调查报告的结构及内容
    - 市场调查报告的含义
    - 市场调查报告的类型
    - 市场调查报告的写作原则
    - 市场调查报告的结构
    - 市场调查报告的内容分析
  - 掌握市场调查报告的写作技巧
    - 标题的写作技巧
    - 目录的写作技巧
    - 编写报告摘要
    - 概述的写作技巧
    - 调查分析的写作技巧
    - 结论与建议
    - 附录
  - 市场调查报告的提交
    - 修改市场调查报告
      - 对初稿进行修改
      - 调查报告易出现问题的情形
    - 提交市场调查报告
      - 以书面方式提交
      - 以口头方式提交

案例导入

朝鲜战争的调研

1950年,朝鲜战争到了剑拔弩张、一触即发的时刻。美国政府就发动朝鲜战争中国是否会出兵的问题展开了反复的讨论。讨论的结果是中华人民共和国刚刚成立,百废待兴,自顾不暇,不会也不敢出兵。

同时,有两家公司对这次战争进行了战略预测,一家是美国兰德公司,另一家是欧洲德林公司。两家公司均花费巨资对这次战争做了战略性的研究。尤其是德林公司,投入了大量的人力和物力。经过研究分析,该公司认为如果美国向朝鲜出兵,中国也一定会出兵;若中国出兵,美国注定要失败。

这一份研究报告的主要结论是"如果美国向朝鲜出兵,中国将出兵朝鲜"。另外还附有380页的研究报告。德林公司已经找好了它的买主——美国对华政策研究室。德林公司要价500万美元,但美国对华政策研究室却认为它只值几十万美元。差价太大,双方自然不欢而散。

而嫌贵的后果是什么呢?正如历史所记载的一样,美国盲目出兵朝鲜,中国怎么能允许美国把战火烧到中国的鸭绿江边?中国出兵抗美援朝,美国惨败。朝鲜战争结束后,美国人为了吸取教训,花费280万美元买下了德林公司的这项研究成果。

讨论: 战争前,美国为什么不买德林公司的研究报告?战争后,美国为什么还高价购买报告?研究报告的价值是什么?研究报告的定价依据是什么,与成本有关吗?

任务明确

市场调查报告是整个调查任务活动的成果体现,实践证明,无论调查设计多么科学,调查问卷多么周密,样本多么具有代表性,数据收集、质量控制多么严格,数据整理和分析多么恰当,调查过程和调查结果与调查的要求多么一致,如果调查者不能把诸多的调查资料组织成一份清晰的、高质量的市场调查报告,就不能与决策者或用户进行有效的信息沟通,决策者或用户就不能有效地采取行动。本项目包含以下三个任务:

任务一　分析市场调查报告的结构及内容
任务二　掌握市场调查报告的写作技巧
任务三　市场调查报告的提交

任务一　分析市场调查报告的结构及内容

一份好的市场调查报告应该有完整的结构和详略得当、层次分明的内容。

一、市场调查报告的含义

什么是市场调查报告?

市场调查报告是在对市场调查得到的资料进行分析整理、筛选加工的基础上,写出的分析性书面报告。

在报告中记述和反映市场调查成果并提出看法和意见,借以帮助企业了解、掌握市场的现状和趋势,增强企业在市场经济大潮中的应变能力和竞争能力,从而有效地促进经营管理水平的提高。

市场调查报告是市场调查工作的最终成果,也是市场调查过程中最重要的一环。许多管理者并不一定涉足市场调查过程,但他们将利用调查报告进行业务决策。一份好的调查报告,能对企业的市场策划活动提供有效的导向作用,同时,对于各部门管理者了解情况、分析问题、制定决策、编制计划以及控制、协调、监督等各方面都能起到积极的作用。如果调查报告写得拙劣不堪,再好的调查资料也会黯然失色,甚至可能导致市场活动的失败。

二、市场调查报告的类型

市场调查报告可以从不同角度进行分类。

(1)按其所涉及内容含量的多少,可以分为综合性市场调查报告和专题性市场调查报告。综合性市场调查报告反映的是整个调查活动的全貌,详尽说明调查结果及其发现,包括:调查概况、样本结构、基本结果、对不同组群的分析、主要发现等。专题性市场调查报告则是针对某个具体问题或侧面而撰写的报告。

（2）按调查对象的不同,分为关于市场供求情况的市场调查报告、关于产品情况的市场调查报告、关于消费者情况的市场调查报告、关于销售情况的市场调查报告以及关于市场竞争情况的市场调查报告。

（3）按表述手法的不同,可分为陈述型市场调查报告和分析型市场调查报告。

（4）按报告性质的不同,可分为普通调查报告、研究性调查报告、技术报告。

（5）按调查报告呈递形式的不同,可分为书面调查报告和口头报告。

三、市场调查报告的写作原则

撰写市场调查报告需要遵守以下几条原则。

首先,要做到实事求是。市场调查报告是在分析调查所获基本情况的基础上对市场发展趋势做出预测,从而对有关部门和企业领导的决策行为提供参考依据,因而关系到企业未来决策和行为的正确性,所以从调查的实施到调查报告的撰写,整个流程都必须严格把关,实事求是,不可杜撰、增减数据,做出的预测必须有理有据。

其次,要做到目的明确、重点突出。一份市场调查报告的主题往往只有一个,调查报告应避免数据堆砌、表达不清、主题不明。

最后,文字表达言简意赅。阅读市场调查报告的人,一般都是繁忙的企业经营管理者或有关机构负责人,因此,撰写市场调查报告时,要力求条理清楚、言简意赅、易读好懂。

四、市场调查报告的结构

市场调查报告一般由开头、正文、附录三部分构成,如图 10-1 所示。市场调查报告的主要部分是正文。正文大致可以分为三部分,即概述、调查分析、结论与建议。

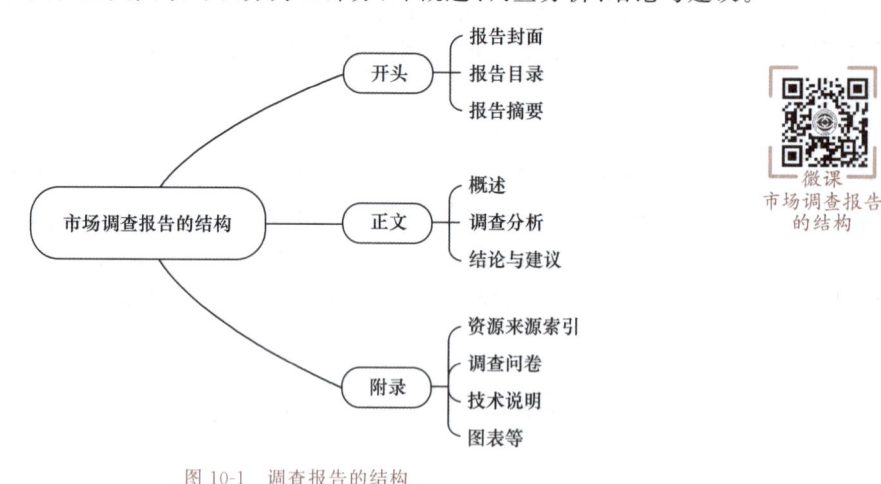

```
                            ┌─ 报告封面
                     开头 ──┼─ 报告目录
                            └─ 报告摘要
                            ┌─ 概述
市场调查报告的结构 ── 正文 ──┼─ 调查分析
                            └─ 结论与建议
                            ┌─ 资源来源索引
                            ├─ 调查问卷
                     附录 ──┤
                            ├─ 技术说明
                            └─ 图表等
```

图 10-1　调查报告的结构

五、市场调查报告的内容分析

一份市场调查报告从内容上分,大致可以分为三部分,即基本情况、分析与结论、措施与建议。

1. 基本情况

这部分是对调查结果的描述与解释说明，可以用文字、图表、数字加以说明。对情况的介绍要详尽而准确，为下一步做分析、下结论提供依据。

2. 分析与结论

对调查数据进行科学的分析，找出原因及各方面因素的影响，透过现象看本质，得出对调查对象的明确结论。

3. 措施与建议

通过对调查资料的分析研究，对市场情况有了明晰的认识。针对市场供求矛盾和调查发现的问题，提出建议和看法，供领导决策参考。

课堂活动

小张是某职业学院大三的学生，他利用暑假在一家酒店里实习。酒店开展了一项关于本市居民家庭饮食消费状况的市场调查，酒店经理让小张撰写市场调查报告。结合你所学的知识，你认为该调查报告应包括哪些内容？

任务二　掌握市场调查报告的写作技巧

市场调查得到的材料往往是大量而庞杂的，要善于根据主旨的需要对材料进行严格的鉴别和筛选，给材料归类，并分清材料的主次轻重，按照一定的条理，将有价值的材料组织到市场调查报告中去。

一、标题的写作技巧

市场调查报告的标题往往跟之前的市场调查题目是一致的。标题应简单明了、高度概括、题文相符，能准确地表达调查报告的主题思想，把被调查单位、调查内容明确而具体地表示出来。标题的格式类型有：

(1) 直叙式标题，即用调查对象和调查的主题作题目。如"TCL液晶电视市场占有率调查""中国联通市场竞争态势调查"等，这类题目简明扼要，比较客观，但略显呆板。

(2) 表明观点式标题，即直接阐明观点、看法或对事物做出判断、评价。如"高档羊绒大衣在北京市场畅销""必须提高销售人员素质——A公司销售人员情况调查"等，这种标题既表明了报告编写者的态度，揭示了主题，又有一定的吸引力，但通常要加上副标题才能将调查对象和内容表达清楚。

(3) 提问式标题，即报告的题目是一个设问句或反问句，而报告的内容就是回答这个问题。例如，"消费者愿意到网上购物吗？""为什么A公司在广东市场的分销渠道不畅通？""B公司的促销活动为什么没有达到预期的效果？"这类题目比较尖锐，具有较大的吸引力，一般用于揭露问题的调查分析报告。

二、目录的写作技巧

如果调查报告的内容、页数较多,为了方便读者阅读,应当使用目录或索引形式列出报告所分的主要章节和附录,并注明标题、有关章节的号码及页码。

小案例

××市场调查报告的目录

一、摘要 ·· 1
二、调查概况 ·· 3
　　1.研究背景及目的 ·· 3
　　2.研究内容 ··· 4
三、研究方法 ·· 6
四、消费者调查结果 ··· 8
　　1.×××× ··· 9
　　2.×××× ··· 12
　　3.×××× ··· 15
五、零售商调查结果 ··· 19
　　1.×××× ··· 21
　　2.×××× ··· 25
　　3.×××× ··· 28
六、结论及建议 ··· 30
附录 ··· 31
　　附录一　消费者调查问卷 ·· 32
　　附录二　消费者问卷的原始统计数据 ······································· 33
　　附录三　零售商调查问卷 ·· 38
　　附录四　零售商问卷的原始统计数据 ······································· 40

三、编写报告摘要

摘要就是为那些没有大量时间阅读整个报告的使用者(特别是高层管理人员)或者是不具备太多的专业知识,只想尽快得到调查分析报告的阅读者而准备的。

报告摘要具体包括四个方面的内容:①简要说明调查目的;②介绍调查对象和调查内容,包括调查时间、地点、对象、范围、调查要点及所要解答的问题;③简要介绍调查研究的方法;④简要说明调查结论与建议。

一般来讲,摘要的书写有以下一些要求:从内容来讲,要做到清楚、简洁和高度概括,其目的是让阅读者通过阅读摘要不但能了解本项目调查的全貌,同时对调查结论也有一个概括性的了解;从语言文字来讲,应该通俗、精炼,尽量避免使用生僻的字句或专业性、技术性过强的术语。摘要一般在完成报告后写。

小案例

中国城市青年价值观念及生活形态调查报告摘要

当代城市青年生于改革开放之初,成长于社会转型时期。经济和文化的飞速发展在他们身上打下了极深的时代烙印。因此,这一代青年无论是在价值观念、行为方式还是在消费方式上均发生了深刻的变化。

某市场监测机构对"中国城市青年价值观念及生活形态"进行了调查,并希望借此研究帮助社会各方面对当今的中国城市青年有更全面的了解。

此次调查采取实地问卷调查的方法来进行,调查样本取自北京、上海、广州、深圳、成都、武汉、西安、沈阳 8 个城市,共回收有效问卷 940 份。

通过研究发现,中国城市青年的价值观念及生活形态具有以下特点:

1. 价值观念趋于理性和务实

中国城市青年一个重要的变化就是从理想向现实的转变。他们比较注重个人利益和欲望满足,但在涉及集体利益与个体利益关系的问题上,集体取向的价值观仍得到多数青年的认同。对奉献与索取,多数人同意"奉献与索取应该是平等的",表现出了一种在奉献与索取之间寻求兼顾的可能性的务实倾向。在人生幸福和理想方面,"事业"和"家庭"并重是多数城市青年的选择;在选择衡量个人价值标准时,"能力"和"知识"则成为主要标准。

2. 面对现实,希望与压力并存

中国城市青年是一个自信、不断追求个性与独立的群体。从总体来看,他们对现状比较满意,对未来充满信心和希望。同时,青年期是个体发展的重要时期,在这一时期往往面临许多来自内外部的压力。总的来看,中国城市青年的压力主要来自于工作、经济方面。面对压力,他们已经具有一定的承受能力,多数人能够主动寻求社会支持,采取有效措施去调节自己,缓解压力。

3. 交友真诚,视野开阔

中国城市青年拥有开放的心态。他们愿意与周围的人真诚相处,互相关心,互相帮助;他们与朋友的沟通方式具有明显的时代特征,电话沟通和手机短信以及网络交流成为主要的沟通方式。同时,在信息急剧膨胀的现代,中国城市青年通过电视、网络和报纸等多元化的信息渠道来获取丰富的信息,不断关注变化中的世界。

4. 自主消费,时尚为先

由于多数人刚开始工作和社交,所以,在消费上以吃喝玩乐为主导,而在自我发展方面的开支微不足道。在消费取向上,他们大多喜欢追求流行和时尚。同时,重视品牌和产品质量也是这批青年共同的消费特征。

5. 在传统与现代的婚姻家庭观念中寻找平衡点

中国城市青年的婚恋观念仍然保留中国人传统的特点,同时对于网恋等非传统的婚姻观念,不少青年也能够接受。在择偶标准上,他们已打破传统的"门当户对",择偶时比较关注对方的人品以及两人是否能够相爱和投缘等因素。就结婚年龄而言,晚婚似乎已成为当今城市青年中的普遍现象,结婚的平均年龄约为 27 岁。对于养育孩子,他们有自己的看法,认为应该给予孩子更多的理解和尊重。

四、概述的写作技巧

概述是市场调查报告的开头部分,主要阐述调查的基本情况。通常包括以下内容:
(1)市场调查的目的和意义。
(2)市场调查工作的基本情况,包括市场调查的时间、地点、对象、范围、调查要点及所要解答的问题。
(3)调查研究的方法。为了使人确信调查结果的可靠性,有必要对所用方法进行简短叙述,并说明选用方法的原因。

以上是比较常见的写法,但也有先写调查结论,或直接提出问题等方式,这种写法既可以引导读者对报告全文内容、调查意义等获得初步了解,也能增强读者阅读报告的兴趣。

五、调查分析的写作技巧

这部分是市场调查报告的重点及难点,又称为调查报告的主体部分。具体的写作内容及要求如下:

1.分析调查数据

通过详细分析调查所收集到的各类材料与数据,发现问题,深入剖析原因。可以按照调查问卷的问题进行归类分析说明,也可以根据调查主题分层次用小标题提出。在此部分,应多采用分析文字与数据统计图形、表格相结合的方式,让阅读者一目了然,从图表上能获得直接的感观印象,从文字中又能解读到深层的原因分析。

2.概括观点

随着调查报告的深入分析,调查组应从各类统计数据和分析中归纳和总结出一些有价值的观点。比如"某市居民消费习惯调查"中,通过调查发觉大部分居民倾向于选择节假日采购,进一步分析影响因素与原因,原来是商家都喜欢在节假日搞优惠活动,年年如此,居民已经摸清了商家的规律,居民的消费逐渐趋于理性。因此,在市场调查报告中要体现和概括出类似的鲜明观点,如"居民消费趋于理性""商家活动依旧对居民消费起很大作用"等。

六、结论与建议

结论与建议是撰写市场调查报告的主要目的,也是报告使用者最关注的部分。该部分的写法比较灵活多样,可以是对概述或调查分析部分所提的主要内容的总结,进一步深化主题;也可以是提出解决问题的方法、措施、对策或下一步改进工作的建议;还可以是提出更深入的问题,引发人们的进一步思考,或是展望前景,发出鼓舞和号召。结论与建议和调查分析部分的论述要紧密对应,不可以提出无证据的结论。

七、附录

附录是指调查报告正文包含不了或没有提及,但与正文有关且必须附加说明的部分。它是对正文的补充或详细的说明,包括数据汇总表、原始资料背景材料和必要的工作技术报告,例如,为调查选定样本的有关细节资料及调查期间所使用的文件副本等。

课堂活动

小李同学在某超市参与了消费者满意度的市场调查,欲撰写调查报告。结合所学的知识,你认为撰写该调查报告应该掌握哪些技巧?需要注意什么问题?

任务三 市场调查报告的修改和提交

一、修改市场调查报告

(一)对初稿进行修改

在初稿完成后,调查小组人员可以针对初稿的内容、结构、用词等方面进行多次审核和修改,以确认报告言之有理、持之有据、观点明确、表达准确、逻辑合理。在定稿前也可以会议的形式,将整个报告或报告的若干部分拿出来与有关方面进行沟通,从中得到有用信息,提高报告的质量。

(二)调查报告易出现问题的情形

(1)审核报告的标题是否简洁、明了、富有吸引力并且能揭示调查主题的内容。

(2)审核报告主体各部分内容与主题的连贯性如何,有无修改和增减。

(3)是否处理好了篇幅和质量的关系。

(4)资料的取舍是否合理。报告中是否采用了大量与目标无关的资料,而使报告内容不是很紧凑或篇幅过长。

(5)是否对图表资料做了充分的解释和分析。对于用于推断调查结论的论据资料,特别是图表资料,如果只是将图表和数据展示出来而不做解释,必然引起使用者对这些图表和数据的怀疑,进而影响报告本身的可信度。

(6)审核所推断出的结论是否科学,论据是否确凿,审核所提建议是否可行。所提建议不可行,是指在报告中提出的建议对报告使用者来说是根本行不通的。这种问题的出现大多是由于撰写者不十分了解企业的情况,或者对市场的判断过于轻率。

小案例

经调查和分析,企业只需要对一个目标市场增加15万元的促销费就可达到企业的营销目标,那么,这个结论就作为一项建议被提出来了,即建议"企业每一个目标市场增加

15万元的促销费",结果是不可行的,因为它超过了企业的财务承受能力。在遇到这类情况时,如果报告撰写者对企业有比较深入的了解,就会将这个结论与其他方面综合起来考虑,因为要达到企业的营销目标并不完全取决于"企业每一个目标市场增加15万元的促销费",最好是能找到一个既在企业财务承受能力之内又能达到企业营销目标的可行建议。

(7)是否过度使用定量技术。定量技术的使用能够提高市场调查报告的质量,但必须适可而止。过度使用定量技术会降低报告的可读性,容易造成使用者阅读疲劳和引发对报告合理化的怀疑。

(8)报告的重点是否突出,报告的顺序安排是否得当。每个问题在全篇报告中占有的篇幅和位置,须与问题本身的重要程度相一致。报告的顺序可以采用以下结构:①纵式结构,即按照被调查对象发生、发展的先后顺序或被调查对象的演变过程安排材料;②横式结构,即按照材料的性质和逻辑关系归类,从不同的侧面、不同的角度,并列地将材料组成几个问题或几个方面,还可以加上小标题,逐一地报告各方面的情况。

(9)语言表述是否做到严谨、简明和通俗。语言严谨体现在选词造句要精确,分寸感强。在报告中不能使用如"可能""也许""大概"等含糊的词语,而且还要注意在选择使用表示强度的副词或形容词时,要把握词语的差异程度。比如,"有所反应"与"有反应";"较大反响"与"反应强烈";"显著变化"与"很大变化"之间的差别。语言简明体现在叙述事实情况时,力争以较少的文字清楚地表达较多的内容,要毫不犹豫地删除一些不必要的词句。能用一句话说明的,不用两句话。能用一个字说明的,不用两个字。语言通俗体现在调查报告的行文要自然流畅,尽量选用常见的词句,避免使用晦涩难懂的和专业技术性强的术语。

二、提交市场调查报告

市场调查报告征得各方意见并进行修改后就可以定稿并提交。

(一)以书面方式提交

调查人员将定稿后的调查报告打印为正式文稿,而且要求对报告中所使用的字体、字号、颜色、字间距等进行细心的选择和设计,文章的编排要求大方、美观,有助于阅读。另外,报告应该使用质地较好的纸张打印、装订,封面应选择专门的封面用纸,封面上的字体大小、空白位置应精心设计。因为,粗糙的外观或一些小的失误和遗漏都会严重地影响阅读者的兴趣,甚至信任感。

(二)以口头方式提交

绝大多数市场调查项目在准备和递交书面报告之前或之后都要做口头陈述,它可以简化为在使用者组织的地点与经理人员进行的一次简短会议,也可以正式到向董事会做一次报告。不管如何安排,有效的口头陈述均应以听众为中心,充分了解听众的身份、兴趣爱好、教育背景和时间等,精心安排口头陈述的内容,将其写成书面形式,也可以使用各种综合说明情况的图表协助表达;可以借助投影仪、幻灯片或大型图片等辅助器材,尽可能"直观地"向全体目标听众进行传达,以求取得良好的效果。

如有可能，应从市场调查人员当中抽选数人同时进行传达，各人可根据不同重点轮流发言，避免重复和单调。而且，还应该留适当时间，让听众有机会提出问题。

口头汇报时，需要注意以下几个方面的问题：

1. 听众

市场调查报告的汇报者必须根据听众的性质来决定传递什么信息，以什么样的表达方式传递。企业领导往往对市场的未来走向及相应的对策感兴趣，他们较关心报告的结论和建议部分。当然，通常的情况是各种层次的人都有，这时报告人员在报告内容的设计上除必要地照顾大众外，更应针对职位高的人士。另外，听众的人数往往也影响着口头汇报的形式，如果听众较少，采用座谈效果较好。

2. 口头汇报人员的选择与培训

汇报人员是口头调查报告的核心和关键，汇报人员一般应从参与此项调查的人员中选择，一是他对市场调查过程较为熟悉，便于临场发挥；二是可以提高报告的可信度。可以事先对汇报人员进行模拟汇报训练，掌握报告所需的时间长短，检验辅助器材的性能及相关资料是否齐全。报告人员还可以携带小卡片的提纲，避免照本宣科。

口头汇报人员应采用通俗易懂的语言，内容应有侧重点。听众所关心的是这些数据资料究竟代表什么意义，如何将这些资料运用到实际问题的解决中去，因而口头汇报不可能也没有必要将调查所得的信息全部告诉听众，报告人员应对这些信息进行选择，以突出报告的重点，力求简明扼要。另外，报告人员的讲解语气一定要坚定，论点表达一定要肯定，切勿模棱两可，这有助于提高报告的可信度。

3. 把握好汇报的时间

口头汇报调查报告的时间不宜过长，应言简意赅，一般时长控制在 2 小时之内，如果是特殊大型项目的调查汇报，可以适当延长。另外，报告人员还应该在汇报完后留出一段时间用于答疑。

课堂活动

找出你喜欢的几篇市场调查分析报告、口头汇报报告的主要内容，并从结构和内容上比较各自的优缺点。

项目小结

本项目主要是教会学生如何撰写一份合乎标准规范的市场调查报告。一份好的市场调查报告，应该能反映出调查工作的过程及成果，能让阅读者尤其是委托调查的机构和组织的决策者看到调查组对调查项目的剖析、对事物的独到看法及见解，更能获取到调查组对该事情未来走向的预测判断及对下一步工作的改进措施或建议。市场调查报告的类型有多种，但总体来说，一般都包括：标题、目录、概述、正文、结论和建议。一些小型市场调查报告，反映的是微观的、局部性的问题，它们篇幅短小，在形式上、写法上往往很灵活，但也足以向人们传递市场某一方面的信息。作为初学者，可以多练习写这样的小型市场调查报告。

思考营地

1. 市场调查分析报告的结构由哪几部分组成?
2. 报告摘要包括哪几方面的内容?
3. 编写调查报告时对使用的语言有哪些要求?

案例分析

中国洗衣粉市场调查报告

一、中国洗衣粉市场品牌发展历程

洗衣粉是中国本土品牌最早面对国际品牌竞争的行业之一,也是竞争最激烈的行业之一,到目前为止,其品牌格局的演变大致经历了四个阶段。

第一阶段(1983年以前):白猫独秀。

计划经济体制下,厂家只负责生产,销售则由国家统一实行配给。"白猫"洗衣粉成了这一阶段国家在洗衣粉配给中的主要产品,从而也奠定了它在消费者心目中的重要地位。

第二阶段(1984—1993年):"活力28"开创新纪元。

20世纪80年代初期,"活力28"超浓缩无泡洗衣粉的问世,开创了中国洗衣粉历史的新纪元,同时"活力28"也敢为天下先,在当时企业广告意识不强的情况下,在中央电视台高频率地播放"活力28"的广告,一时间"活力28,沙市日化"的广告语和"一比四"的广告歌走进千家万户。"活力28"从此天下扬名,一跃成为国内洗衣粉行业的"大哥大"。同时,海鸥、熊猫、桂林、天津等地方品牌开始雄踞一方。

第三阶段(1994—1996年):外资四大家族主导。

这一时期,外资洗衣粉开始在中国控股合资或直接设厂生产。凭借丰富的促销手段、高密度的广告宣传、不断的技术革新,它们在市场上取得节节胜利,在强大的外来攻势下,许多国内品牌要么选择了与外国洗衣粉厂合资,要么无奈地退出市场,市场基本由联合利华、汉高、宝洁、花王四大外资集团所主导。

第四阶段(1997年至今):本土品牌成功阻击外资四大家族。

由于成本过高,外资洗衣粉一直未在中国市场有好的盈利表现,所以广告、促销力度逐渐减弱,再加上国内一段时间内消费低迷,消费者也渐渐转向购买价格低廉的国有品牌。一些国内品牌借此机会,凭借价格和广告优势,确立了自己的地位,如奇强、立白等。

二、品牌竞争格局

(一)总体竞争格局

洗衣粉是中国快速消费品市场充分竞争的领域。洗衣粉行业品牌众多,产品林立。有以量取胜的雕牌、立白,有跨国巨头宝洁、联合利华、日本花王等,也有盘踞一隅的地方性品牌,整个行业充满了变化与变革的契机。

(二)市场竞争深度分析

1.市场渗透率分析

一方面,洗衣粉作为家庭日常必需品,其市场渗透率近乎100%,市场容量基本饱和。另一方面,尽管人们的洗衣频次似乎有所增加,但趋势依然不明显。所以任何品牌的增长都以蚕食其他品牌的地盘为代价。

2.品牌忠诚度分析

雕牌较高的忠诚度为其占领市场奠定了坚实的基础,或者说,某些品牌之所以能在全国范围内所向披靡,得益于其较高的品牌忠诚度。

三、主要品牌手段分析

1.雕牌

雕牌的成功,除在区域市场的运筹帷幄、各个击破外,其对于自身的品牌定位及对核心消费人群的定位,是其制胜的法宝之一。

作为家庭必需品的洗衣粉,价格是一项必须考虑的因素。尤其是洗衣频次高、洗衣粉消费多的家庭,对价格更为敏感。雕牌采取了走中低端路线、瞄准家庭主妇的方法,不仅瞄准了最核心的消费人群,而且为自己开辟了一块广阔的天地。

2.奥妙

1999年,经过多年摸索后的联合利华,向宝洁发起总攻,联合利华将奥妙全效和奥妙全自动洗衣粉全面降价,降幅分别达40%和30%,400克奥妙洗衣粉的价格从近6.0元一下落到3.5元,这个价格当时仅相当于宝洁产品价格的一半左右。市场由此洞开,奥妙也得以超越宝洁的汰渍,这种局面维持到今天。

3.汰渍

汰渍作为宝洁旗下的主打品牌,在进入中国市场之初,凭借丰厚的财力及自己准确的产品诉求,在短时间内成为市场的领导品牌,虽然也会出现由于营销力度减弱而市场份额下降的情况,但它在消费者心目中还是有较高地位的。

4.立白

1994年进入洗衣粉行业的立白,在一开始,就选择了农村包围城市的策略,在每个县找经销商,和每个经销商探讨立白的销售与经营,在双方的共同努力下,立白站稳了根基。

阅读以上材料,讨论:

1.在该市场调查报告的开头,使用了什么样的叙述技巧?

2.你认为该调查报告存在哪些问题?请说出你的看法。

实战训练

根据你前期进行的市场调查活动,完成一篇不少于3 000字的市场调查报告,并制作幻灯片,分组进行交流。

【实训目标】

团队设计规范的市场调查报告,掌握撰写市场调查报告的基本要求,从而提高学生的动手能力,培养学生浓厚的学习兴趣,以强化理论与实际的结合、学习知识与开发智力的结合、动脑思考与动手操作的结合。

【实训要求】

1.由调查小组发挥团队合作精神,概括提炼市场调查报告的主要内容及观点。

2.学习并亲手制作PPT。

3.训练表达能力。

【实训组织】

1.项目小组撰写调研报告,并制作口头汇报的辅助PPT。

2.在课堂上分组进行口头汇报。

【实训成果】

各组展示规范的市场调查报告及其他成果。

项目十一　真实项目综合实践案例

一、案例背景

（一）案例实施背景

"市场调查与预测"课程是市场营销专业的核心课程，其前导课程为经济学基础、统计学，后续课程为营销策划、客户管理等。课程包含确定调查目标、制订市场调查方案、选择市场调查方法、抽样技术、设计市场调查问卷、组织实施市场调查、整理市场调查资料、分析调查资料、预测市场发展趋势、编写市场调查报告等 10 项核心技术内容。本课程教学分为两部分：15 周共 45 学时的基础内容教学和 3 周共 9 课时的综合项目教学。本案例针对 3 周的综合项目教学展开。

1. 课程教学框架、考核体系

在本课程基础学时讲授结束后，设计一个专门用于融会贯通上述大部分知识和技能点的基于企业真实项目的综合实践项目，作为这门课程的一个能力训练加强环节。

课程教学框架、考核体系如图 11-1 所示。

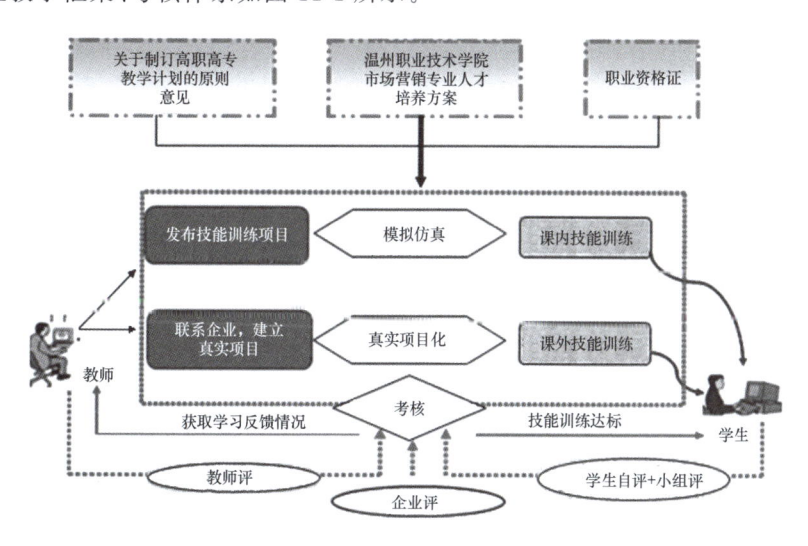

图 11-1　课程教学框架、考核体系

2. 课程进程安排

课程整体教学安排见表 11-1。

市场调查与预测

表 11-1　　　　　　　　　课程整体教学安排

阶　段	学　时	教学方法
基础内容教学 （基本知识与技能）	15周，每周3学时，共45学时	讲练结合 学做合一
综合项目教学 （源于真实项目）	3周，每周3学时，共9学时	项目驱动

3.基础课时的知识技能分析

基础课时的知识技能分析见表11-2。

表 11-2　　　　　　　　基础课时的知识技能分析

序号	课时	知识点		技能点	
		知识点分解	知识模块	技能点分解	技能模块
1	3	1.市场调查的概念、类型及作用 2.企业营销环境分析的内容 3.市场调查目标	确定调查目标	1.能够根据实际调查项目正确地确定调查的目标	根据项目背景，确定调查目标
2	6	4.熟悉市场调查方案包括的内容	市场调查方案的制订	2.体会市场调查方案的作用 3.学会制订市场调查方案	制订调查计划书
3	3	5.二手资料收集的方法 6.访问调查法的操作 7.观察法的技术 8.实验调查的操作	选择市场调查方法	4.学会二手资料收集的方法 5.能顺利进行街头拦截访问 6.能运用观察记录技术进行观察	1.上网收集相关资料 2.模拟"第一次和客户见面时做自我介绍" 3.设计某超市神秘顾客调查表
4	6	9.抽样调查的类型 10.选择抽样调查单位的注意事项 11.根据抽样数据进行统计推断	抽样技术	7.能根据调查要求选择合适的抽样调查单位 8.根据抽样数据进行统计推断	1.设计各种抽样方案 2.对项目小组的调查方案进行抽样，并以样本指标推断总体指标
5	6	12.问卷的概念、作用 13.问卷的几种不同类型；问卷的结构及主要内容 14.问卷问题的措辞 15.问卷的排序问题 16.问卷的排版	设计市场调查问卷	9.能够根据实际调查课题设计一份完整的调查问卷	1.根据调查问卷设计要求，将所要调查的内容设计为不少于10项问题的问卷，能较准确地获取调查所需资料 2.利用问卷星等免费调查平台，上传调查问卷

218

(续表)

序号	课时	知识点 知识点分解	知识点 知识模块	技能点 技能点分解	技能点 技能模块
6	3	17.调查人员应具备的基本要求 18.调查人员培训的方法 19.调查人员培训的基本内容及要点 20.调查操作流程及技巧 21.控制调查质量、进度、成本的方法及环节	组织实施市场调查任务	10.能够根据调查项目的要求组建一支高效合理的调查队伍 11.能够运用多种调查的方法来完成调查 12.能够根据调查的要求控制整个调查工作的质量	学生做好问卷调查的准备工作,掌握好走访调查的方法与技巧,完成60份左右实地问卷调查任务及30份以上网络调查任务
7	3	22.知道市场调查资料的审核方法 23.掌握市场调查数据的编码方法 24.熟练掌握市场调查资料整理的方法	市场调查资料整理	13.掌握编码方法 14.掌握用Excel对资料进行整理的方法	1.项目小组设计编码表 2.录入调查数据,形成Excel数据库 3.利用Excel对数据进行分析
8	6	25.常用指标分析 26.统计表与图形分析	市场调查资料分析	15.掌握统计图、统计表的设计方法 16.对数据进行解析性统计分析 17.对数据进行描述性统计分析	进行分析,并制图、制表
9	3	27.运用经验判断法分析简单数据资料 28.初步运用时间序列分析方法 29.运用一元线性回归分析方法	市场预测	18.运用经验判断法分析简单数据资料 19.初步运用时间序列分析方法 20.运用一元线性回归分析方法	利用几种不同的方法对市场进行预测
10	6	30.调查报告的作用 31.调查报告的内容及结构 32.调查报告的写作技巧	撰写调查报告	21.掌握调查报告的基本结构和写作技巧 22.能根据特定的调查目标和调查结构撰写市场调查报告 23.对调查报告能进行解释	各项目小组提供一份调查报告

4.项目选择

教师联系背景企业,选择调查项目并向学生发布调查任务。

选择的调查项目应规模较适中、处于学生熟悉的领域、调查可行性较强,可考虑从以下几方面选择项目。

(1)选取学生比较熟悉的、感兴趣的、现今热点的项目进行调查。

(2)充分利用真实生活环境实施调查。提高学生实训的兴趣,也减少实训中由于主题不熟悉而带来的其他方面的困扰。调查项目都立足于学生的生活,一般都是学生生活中常见的或学生比较关注的,这样学生就可以直接针对自己的生活展开调查,其好处是直接降低了学生调查对象选择的难度。

(二)调查项目背景

温州汇洲置业投资有限公司于2009年成立,位于浙江省温州市永嘉县桥头镇。该公司依托温州雄厚的民营资本,主要从事商业地产投资开发事业(房地产投资、市场、商场投资及经营管理等)。面对房地产市场政策调控严厉、市场走势扑朔迷离、购房观望气氛浓烈等现状,该公司希望通过对市民购房意愿的调查了解以下信息:

(1)调查购房者的购房时间、次数、目的,以分析其购房意向。

(2)调查购房者的购房预算、付款方式、首付款计划、承受价位等方面的信息,以分析购房者的支付能力与方式。

(3)调查购房者在选购房产时对产品的看法,包括配套环境、户型结构、户型面积等,以分析购房者的产品偏好。

(4)调查购房者对当前市场的价格水平、价格走势、政策信心、政策力度、政策执行力等方面的看法,来分析购房者对目前市场的态度。

通过对以上信息的了解,对企业的营销决策做出参考。该公司委托温州职业技术学院邱桂贤老师带领任课的班级进行相关的调查。

二、真实项目与企业对接流程

背景企业直接参与真实项目实施过程中,对接流程图如图11-2所示。

三、项目实施

(一)前期准备

了解项目背景及真实项目操作要求与规范。

【实训任务】

了解真实项目调查背景,确定市场调查目标。

【安排时间】

第16周。

【实训重点】

1.确定调查目标。

2.训练学生思考、归纳、沟通及团队协作能力。

【实训目标】

1.通过本项目的训练,帮助学生认识到确定市场调查目标在市场调查活动中的重要作用。市场调查是一项有目的的活动,市场调查的第一步工作需要确立市场调查目标(调

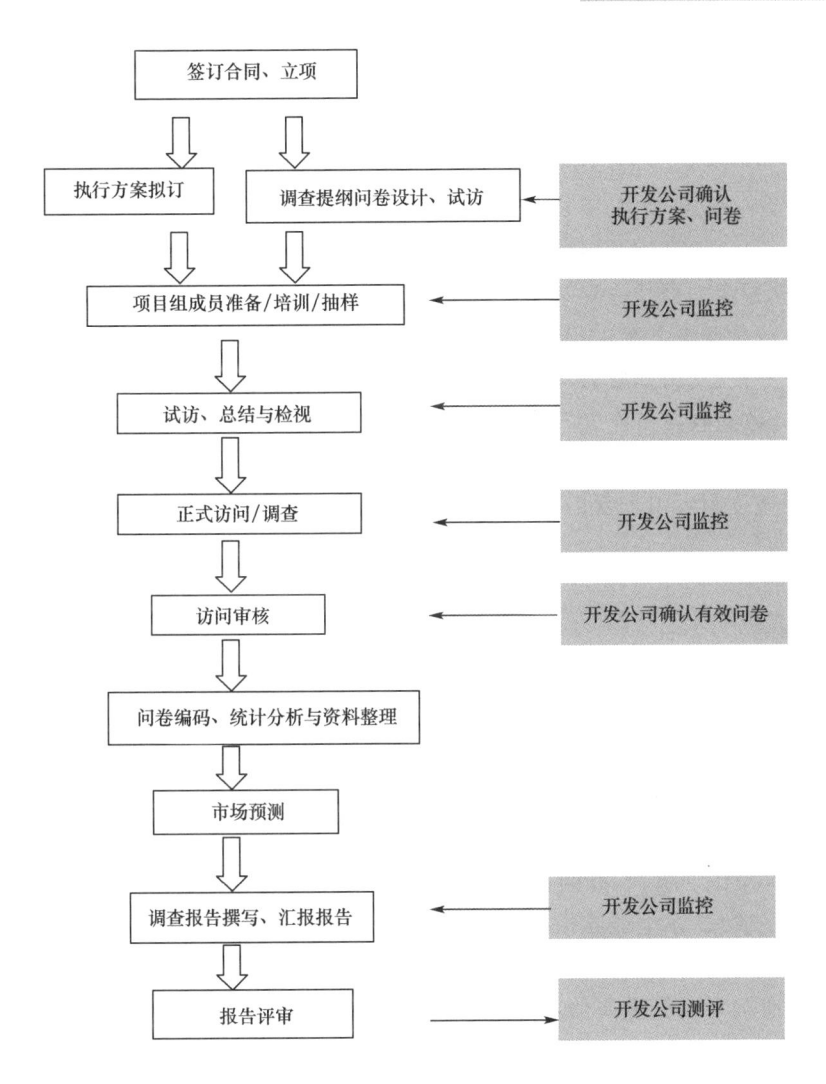

```
┌─────────────────┐
│  签订合同、立项  │
└────┬───────┬────┘
     ↓       ↓
┌─────────┐ ┌──────────────────┐   ┌──────────────┐
│执行方案拟订│ │调查提纲问卷设计、试访│ ← │开发公司确认  │
└────┬────┘ └────────┬─────────┘   │执行方案、问卷│
     ↓               ↓              └──────────────┘
┌──────────────────────────┐        ┌──────────────┐
│ 项目组成员准备/培训/抽样 │  ←    │开发公司监控  │
└────────────┬─────────────┘        └──────────────┘
             ↓
┌──────────────────┐                ┌──────────────┐
│  试访、总结与检视 │  ←            │开发公司监控  │
└─────────┬────────┘                └──────────────┘
          ↓
┌──────────────┐                    ┌──────────────┐
│ 正式访问/调查 │  ←                │开发公司监控  │
└──────┬───────┘                    └──────────────┘
       ↓
┌──────────┐                        ┌──────────────────┐
│ 访问审核 │  ←                    │开发公司确认有效问卷│
└─────┬────┘                        └──────────────────┘
      ↓
┌───────────────────────────┐
│问卷编码、统计分析与资料整理│
└─────────────┬─────────────┘
              ↓
        ┌──────────┐
        │ 市场预测 │
        └─────┬────┘
              ↓
┌────────────────────┐                ┌──────────────┐
│调查报告撰写、汇报报告│  ←           │开发公司监控  │
└──────────┬─────────┘                └──────────────┘
           ↓
     ┌──────────┐                     ┌──────────────┐
     │ 报告评审 │  ←                 │开发公司测评  │
     └──────────┘                     └──────────────┘
```

图 11-2　对接流程图

查课题）。这是保证市场调查活动正确性、有效性的前提。调查课题确立的准确与否，决定着调查能否取得成效。如果课题确定得不准确，整个调查将是无效劳动。

2.通过本项目训练，学生能掌握科学确定市场调查目标的基本技能；学生能够根据有关项目要求，寻找调查要解决的问题、确定调查要达到的目标，明确调查的具体内容。掌握这一技能对学生独立操作市场调查活动是很重要的。对胜任将来的营销工作或自己创业而言，这一项技能都是必要的基础性工作。

【实施形式】

1.以个人为单位，可以从不同的角度去思考、确定调查目标。

2.以班级为单位，进行全面交流讨论。

【实训成果】

同学汇报，教师进行讲评。

(二)组建学生项目学习小组

将两个班的84名学生分为10支队伍。每个项目组选出组长和副组长,负责整个项目的运转管理与沟通联络工作。

(三)组织团队进行总体调查方案的实际设计

以班级为单位,所有团队设计同一个调查方案,对12份调查方案进行优劣比较,层层评优,确定最佳方案。最佳方案小组成员奖励人民币50元。

各小组自行对调查方案进行修改、完善,然后交给老师进一步修改,反复几次以后形成最终的调查方案,交由开发公司审阅,并与开发公司进行全面沟通,开发公司同意执行方案之后,展开数据收集工作。

【实训任务】

把市场调查技术运用于营销实践,每个项目学习小组制订一份市场调查方案。

【安排时间】

第17周。

【实训重点】

市场调查方案的设计。

【实训目标】

1.通过本次实际操作训练,认识到调查方案在市场调查中的重要作用。调查方案是指导市场调查工作的总纲,是整个市场调查活动的指导,一份系统、具体、可操作性强的方案书能够保证整个调查活动有条不紊地进行。

2.通过本次操作训练,掌握调查方案编写的基本技能。制订调查方案是整个调查过程中较为复杂的阶段,学生能够根据调查课题,根据课程教学安排制订有效的调查方案,从而了解调查方案的具体内容,掌握调查方案制订的基本方法。掌握这一技能对学生独立操作市场调查活动是很重要的,对胜任将来的营销工作或自己日后创业都是有帮助的。

【实施形式】

以小组为单位进行。

【实训提示】

教师提供调查计划书样本。

【实训成果】

以团队为单位,每名学生提供一份调查方案,方案中包含以下内容:调查计划书、调查问卷。

(四)组织团队进行调查方案实施

要求以小组为单位,分别进行实地调查与网络调查。

实地调查:调查地点分别为龙湾、瓯海、鹿城三个区。教师提供调查指导书。

网络调查:各小组成员需完成网络调查10份,由小组组长对问卷有效性进行审核。

【实训任务】

1.要求学生走出课堂,走向市场,以小组为单位开展实地走访调查,获取第一手资料。根据学生自己设计的调查问卷,组织一次街头拦截(或入户访问)问卷调查,调查对象为问卷中所涉及的消费者。

2.要求每个学生做好问卷调查的准备工作,掌握好走访调查的方法与技巧,在双休日内完成10～15份问卷调查任务。

3.要求每个学生做10～15份网络调查问卷。

【安排时间】

第17周双休日。

【实训重点】

组织和实施调查问卷,在调查过程中体会管理与控制市场调查人员。

【实训目标】

1.通过本项目训练,掌握实地问卷调查的基本技能。在市场调查中,街头拦截调查和入户访问调查是运用比较多的调查方法,又是较有难度的调查方法。

2.通过这种形式的调查,亲身体验市场调查的真谛所在,在实践操作中掌握市场调查的方法和技巧,也是锻炼社会交往能力、语言表达能力的极好机会。

【实施形式】

1.以小组为单位组织调查过程,个人实施市场调查;

2.各小组之间交流经验与体会。

【实训提示】

教师提供调查指导书。

【实施成果】

1.以组为单位,每组要交回100份以上已填的调查问卷(含网络调查);

2.在班级进行交流,每个小组推荐2个人介绍经验与体会。

(五)数据整理

明确整料整理的方式与方法。分组对团队实际调查所获得的资料进行全方位的整理。提交编码表、调查数据库、网络调查网址、密码、后台数据。

【实训任务】

(1)将所收集回的调查问卷进行整理;

(2)上机实训,学会运用Excel软件对资料进行正确的图表化处理,如图11-3所示。

【安排时间】

第18周。

【实训重点】

学会整理市场调查资料,对问卷资料进行审核、登记、编码、录入,列示调查资料。

【实训目标】

1.通过本项目的训练,掌握资料整理的基本技能。

2.通过调查资料的整理统计,了解调查资料如何整理审核、分类编码、统计制表,使学生掌握资料整理统计的方法和技巧。

【实施形式】

1.以个人为单位进行训练;

卷编号	A01	A02	A03	A04	A05	A06	A07	A081	A
-001	2	72	2	4	1	3	5	1	
-002	2	64	2	2	2	3	5	1	
-003	2	72	2	4	1	3	5	1	
-004	2	73	2	4	1	3	5	1	
-005	2	74	2	4	1	3	5	1	
-006	2	71	2	2	1	4	4	1	
-007	2	66	2	2	4	3	5	1	
-008	2	75	2	4	2	3	5	1	
-009	2	77	2	2	1	3	2	1	
-010	2	81	2	2	3	2	7	1	
-011	2	75	2	2	1	3	6	1	
-012	1	81	2	2	2	3	6	1	
-013	2	61	2	1	3	3	4	1	
-014	2	71	2	2	1	3	6	1	
-015	1	77	2	2	3	3	6	1	
-016	1	68	2	2	1	3	6	1	
-017	2	63	2	2	3	3	5	1	
-018	2	81	2	2	1	3	5	1	
-019	1	74	2	2	2	3	5	1	
-020	1	68	2	2	4	3	5	1	
-021	1	75	2	2	2	3	9	1	
-022	1	81	2	2	2	3	6	1	
-023	1	77	2	2	2	3	6	1	
-024	1	84	2	2	1	3	5	1	
-025	2	77	2	2	1	3	6	1	
-026	2	71	2	2	4	3	5	1	
-027	1	67	2	2	4	3	5	1	

图 11-3　调查问卷数据库

2.在小组内交流经验。

【实施成果】

1.编码表；

2.小组提交其资料整理的结果和所列示的图表；

3.进行班级交流,优秀小组推荐 1 人进行介绍。

（六）数据分析

以班级为单位,对调查数据进行分析。

【实训任务】

将整理好的相关数据资料,用所学的定性和定量两种方法分别进行分析。

【安排时间】

第 18 周。

【实训重点】

定性分析和定量分析。

【实训目标】

通过本项目的训练,掌握资料分析的基本技能。通过对调查资料的定性和定量分析,掌握资料分析的方法和技巧。

【实施形式】

1.以小组为单位组织调查资料的分析；

2.各小组之间交流经验与体会。

【实施成果】

以小组为单位,每组提供所用的分析方法和分析结果。

(七)调查报告撰写

撰写调查报告,教师组织学习小组进行评选。选出较好的由老师和开发公司进行再评选。

【实训任务】

本项目是综合技能项目。通过对收集的大量调查资料进行分析,论证市场开发项目的可行与否,以小组为单位完成约 5 000 字的市场营销调查报告。各小组派代表解释调查报告。

【安排时间】

第 19 周。

【实训重点】

1.认识与分析能力；

2.报告撰写能力。

【实训目标】

1.撰写结构合理、语言严谨、简练易懂、数字应用恰当的市场调查报告；

2.能够使用 PPT 独立完成市场调查报告的演示汇报。

【实施形式】

学生以小组为单位,进行调查报告撰写,并制作 PPT。

【实训成果】

每组各写出一份市场调查报告。

(八)真实项目评估

根据学生在课外技能训练的表现、企业给予完成项目质量的评价,在课程总分的基础上给予学生 1~10 分的加分奖励。企业评定为优,加分奖励 8~10 分；企业评定为良,加分奖励 5~7 分；企业评定为中,加分奖励 2~4 分；凡参与真实项目技能训练者,加分奖励 1 分。

四、组织实施注意事项

由于部分学生参与的积极性不高,某些小组实训项目的完成都是依靠部分"主力"。学生是学习的主体,发挥学生自主学习的积极性和创造性是完成实训项目的关键。但高职学生往往存在着自主学习意识不够、学习不主动、遇到困难就往后退等问题。根据以上情况我们主要采取以下措施：

（1）做好分组，选好组长，引入竞争机制。很显然，小组长在整个实训项目的实施过程中起着至关重要的作用，小组长在同学中必须有威信、有影响力，要善于团结小组成员，发挥小组成员的特长，要有一定的组织才能和沟通协调能力。

（2）各小组之间开展评比竞赛，公平竞争，对于各项评比获奖多的小组给予物质和精神激励。例如，可以在小组成员的期末考核成绩中加分等。

（3）加强过程监控。每个阶段性任务完成后，要求各小组必须说明组员的分工和完成任务情况，并进行不定期的抽查核实，以杜绝个别学生偷懒、不干活现象。

参考文献

[1] (美)小卡尔·迈克·丹尼尔.当代市场调研[M].范秀成等译.北京:机械工业出版社,2005.
[2] (英)托尼·普罗克特.营销调研精要[M].吴冠之等译.北京:机械工业出版社,2004.
[3] 赵轶,韩建东.市场调查与预测[M].北京:清华大学出版社,2007.
[4] 李国强,苗杰.市场调查与市场分析[M].北京:中国人民大学出版社,2005.
[5] 刘利兰.市场调查与预测[M].北京:经济科学出版社,2012.
[6] 杜明汉.市场调查与预测:理论、实务、案例、实训[M].大连:东北财经大学出版社,2011.
[7] 龚曙明.市场调查与预测[M].北京:清华大学出版社、北京交通大学出版社,2005.
[8] 魏玉艺.市场调查与分析[M].大连:东北财经大学出版社,2007.
[9] 柳思维.现代市场研究[M].北京:中国市场出版社,2007.
[10] 姚小远,杭爱明.市场调查原理与方法[M].上海:立信会计出版社,2006.
[11] 马连福.市场调查与预测[M].北京:首都经济贸易大学出版社,2006.
[12] 周思勤,刘红霞.市场调查与预测[M].北京:科学出版社,2006.
[13] 王秀娥,夏冬.市场调查与预测[M].北京:清华大学出版社,2012.
[14] 罗洪群,王青华.市场调查与预测[M].北京:清华大学出版社,2011.
[15] 李世杰,于飞,王丽.市场调查与预测[M].北京:清华大学出版社,2014.
[16] 孟雷.市场调查与预测[M].北京:清华大学出版社,2014.